U0646815

后记

·后记·

后记

　　《天马山志》是秦皇岛市第一部山志。编纂工作自2014年开始启动。南戴河国际娱乐中心副总经理王文军曾参与天马山旅游开发，并有收藏书刊爱好，掌握部分天马山、天马湖资料。抚宁区总工会原主席王立群退休后被聘到天马山景区工作。两位提议编修《天马山志》，恰逢全市启动村镇志编纂工作，提议得到市、县两级地方志办公室的肯定和支持，并将之作为全市山志编修试点。本书亦为作者孙继胜、李冬2015年承担的河北省社会科学基金项目（NO:HB15SH002）。

　　2014年9月，制订了《天马山志》编写方案，志书编修采取政府主管部门指导、企业市场化运作、专业协会参与的方式，组建以天马集团董事长罗兴平为主任的编纂委员会和以王立群、王文军为主编的编委办公室，具体负责编纂工作。2016年9月，根据形势变化，对编纂工作进行调整，以抚宁区地方志办公室为主负责组织编纂，市地方志办公室负责指导。2017年10月，对编纂工作再次进行调整，由市地方志办公室组织开展编纂工作，重新组建编辑部。10月下旬正式开展工作。2018年5月下旬完成初稿，征求有关方面意见。10月送出版社。

　　志书的基本功能为资政、存史、教化，记述的基本要求为存真求实、全面客观。修志为用，而非存之高阁。志书只有贴近大众，读者爱读且读之受益，才会有活力、有生命力。山志作为专志的一种，除体现志书的基本功能、遵循志书记述的基本要求外，还要突出自身的特点。天马山是旅游风景区，通过修志挖掘整理出一些东西，供开发者参考，对进一步开发、丰富景区文化内涵能够有所助益；通过修志对景区进行全面系统的记述，供游者分享，对其增进景区了解、增加游兴能够有所助益；通过修志抢救昨天、记述今天，将已经珍贵、临近珍贵、将来珍贵的资料保存下来，供学者参考，对其深化研究、开发新的文化产品能够有所助益；通过修志将景区美丽风光、丰富人文予以展示，供社会分享，对宣传提高天马山旅游风景区的声名能够有所助益。实现这四个"有所助益"，是我们编纂《天马山志》的初衷，也是我们追求的目标。为此，我们对《天马山志》编纂的基本定位就是可读、有用。在具体把握上：一是不为传统志书所框，在体例、篇目、资料运用、记述方法、语言风格等方面，从实际出发，根据需要灵活掌握。二是注重人及人的活动的记述，使志书富有人气。不专门设卷立传，以事系人，随事插入人的简介。三是注重图、照片的运用。文配图、图配文，示意图、平面图、剖面图、历史图片、风光图片、纪实图片相配合。尽量选用有摄影时间、摄影者的图片，配好图说。除修志期间编纂人员拍摄和个别取自网络的图片外，均署名或标注来源。

能否占有充分的资料是修好志书的关键。在资料收集方面，王文军做了大量前期基础工作，将其掌握的资料整理汇编成《天马山志编纂资料》。在此基础上，编辑部组织人员进一步通过查阅地情书、调查走访、互联网查找等方式广泛收集。

编辑部将查阅地情书作为志书编修资料的首要来源。通读了王文军编辑整理的《天马山志编纂资料》，查阅了《秦皇岛历代旧志校注》（共14卷）、《秦皇岛市志（1990）》（共10卷）、《秦皇岛市志（1979—2002）》（共3卷）和《秦皇岛市人物志》《秦皇岛历史辞典》《秦皇岛地区抗日战争志》《秦皇岛市非物质文化遗产图典》《秦皇岛市非物质文化遗产普查成果汇编》《抚宁县志（1990）》《抚宁县志（1979—2002）》《昌黎县志》《卢龙县志》《青龙满族自治县志》《山海关旧志校注》《秦皇岛长城》《秦皇岛水利志》《抚宁县水利志》《抚宁县交通志》《回眸洋河》《治水安邦》《古今台头营》《秦皇岛年鉴》（历年）等地情书50余卷册。

编辑部高度重视调查走访和利用互联网收集资料。自11月初开始展开外业调查，前后共29天。期间，对天马山、天马湖逐点调查、拍照、感受、记录、整理，整理后调整思路、发现疏漏，再进一步补缺、核证，如此往复，前后登山12次，踏湖5次。深入天马山景区、天马湖管区、曹家堡子、李家堡子、白家堡子、大山头、小山头、湾子、战马王等村和相关单位，寻找走访当事人、知情人40余人次，召开座谈会5次，参加30余人次，电话、微信咨询200余人次。通过网络查找资料20余万字。

广撒网的资料收集方式收到较好效果，但同时给资料的核实、考订、运用带来很大挑战。尤其在历史资料的处理方面，不同的来源说法不一，有的差距很大，甚至同一事件发生的时间都有冲突，最多的同一事件三本地情书记载四个版本。口述资料矛盾冲突更多。对此，我们采取三种方法进行处理：一是同载。对于均有依据、均具价值、难以取舍的资料均以采用记述，如台头营的来历、薛鼎坟、点将台等方面的记述。二是考证。对于存在冲突的资料，首先排除存有明显知识性错误的资料，然后根据志书考订资料的原则，通过查阅更权威的资料、事件背景、相关人物、相关其他事件进行印证，选用相对接近实际的资料。三是舍弃。对于争议较大且无法考订、对反映志书记述主体价值较小的资料，本身不存争议但与记述主体没有直接因果关系的资料舍弃不用。如在走访中，听到许多关于灵异事件的讲述，尤其是参与拆除玄真观者遭报应的事件，人物事件清清楚楚，亲见亲历众口一词，如果说是巧合，参与者均遭非正常事故无一幸免；如果说真是报应，又无法建立科学的因果联系。尽管有人极力建议我们将此入志，我们还是选择了舍弃。

在志书编纂过程中，特别是在收集资料阶段，我们得到了市、区有关单位和天马山景区、洋河水库管理处领导和同志们的大力支持。特别是天马集团董事长罗兴平、副总经理张知文、项目负责人刘景海、洋河水库管理处主任季保群、办公室主任张美玲、区档案局局长李利峰、区博物馆馆长杨大海，在工作和生活上都给予我们很大支持和帮助。白家堡子村民蔡开润不顾79岁高龄，手拿镰刀，为我们斩荆开路，带着我们从少有人到的后坡登山，找到询问多人不知的马棚马影。李家堡子村民、老护林员李占民在卖果的百忙中抽出时间，带我们翻山越岭指认地名、讲述地情。李家堡子村民李永福克服腿脚不便的困难到景区接受我们采访，几次给我们介绍地情，讲述台营庙会、玄真观兴衰的亲历。在此，我们向以上各位和所有为我们提供支持和帮助的人士表示衷心的感谢！

《天马山志》编辑部
2018年10月

秦皇岛市

村镇志丛书

天马山峡志

天马山景区景点示意图　曹耐绘

河北省社会科学基金项目（NO:HB15SH002）

秦皇岛市村镇志丛书

主编 孙继胜

天马山志

燕山大学出版社

2019·秦皇岛

图书在版编目（CIP）数据

天马山志 / 孙继胜主编. — 秦皇岛：燕山大学出版社，2019. 9

ISBN 978-7-81142-906-0

Ⅰ．①天… Ⅱ．①孙… Ⅲ．①山－地方志－抚宁区 Ⅳ．①K928.3

中国版本图书馆 CIP 数据核字（2019）第 190876 号

天马山志

孙继胜　主编

出 版 人：陈　玉

责任编辑：柯亚莉

封面设计：连　勇　晓　丹　若　琳

出版发行：燕山大学出版社　YANSHAN UNIVERSITY PRESS

地　　址：河北省秦皇岛市河北大街西段 438 号

邮政编码：066004

电　　话：0335-8387555

出　　品：秦皇岛市明泽文化传播有限公司

印　　刷：秦皇岛市华天印刷有限责任公司

经　　销：全国新华书店

开　　本：787mm×1092mm　1/16　　　印　张：18　　字　数：300 千字

版　　次：2019 年 9 月第 1 版　　　　印　次：2019 年 9 月第 1 次印刷

书　　号：ISBN 978-7-81142-906-0

定　　价：118.00 元

版权所有　侵权必究

如发生印刷、装订质量问题，读者可与出版社联系调换

联系电话：0335-8387718

· 编辑部 ·

编辑部

顾　　问：李书和

主　　编：孙继胜

副 主 编：曹子辉（执笔）　王文军　贺海峰

编　　辑：解文学　王景武　王 鑫　郭晓丹　范沙沙

特约编辑：杨大海　李 冬　李利峰　王立群　杨素梅　陈艳萍
　　　　　张春来

核　　稿：罗兴平　季保群

资料提供：高宏颖　刘景海　周友银　李胜才　张知文　张美玲
　　　　　赵珊珊

图片提供：曹子辉　高宏颖　季保群　李利峰　周雪峰　李胜才

装帧设计：连 勇　晓丹　若琳

编纂说明

一、志书编纂以习近平新时代中国特色社会主义思想为指导，坚持实事求是的原则，记述天马山自然、物产、景观、历史、文化、开发等方面的历史与现状，力求全面、客观，是社会各界了解天马山的资料性文献。

二、志书首设总述，后设九卷，卷下设类目、条目，随文配图。卷一为天马胜景，卷二为古城平湖，卷三为道门兴复，卷四为摩崖石刻，卷五为沿承纪事，卷六为丰富物产，卷七为特色风情，卷八为碑记艺文，卷九为附记。

三、志书以天马山旅游风景区为记述范围，以台头营古城、天马山、天马湖为主，物产、风情等卷适当扩展到天马山周边地区。

四、志书上限追溯至事物发端，下限为2018年4月18日（农历三月初三）天马山庙会，部分照片为5月初补拍。

五、志书采用述、记、志、图、表、录等体裁。采用记述体，除总述、无题序外一般不作议论。采用规范的现代语体文，行文力求朴实、简练、流畅。

六、志书采用第三人称。记述的地域、机构、团体、组织、文件等称谓以当时名称为准，首次使用全称，之后用简称。志中未记明地域的省、市、县（区）机构指河北省、秦皇岛市、抚宁县（区）相应机构。

七、志书人物用以事系人方式入志，多在第一次出现时予以简介。考虑与事物关系紧密程度等因素，部分人物作了调整，不分先后。部分人物因未收集到资料未作简介。

八、志书采用公元纪年。中华人民共和国成立前的事件采用历史纪年，同时括注公元纪年。所称年代，如未具体标明世纪，均指20世纪××年代。

九、数字、标点、计量单位名称和符号的使用遵循国家相关机构发布的标准，源自史料记载的记述继续使用原计量单位。

十、志书所用资料来源于调查、档案、书刊、网络等。

序

　　编写《天马山志》是市地方志办公室撰写秦皇岛山水志系列志书的第一次尝试。这部《天马山志》写好了，尔后再给碣石山、祖山、首阳山、莲蓬山、角山写志就有了可以借鉴的经验。因此，我们都很看重这部《天马山志》。

　　2018年7月16日，秦皇岛市碣石暨徐福研究会的几位会长相约再登天马山。是日，市政府地方志办公室主任、我们的副会长孙继胜同志把《天马山志》样书交给我，并让我作序。记得是去年10月份，继胜同志邀我和市地方志办公室的几位同志一起讨论《天马山志》的事。这刚刚过去八九个月，且又经历了寒冬季节，样书都印出来了，我真叹服他们这种只争朝夕的工作精神！

　　2017年10月，我和孙继胜、曹子辉、王文军等几位同志一起到天马山，又与天马山旅游区的开发者天马酒业的老总，也是我们碣石暨徐福研究会的副会长罗兴平，以及天马湖（洋河水库）的主任季保群一起商量了编撰者要在天马山、天马湖展开调查工作的具体安排。编撰者不畏严寒，在山上驻守了一个多月，通过实地踏查，走村串户找知情人座谈、访问，查阅大量地情书，利用互联网询访等多种方法，收集了大量资料，然后又经过认真严肃的排选，去伪存真，最后决定取舍。

　　《天马山志》无论是记述天马山的方位、形胜，还是写它的人文遗存；无论是记述它古老的过去，还是近代的红色记忆；无论是对它周边村落风土人情的描绘，还是对它物产、民俗的诉说……这一切都是天马山的真实存在。真实可靠是地方志书必须坚守的原则。对于过去发生的事和物做出真实的记录，那才称得起"志"。

　　《天马山志》读起来也会令你爱不释手。当你读过书中关于天马山历史人物和传说故事的记述之后，会增长历史知识。书中尤其对抗倭英雄戚继光的记述十分详备。天马山是一座道教名山，志书中对玄真观及其兴衰经历作了详尽记录，对于道教的创始人老子——李耳，还作了简略介绍。

天马山、天马湖是个统一的景区。志书既记述了"山色"，还记述了"湖光"；不仅介绍了天马湖的景观，还记述了天马湖（即洋河水库）的建设历史；介绍了洋河水库的主体工程和配套工程，还介绍了引青济秦大型水利工程与洋河水库的关系……写《天马山志》不能不写台头营古城，因为天马山、天马湖与台头营古城有千丝万缕的联系。书中既记述了台头营古城的历史沿革、古城风貌，又介绍了古城在滦东地区的商贸集市兴衰，读起来很有沧桑感。

《天马山志》不仅可供本地人士阅读欣赏，还可供外地游人了解这里深厚的文化。《天马山志》还可供开发建设者使用，在这里搞旅游开发、农林业开发、特色小镇建设等都能从书中找到可资利用的丰富资料，从而开阔思路，搞好精准开发。

《天马山志》是一部可以阅读欣赏、可以应用的好志书。

为此，为乐为之序。

李书和

2018年7月挥汗

目 录

总　述

山海关内，渤海之滨，燕山一条余脉自东向西绵延起伏，至抚宁北部遇东洋河、西洋河交汇后合力拦阻，山脉昂起，状如马首，古名马头崖，明代名将戚继光登临题刻，易名"天马山"。天马山西北曾为素有"京东第一镇"之称的古镇台头营，因建洋河水库北迁让位天马湖，古镇变平湖。湖光山色的美景，古城名山的深蕴，匠心独运的打造，加之毗邻历史文化名城山海关、名扬中外的旅游胜地北戴河的区位优势，使天马山旅游风景区应势而生，并呈厚积薄发之势。

天马山坐落于秦皇岛市抚宁区城区北10千米处，主峰海拔295米，位于东经119°14′21″，北纬39°58′53″。以天马山、天马湖为主体构建成天马山旅游风景区。风景区位于抚宁区的田各庄管理区、台营镇、大新寨镇境内，距北京250千米、天津240千米、秦皇岛火车站40千米、北戴河火车站36千米。出G1（京哈）高速抚

天马山旅游风景区区位图

宁出口沿S261公路（青龙——乐亭）北行8千米，或出S52（承秦）高速抚宁出口沿石门寨连接线西行1千米入S261公路南行9千米即到。按2001年市政府市级自然景观保护区批复，天马山旅游风景区面积48.65平方千米，拐点坐标为东经119°08′27″～119°14′51″，北纬39°58′37″～40°01′31″。2004年，天马山旅游风景区被评为河北省2A级旅游景区。

天马山虽不算高大，但地处要冲。冀东重要河流东洋河、西洋河在天马山西北侧汇合后向南流入渤海。在现代交通形成之前，水路运输以其运量大、成

本低成为首选，且陆上道路亦多沿河谷穿行。天马山自古扼守交通要道，北通蒙辽，南下京津。秦汉时期即为北方重邑，西汉设置骊城县，东汉及三国时置临渝县，西晋及南北朝时为平州阳乐县，唐武德时始设抚宁县。几经变迁，千年古县之县城就坐落在山南不到10千米的洋河东岸。旧志载汉武帝北征匈奴凯旋，钦点在山下建营，取名台头营。明代为军事重镇，设台头路，提调界岭、青山二口；驻蓟镇东路协守署，分理燕河营、建昌营、石门寨、山海关四路军务。明清和民国时期为京东重要商业贸易和货物转运中心，海路和洋河水道沟通南北，陆路四通八达，西连京津，南达广州、上海，北通蒙古、辽沈。

山水形胜奠军事、商贸重镇之基，重镇之人流、人气再扬山水之名。天马山上峭峰高耸，树木葱茏，险峻与灵秀兼备。山下洋河环绕北西，台头营古城隔河相望，舟船往来，商贾云集。登临峰顶，眺长城大海，览山河炊烟，瞰古城河湾，尽赏无限风光；徜徉山中，观峻峰幽谷，赏草木竞秀，聆虫鸣鸟语，尽享怡人美景。人有悲欢离合，山有四时朝夕、晴雨云雾之无穷变幻，山之无穷韵味与不同之人、人之不同心境与心志相应。繁华喧闹之域有此清心养性之地，引无数各方人士垂青。故道教真人于金大定年间在山上建观扬道，为京东地区早期道观之一，香火鼎盛数百年。百姓登山拜祭，消灾祈福，墨客乐游山水，题诗抒怀。傅光宅、谢鹏南、宋赫、安所止、蔺士元、游智开等明清名将文士赋诗咏山，留载史册。戚继光、张爵、张臣、解一清、孙仁、林桐、傅光宅、黄孝感等明代名将的临山题刻与山同存，成为省级重点保护文物。

山河地利成就重镇名山，河水泛滥亦是百世顽疾。洋河上游地处燕山山脉浅山丰水区，支流多，纵坡陡，汇流时间短，降水丰沛且多集中于7、8两月，洪水灾害屡屡发生。大灾之年，农田被毁，交通中断，甚至迫使灾民背井离乡，流离失所。人们在不断地祈求上天、不断地承受灾患之中迎来了"激情燃烧的岁月"，天马山再显地利优势。1959年10月，13个县、市约8万余民工在山下摆开战场，驯千年蛟龙，造福于万民。1960年8月，洋河水库大坝合龙蓄水。自此，沧桑

天马山　2018年5月6日摄

繁华的古镇成为回忆，下游地区告别洪水的威胁。1959年11月，省委书记处书记的阎达开视察水库工地，看着天马山，畅想未来碧波荡漾、湖光山色，将水库命名为"天马湖"。后经配套、除险加固等工程建设，天马湖发展成为以防洪、灌溉为主，兼顾发电、水产养殖的大Ⅱ型水利枢纽工程，库容3.86亿立方米，水面45平方千米，防洪标准达到千年一遇，灌溉面积1.13万公顷。

　　1979年9月，全国旅游工作会议在北戴河召开，拉开了旅游业由计划体制向市场体制、产业化经济重大转变的序幕，旅游业蓬勃兴起。秦皇岛的旅游业发展走在全国前列，随着抚宁南戴河的旅游开发，天马山旅游风景区开发建设应势而起。1985年7月，天马湖对外开放，成为秦皇岛市较早开放的景区之一。1992年初，天马山旅游景区开发启动实施，修建通往景区的柏油路、景区游览道路、广场及饮水、通电、通信等基础设施，重建玄真观，新建山门、戚公亭、戚继光石像、点将台等景点。1993年6月20日，天马山旅游景区开放营业，并举办重建后的首届庙会。2002年7月，在冀东地区坚持抗战六年，取得赫赫战功的马骥同志的骨灰安葬于天马山。天马湖以水库管理区为基础进行园林改造，完善黄楼酒家、黄楼宾馆等服务设施，建起观碧阁、鱼尾狮雕塑、天马战青虎雕塑等景观，依托湖中半岛建起集游览、休闲、度假、娱乐、采摘于一体的采摘园、别墅，发展水面养殖，开发游船、游艇、垂钓等水上游乐项目，加强白鹭园湿地保护和开发，天马湖成为远近闻名的景区和观鸟胜地。2008年4月，天马酒业承包天马山景区，相继对景区进行完善建设。扩建改造玄真观，整修完善太和宫、财神殿、药王殿、二仙阁等殿宇及设施，新建三星殿、娘娘殿、魁星阁、麻姑殿。新建龙王庙景区，建起"福缘善庆"功德墙、福字壁、慈航普渡、龙王庙、财神殿、佑护神殿、三清殿、元辰殿、九龙壁、八仙过海浮雕、老子传道浮雕、龙潭、鲤鱼跃龙门、姜太公钓鱼等殿宇和景观。新建天马山、栖霞等牌楼及祈福亭、求仙亭、归德亭、守一亭、抱冲亭、三清亭等亭台，新雕塑老子石像，迁移改造马骥墓并立碑新铸铜像，新建通往极顶的木栈道，进一步改造完善道路、水、电、广场等基础设施，景观水平和接待能力大幅提升。2013年，天马集团承包天马湖旅游和水面养殖，实现山湖一体，统一开发经营，天马山旅游风景区再谱新的篇章。

天马山自然风光优美，既有望长城、眺大海、俯览山河的恢弘壮阔，又有

天马湖　2016年9月6日　周雪峰摄

观奇松、赏山花、玩味怪石遐想传说的精致细腻；既有雄峰高耸、松海苍茫、山势连绵起伏的大气，也有穿行林间、憩坐树下、驻足洞口聆听故事的幽静闲逸。自然赋天马山以美，人文赋天马山以蕴。古观新宇，牌楼亭台，碑壁雕塑，潭泉井瀑，楹联石刻，逸事传说，随山就势融于自然之中，自然之美与人文之蕴浑然天成。流连山间，人们可以欣赏风光之美，感受大自然的神奇，接受体力的考验，体味心境的变化；可以品赏楹联碑刻，体会其对山水、世事、人生的解读；可以或游览、或祭拜、或参悟，了解领悟道教的源远流长、博大精深；可以瞻仰英雄的风采、聆听英雄的事迹，学习他们英勇无畏的英雄气概，传承他们伟大的爱国主义情怀。

游山时而拾级攀援、气喘吁吁，时而闲庭漫步、气定神闲，时而触景生情、心潮澎湃，时而凝神静思、心若止水。与游山之身心变化起伏、大起大落不同，游湖则是另一番享受。无论是漫步在绿树成荫、曲径回廊、溪水淙淙的游园，徜徉在垂柳依依、芳草萋萋、鸟语花香的湖畔，缓行在或繁花似锦、或枝繁叶茂、或果实累累的采摘园，还是驻足坝头、码头、岸边、亭阁尽赏万顷碧波、晶莹湾潭、如黛远山、葱茏近峦、飞翔群鸟、徐行小船……处处都平和、舒缓、惬意、休闲……

天马山的旅游开发仅仅二十余年，但其积淀却很深厚。多样的地形地貌、适宜的气候环境、悠久的历史，形成丰富的物产、厚重的民俗文化、美丽的艺文传说。天马山地区野生动植物资源丰富，农作物、蔬菜、果品品种均达到几十种。既有城镇，又有乡村，更曾有通商八方的古镇。富甲四方大户的考究、艰辛度日小家的拼凑、善于经营商贩的打造、现代开放的吸纳出新，形成了当地丰富的饮食文化，喝着传承明清烧锅工艺的天马酒业的酒，品尝各种方法烹制的天马湖的鱼、各种风味的农家饭菜和地方小吃，既是一种享受，又是一种折磨，享受的是佳肴的美味，折磨的是选择的纠结。如果能赶一赶沿承几百年的庙会，能有幸欣赏到具有当地特色的列入国家、省级非物质文化遗产名录的吹歌、太平鼓、抬皇杠，以及皮影、评剧、秧歌、舞龙灯、跑旱船、耍狮子、霸王鞭、跑驴、推车、钟幡、倭官、大脑袋会等民间艺术，更是一种美的享受。朱德、王任重、张爱萍、杨成武、迟浩田、曾培炎等党和国家领导人曾先后到天马湖视察，柬埔寨国王西哈努克亲王及夫人、柬埔寨首相宾努亲王及夫人和巴基斯坦、罗马尼亚、秘鲁、尼泊尔、法国、日本、泰国等国家的国际友人都曾到天马湖参观。

天马山既古老又年轻。说其古老，不知何时天马山就在那里矗立，不知何时洋河就在那里流淌，但可考证自旧石器时代那里就开始有人类繁衍生息。天马山见证了沧海桑田、世事变化，玄真古观、摩崖石刻、台头营古城不过是历史长河之中印记较深的几股涓涓细流。说其年轻，天马湖刚知天命，天马山旅游开发不及而立，整合山湖旅游资源的天马山旅游风景区仅及弱冠，实现旅游资源统一开发经营仅仅几年。古老意味着厚积，年轻意味着勃发。目前，天马原生态历史文化旅游产业葡萄酒聚集区总体规划制定完成。根据水源地保护有关规定，天马湖旅游正在进行战略性调整，游船、游艇等水面项目已经停运，休闲别墅等项目被拆除，更高层次的水利风景区项目完成规划制定，报有关部门审批。天马山景区的基础设施、景观景

天马山旅游风景区门票和宣传册

点建设取得质的飞跃，餐饮住宿等服务设施和爱国主义教育、传统文化等方面的内涵建设积极推进。以天马山旅游风景区为依托，以康养休闲为主题，以产业为支撑的天马生态农业小镇建设已经拉开序幕。

天马山的明天会更加美好！

· 天马胜景 ·

天马山志

二

综述

天马山风景区主要风景元素为山、湖、田园。天马山峻峰陡峭、裸岩沧桑，丘峦连绵起伏、松海葱郁，幽谷清潭、奇石异洞、殿宇亭台、雕塑碑刻相谐相应、巧布其间。山东巍巍群峰，起伏错落，大气磅礴。山南、西、北三面田园环绕，梯田随坡就势，果园相连成片，乡村道网穿行街巷、丘谷、林间，四通八达，隐约断续，曹家堡子、李家堡子、白家堡子、小山头、大山头、湾子等村庄镶嵌其间。大山头村西为水库坝区，坝区东为泄洪道，西为大坝，中间为水库管理区。以管理区和湖中半岛为平台打造的休闲观光区为天马湖风景区的精华所在。徜徉坝岸港湾，西观大坝宏伟壮丽，湖水湛蓝深邃，连山葱茏起伏；北览万顷碧波粼粼，小小渔船徐行，遥遥远山如黛；东赏天马雄峰险峻，田园锦绣盎然，水道清波荡漾。白鹭园湿地观百鸟站枝头、浮绿水、戏碧草、翔蓝天，听其低吟、高唱、和鸣。采摘园中春赏花、夏避暑、秋摘果。游园中园林漫步，亭阁小憩，饮地产美酒，品天马湖鱼，尝农家饭菜，享浓郁风情。2004年，凭其山色湖光，天马山旅游风景区被评为河北省2A级旅游景区，吸引了众多游客观光游览。

天马山旅游风景区2009—2017年接待人数

年份	天马山（万人）	天马湖（万人）	合计（万人）
2009年	0.8	1.5	2.3
2010年	9.01	1.15	10.16
2011年	8.23	0.49	8.72
2012年	10.14	0.23	10.37
2013年	1.9	1.4	3.3
2014年	3.26	0.31	3.57
2015年	12.09	2.04	14.13
2016年	7.81	0.65	8.46
2017年	5.47	0.45	5.92

·
山
色
·

　　燕山山脉的一条余脉自东向西绵延起伏，至大新寨镇战马王村南，如横切一刀，形成一条峡谷，S261公路（青龙——乐亭）由北向南穿过峡谷西转。峡谷西侧山脉，东、南有省道从山脚通过，西、北有洋河、天马湖水域相隔，形成相对独立的单元即为天马山，面积1.5平方千米。主峰峰顶状似马头，故取名马头崖，后因戚继光题刻改名天马山。山体由变质闪长岩和中粗粒角闪花岗岩组成，形成于中生代燕山造山运动。

　　天马山主要有大致东西走向的南北两脉。北脉豆饽饽、锥子山、红石花、大顶、二顶（亦称莲花朵）诸峰陡峭险峻，起伏较大。南脉尖山、旧寺、饮马海、晾甲台群顶坡度稍缓，绵延不断。南脉的一条支脉自旧寺北延，经薛鼎坟至红石花西侧与北脉相连，人文景观集中于此脉以西。

天马山　2008年9月23日　周雪峰摄

　　天马山峰奇石异。石峰岩石裸露，雄奇峻险；石顶青松环抱，险秀兼具；奇石鬼斧神工，引人遐想。天马山植被以松、栎为主，灌木花草丛生。松海郁郁葱葱，隐天蔽日；崖松顽强滴翠，令人感叹；灌木花草遍布林间、路旁、山坡、谷地，争奇斗艳，牵衣挂袖。古观新宇、牌楼亭台、碑壁雕塑、潭泉井瀑、楹联石刻、逸事传说相容相谐、相得益彰，自然之美与人文之蕴浑然天成。

　　天马山森林覆盖，空气清新，富含负氧离子，自然环境宜人，文化内涵深厚，为观光旅游、休闲度假、健身养生的佳地。

天马山景区主门位于李家堡子村东、261省道西侧。一对石狮子分立进山公路两旁。路左立一石壁，花岗岩浆砌基座，长13.7米，宽1.4米，高1.5米。壁身为一整块花岗岩板石，长12.7米，宽0.7米，高2.2米。石壁正面

天马山旅游风景区　2017年11月6日摄

阴刻红色大字"天马山旅游风景区"，落款为"李书和"。石壁背面阴刻红色宋体"团结　务实　创新　理想　勤奋　兴业"。

山门　进入景区，公路左为果园，右为停车场。沿路前行200余米，左侧为面南的陡坡，当地称为片石。坡东南脚岔路向右东行为景区公路，向左西行进入步游道。顺片石中部宽阔的石阶步游道而上，须弓腰垂首，仰望犹如天路。待气喘吁吁登过199级台阶，踏上宽阔的"天马山"山门广场，四面环顾，豁然开朗，回望来路，更是成就感顿生。

广场原为一处比较平坦的山梁，当地名为鹰场。50年代前，每到入秋至初冬季节，就有人到此扣鹰，既有当地人，也有外地人。扣鹰人摆好小鹰和肉食等诱饵，布下大网，隐藏在树丛中，待大鹰被诱入网，伺机猛拉收网。天马山开发后，鹰场被辟为山门、南天门两大广场。

天马山牌楼　2018年5月6日摄

山门广场居南居下，海拔100米，东、南、西三面下临陡坡，筑垛墙围护，面积1.7万平方米。花岗岩石板、砖铺地面，正中为一巨幅太极图。东北角为一小型环岛，岛上草木葱茏，一座六角攒尖顶木结构小亭

立于顶部。广场南侧为一座气势雄伟的高大灰白色草白玉石质牌楼。牌楼六柱五楼五门，方柱斗拱庑殿顶，中门、侧门、稍门依次高低错落，鸱吻、脊兽俱全，额枋、花板、柱础、夹柱石浮雕二龙戏珠、祥云等图案，匾额、楹联均为阴刻黄色字体。中门阔宽7.4米，脊高12.16米，正面门柱前各立一石狮，正面、背面匾额均为"天马山"，摹自戚继光摩崖石刻字体。正面门柱楹联上联为"俯仰有尊奇峦林立天开景"，下联为"纵横无画胜境重光马啸风"，落款为"郎岗峰书"；背面门柱楹联上联为"阅一册精华进去乃游仙界"，下联为"撷几分祥瑞出来仍在画中"，落款为"李书和"。侧门阔宽5.8米，脊高低于中门，正面右侧门匾额为"海天在目"，左侧门匾额为"山河一览"，均摹自天马山摩崖石刻。正面门柱上联为"天地人风云际会"，下联为"儒释道日月同辉"，落款为"李继昌书"；背面门柱上联为"炫目湖山千顷秀"，下联为"醉心花木四时佳"，落款为"怡然题"。稍门阔宽4.4米，脊高低于侧门。

广场北望，两排宽阔的台阶顺山势而上。左侧台阶上部几棵松树立于路中，修路施工时为尽量减少对植被的破坏而保留下来，被人们看作幸运树，树干挂着许多许愿的红布条。中间隔离带底部立一石碑，石碑左上方刻国家级风景名胜区徽志，上方刻"中华人民共和国国务院一九八二年批准秦皇岛北戴河国家重点风景名胜区"，中间刻 "天马山风景区"，下方刻"中华人民共和国建设部监制"，均为阴刻绿色隶书。隔离带下半部为低矮假山，流水淙淙。草白玉雕就的姜太公身披蓑衣，头戴斗笠，稳坐山石之上，持竿垂钓，气定神闲。隔离带上半部为绿化带，苍翠的油松自然错落。隔离带尽头青松环绕的青砖高台之上矗立戚继光铁

姜太公钓鱼　2018年4月18日摄

戚继光像　2018年4月18日摄

质塑像，塑像顶盔掼甲，提枪跃马，英气勃发。高台正面贴黄色大字"戚继光"，左侧面粘挂白色钢板，上书戚继光生平简介，侧后方旗杆上"戚"字大旗迎风飘扬，呼呼作响。

南天门　2018年4月17日摄

南天门　沿山门广场北侧台阶而上，横穿景区公路，拾阶而上入第二广场。广场砼砖地面，面积7000平方米，广场正中为一巨幅太极图，东南角为钟楼，西南角为鼓楼，北为南天门。

南天门建于1992年，为一座四柱三门牌楼，坐落于高大台基之上。台基前中间踏步为阶梯形，共3层台级21级台阶，两侧坡道与广场相接。台阶西侧立"玄真古观重辉记"碑，东侧立"天马景观盛记"碑，两碑均为灰色大理石材质，赑屃座，顶为两龙相盘护卫太极图。碑文为阴刻黄色字体。两尊石狮威严立于踏步两侧高大的石座之上。牌楼两侧各一排耳房，灰墙黄瓦硬山顶，朱红门窗。牌楼为四柱三门，高12米，中门阔宽6米，左右侧门各阔宽3米，红柱，黄色琉璃瓦，庑殿顶，彩绘斗拱、额枋，正脊有鸱吻，垂脊设走兽飞仙。匾额为红底镶黄色大字"天马圣景"，落款为"邹家华"。

过了南天门，可选三条路上山。左路为步游道，经旱船、戚公亭。中路为景区公路，经铜雕马超龙雀。右路前段为景区公路，达天马洞后转步游道。三条路汇于栖霞牌楼。

天马洞　南天门右后路旁立一巨石路标，上书阴刻红色大字"天马洞"。根据路标箭头指向，沿右侧景区公路行进约200米到达天马洞。天马洞为60年代末70年代初人工开凿的战备坑道。山洞纵深数百米，洞内有洞，可屯兵，建有居住、办公、库房、攻守等空间，在山后和旱船下方另有出口。经县人民武装部批准转为民用，开发为旅游景点。后天马集团改造为酒窖，洞口建一座石墙起脊小房，房山开一拱门为洞口，拱门上方横书"天马洞藏"红色大字，字上方绘"马超龙雀"图案，与字体同色。洞口位于山谷之中，两侧松林茂密，树下灌木丛生。洞前为一块三角形平地，为当年开洞施工时弃渣堆积而成，因年深日久，已与山体融为一体。

沿洞旁山谷的石阶步游道，在隐天蔽日的丛林中上行140米即入景区公路到栖霞牌楼。

马超龙雀 沿"天马洞"巨石路标左侧景区公路上行100米到马超龙雀。其创意取自于甘肃省武威市雷台汉墓出土的东汉青铜器——马超龙雀，亦称马踏飞燕、铜奔马、马踏飞隼、凌云奔马等。1983年10月，马超龙雀被国家旅游局确定为中国旅游标志。1985年，"马超龙雀"被国家旅游局确定为中国旅游业的图形标志，一直沿用。

天马山的"马超龙雀"为一铜雕，立于塔架托起的方城中的地球仪之上。雕塑高高耸立于松林之上，不适近看而适远观。未入景区，就可遥见苍松翠海之间一点金光闪闪。至南天门广场较为清晰，"天马洞"巨石路标附近观赏最佳。远远望去，闪着金光的小城浮于苍翠的松涛之上，天马三足腾空，右后足蹄踏地球，扬尾昂首，发出声声嘶鸣，腾空欲飞。如果借助望远镜或相机长焦，更见神奇。原来天马不是踏在地球之上，而

天马洞　2017年11月8日摄

马超龙雀　2017年11月22日摄

是一只展翅飞翔的龙雀。是龙雀欲从地球上起飞，还是从远处飞来刚巧与地球擦身？是龙雀驮着天马飞，还是天马踏着飞着的龙雀？是实踏，还是天马凌空奔驰恰巧掠过雀背？是合作、巧合，还是意外？……

自马超龙雀沿景区公路继续前行230米到达栖霞牌楼。

旱船　过了南天门，时而拾阶而上，时而坡道缓行，踏着阳光穿过松梢撒下的碎影，行进约180米，见几石合力托起一石，在路边突兀而起，状似扭大秧歌的道具——旱船，得地名、景点名为旱船。旱船地处东西走向的天马山南脉山脊西端，头西尾东，被松林包围。至此，可坐在树荫下歇歇脚，享清风习习，听松涛阵阵；亦可登上旱船，遮天蔽日的松海已在脚下，顿觉天大地大。如再听一听出嫁北海的小龙女为何将坐船留于此的心酸故事，更可增添良多情趣。

旱船　2018年4月18日摄

试刀石　自旱船沿步游道前行约40米，透过松林，见路左林中石岩之上四块巨石整齐排列，酷似一块石头劈三刀为四瓣，名为试刀石。相传为明万历初年，蓟镇总兵戚继光与鞑靼酋长董狐狸打赌刀劈所致。夕阳西照，青松、巨石、砾岗、游人都笼罩在霞光之中，听着

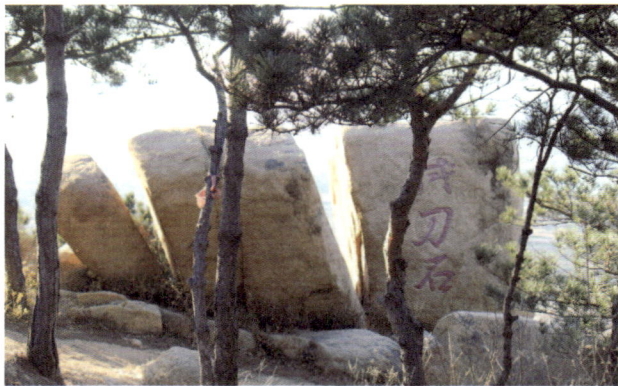

试刀石　2017年11月14日摄

故事，看着那齐刷刷、大小不一的闪着金光的刀口，情不自禁地产生近前看一看、摸一摸的冲动。下路沿着平缓的砾岗走至石边，不禁心下一惊，原来试刀石立于一处悬崖之上。故事中相伴游山的平和表面下，你来我往的客气言语中，蕴含着斗智斗勇的惊心动魄，正与试刀石及周围的情景相合，借以表达人们对英雄的敬仰、对和平的热爱之情。

猴头石　　与试刀石斜对，步游道右侧山坡上，松林间立一浑圆巨石，高约2米，酷似猴头，名为猴头石。相传齐天大圣孙悟空大闹天宫后被擒，在斩妖台被砍下的头颅之一落到天马山，久化为石。乍看，不像，仔细看，还是不像。在光滑的麻砾岩山坡上，有时不得不拉一下松树、拽一下荆条，移动脚步，寻找角度，仔细端详，忽然眼睛一亮，高额、尖嘴、大耳、小眼，目视西方，这不是一颗活脱脱的猴头吗？不禁感叹孙悟空猴性不改，即使被砍下的猴头流落凡间，化成顽石，还不忘作弄人。

猴头石　　2018年4月17日摄

戚公亭　　自猴头石往东，在林间步游道穿行90余米，即到戚公亭。戚公亭周边及西北十几米处的高岗，有许多花岗岩巨石和大片麻砾岩，向阳且较为平坦，传为当年戚继光和将士们晾晒盔甲之处，得地名晾甲台。

戚公亭地处晾甲台景区中心区域。戚公亭为纪念戚继光而建，在山脊的山包处花岗岩砌筑台基，六柱六角攒尖顶，花岗岩围栏浮雕天马腾云奔驰图案，红柱青瓦彩绘檐枋，匾额黑底黄字，上书"戚公亭"，落款为"壬辰年秋吴环露题"。戚公亭处海拔200米，地势较高，有诗形容为："六面来风清凉地，四方景色眼底收"。在亭中或坐或

戚公亭　　2018年5月6日摄

立，北透过松林间隙可观主峰的险峻雄奇、玄真观的凌空巍峨；东跨过松涛可赏饮马海的沉稳、点将台的突兀、守一亭的灵气。环顾周边，南面亭下青松环抱马骥墓，守护老革命家的英灵；东面的苍松环绕老子像，烘托道祖的伟大。

马骥墓　马骥墓位于戚公亭南偏西20余米处山脊南侧。墓地为长方形，青砖铺地，四周青松环抱，肃穆庄严。墓坐落于墓地东部，坐东朝西。墓石为黑色大理石，上方阴刻黄色五星，下方刻马骥生卒年份"1913—2002"。墓碑为红色花岗岩镶面，上面坐马骥半身铜像。铜像身着戎装，胸佩勋章，面容沉稳，佩戴眼镜，尽显儒将风范。墓碑正面阴刻正楷"马骥同志永垂不朽"，落款为"二〇一五年四月立"。侧面上方阴刻黄色五星，下方阴刻正楷"马骥同志骨灰于二〇〇二年七月安葬在天马山，随立塑像迁至于此"，落款为"二〇一五年四月五日"。背面阴刻正楷铭文。

马骥墓　2018年4月17日摄

老子雕像　老子像距戚公亭80余米，像高6米，立于2米余高的自然花岗岩山石之上，汉白玉材质，身着宽袍大袖的道袍，两手相抱胸前，额头宽耸，大耳垂肩，寿眉及须，双目微阖，胸怀天地。雕像屹立于自然岩石之上，周围青松环绕，尽显道教"道法自然，天人合一"的人与自然和谐共生观。

栖霞牌楼和归德亭　栖霞牌楼为石质牌楼，位于点将台和晾甲台之间的山脊鞍部，是天马山的交通要道。山门通

老子像　2017年11月14日摄

往龙泉广场的景区公路从楼下穿过，牌楼前向西通往晾甲台景区，向东通向点将台和饮马海。

牌楼为草白玉石质，四柱三门，通天柱。门柱为方，出头为圆，浮雕祥

云图案。中门硬山顶，阔宽5.5米，横跨公路。侧门无顶，阔宽2米。中门上、下额枋浮雕二龙戏珠图案，匾额、楹联均为阴刻黄色字体。正面匾额上书"栖霞"，落款为"甲午岁碣阳书"；门柱上联为"圣观晨香腾紫气气盈马首"，下联为"仙泉暮瀑落丹霞霞染龙裳"，落款为

栖霞牌楼　2016年9月6日　周雪峰摄

"李景林并题"。背面匾额上书"留云"，落款为"甲午岁碣阳书"；门柱上联为"生烟起雾隐现皆循道法"，下联为"处世为人往来莫羡浮云"，落款为"郭万海"。

　　牌楼东南30米山坡处青松掩映中有一亭，花岗岩砌就台基，木架，筒瓦，起脊，两间，坐东朝西，木质台阶、地板，四周美人靠相围，名为"归德亭"，落款为"清水居主人"。归德亭地处通往山门、天马洞、晾甲台景区、龙王庙景区、点将台和饮马海的交叉口，是游山疲累之际休憩赏景的理想之处。

　　守一亭　自栖霞牌楼前向东沿步游道上行百米左右至守一亭。守一亭位于饮马海西侧山脊，通往点将台、饮马海的步游道旁，视野开阔。可俯视晾甲台景区，仰观玄真观、点将台，远眺山门、天马湖。守一亭为石结构六角攒尖顶，匾额"守一亭"，落款"渔夫"。

　　点将台　自守一亭继续上行50余米，达点将台。点将台为花岗岩自然垒砌形成的堡垒形高台，南面最高，达30余米，四周陡峭如人工垒就，高高耸立于松涛绿海之巅，为远观天马山地标性山体之一。

点将台和守一亭　2018年4月18日摄

点将台亦名法石，作用有三说：一说石台高耸，静坐其上，上可感天，下可接地，为玄真观道士练功作法之处。二说石台四周皆为绝壁，其上亦为绝地，为山下寺庙的和尚剃度之所，以示从此脱离世俗世界，割断七情六欲。三说为戚继光操演兵马的点将之台。旅游开发后，将之作为点将台打造，筑梯直通其顶，上面筑有垛墙围城，中央高台屹立戚继光石像。石像为花岗岩材质，高4.8米，顶盔掼甲，外罩战袍，左手握剑柄，右手抚玉带，短髯飘洒，昂首挺胸，凝眉注目远方，威风凛凛。身后旗杆高挂红底黄字"帅"旗，迎风招展，猎猎生风。山中玄真观道士曾题诗赞曰：

点将台上的戚继光石像　2018年4月17日摄

百丈悬崖势峥嵘，筑台犹赖鬼神工。

帅旗高悬英风在，遍山松柏戚家兵。

登台如掌元戎印，爱国激情心底生。

作法台上踏罡斗，立地成仙唤雨风。

饮马海　自点将台下沿步游道继续上行近百米即到饮马海，当地人亦称南海、海上。手脚并用，攀爬几块巨石，登临顶峰，为天马山几大高峰之一，海拔225米，地处东经119°14′30″、北纬39°58′45″。西北面陡峭，隔谷与大顶、二顶相望，其他面坡度稍缓，其中林木茂密，郁郁葱葱。

饮马海是天马山重要观景台之一，在峰顶宽大的巨石之上，或站或立，未登极顶即感"海天在目""山河一览"之意境。峰顶巨石西南角卧一石，上刻"饮马海"三字，卧石下

饮马海　2017年11月8日摄

有一小潭，方圆不过三尺，水深只没脚面，却遇雨不溢，遇旱不涸。传说为东海龙王作法造就，山上天马专饮此水，故名"饮马海"。

聚仙洞　自饮马海沿步游道向东下行50米达山脉鞍部岔路，向右沿阳坡林间小道前行80米，见几块巨石相摞，形成一座十几米高的石峰，倚于斜坡之上，峰顶石上阴刻红色大字"聚仙洞"。石峰西侧底部石间有一洞，洞虽不大，但充满神秘感。石峰周围松海遮天蔽日，林间灌木丛生，洞前有大石相影，洞口有稀疏灌木相掩，站在峰下路边只能隐隐约约看到洞口，拽着灌木枝条爬到洞前才能一看究竟。传说天马山自古山川葱郁秀灵，众多洞穴清幽，既是鸟兽栖居之乐园，亦

聚仙洞　2018年5月6日摄

是灵炼仙修之佳地。众修炼者中，有的兽性不退，走邪术异道、为害乡里，于是真武大帝将众妖拘来囚禁洞中。人们感念真武大帝恩德，把山洞叫作拘仙洞，后来叫白了即为聚仙洞。

薛鼎坟　自聚仙洞回至鞍部岔路，向北沿阴坡步游道行百余米上山，在松林下荆棘中穿行百米左右达薛鼎坟。一说为削顶坟，因坟顶为削尖的石头而得名，葬者为玄真观的道长。一说为薛鼎坟，因葬打虎英雄薛鼎而得名。相传唐朝初年，太宗李世民东征高丽，路过抚宁。大将薛鼎率部驻扎马头崖下，进山打虎，为民除害，不幸遇难，葬于此。薛鼎坟在天马山一条南北向支脉山脊之上，周围松林密布，荆棘丛生。没有道眼，可以随意地走，从哪儿走

薛鼎坟　2017年11月8日摄

哪儿就是路，除后修的花岗岩块石浆砌的坟座和散落在林间、草丛中的几块残石外，再也找不到人工的痕迹，游客很少到此。原生态的环境、苍凉的坟墓、阵阵的涛声、悲壮的打虎英雄故事，别有一番风味。

从薛鼎坟下山返回步游道，再前行130米，与从龙王庙景区上山通往玄真观、山后塔沟的步游道相汇于抱冲亭处。

龙王庙景区　过栖霞牌楼，沿景区公路下行，左临谷，右靠坡，松林葱郁。十二生肖石雕在公路右侧沿路排开，兽首人身，宽袍大袖，颔首站立，各具特色。路旁岩石依次刻"缘""福、禄、寿、禧""仁者寿"三组石刻，"仁者寿"落款为"郭万海"。行约180米，到达龙泉广场。

龙王庙景区　2018年4月17日摄

广场北面为"慈航普渡"雕像，东面为"福"字壁，西面为"福缘善庆"功德墙。"福"字壁为依削谷立面而建的半面壁，坐东面西，石砌结构，青瓦庑殿顶，下部留白为底座，上部青砖抹缝圈框，中间留白，正中巨幅红色"福"字，四

福字壁、龙泉　2017年11月7日摄

角镶黑色蝙蝠流云纹瓦，流云似如意，绵延不绝，蝙蝠含铜钱，钱前相谐，意为福从天降，福在眼前，幸福长久。壁前北侧立"龙松""龙泉"两块石碑。龙松指碑后坎上之松。龙泉指碑旁水井，井深195米，龙潭及山中一切用

水均取自该井，井旁设碑建亭以作纪念。功德墙长16米，高3米，汉白玉石镶砌面，黄色琉璃瓦，庑殿顶，正脊两端龙头鸱吻，中部筑二龙戏珠。正面右侧刻"福缘善庆"碑文，左侧刻有捐赠者名录。草白玉材质的上下仰莲束腰须弥底座高1米。背面白底巨幅红字"福缘善庆"，为中国书法家协会原副主席米南阳书，面向龙潭，与龙门东西呼应。

广场北侧西行路南坎下为龙潭，路北山坡台上一排庙宇。庙宇均为砖木结构，青瓦飞角，朱红门窗，彩绘檐枋，脊设鸱吻、走兽飞仙，中间正殿三间为龙王庙，供奉北海龙王。东、西各两间耳殿，东为财神殿，供奉文财神比干、范蠡，武财神关羽、赵公明；西为佑护神殿，供奉土地爷、土地奶、车神、山神。临路倚庙殿台基削坡立面建九龙壁，中间主壁为汉白玉浮雕9条飞龙，两侧花岗岩辅壁各刻名家书法"龙"字15幅。

自九龙壁继续前行，路北为倚削坡立面而建的草白玉浮雕八仙过海、老子西出函谷、老子松下传经。西行进入广场，广场北侧石阶步游道通往玄真观，东南角拾阶下行，右转去三清殿、元辰殿，直行为龙门前长街，左转进小门为龙潭。

龙潭 2018年5月6日摄

龙潭为闸谷蓄水而成，潭北、东、南三面花岗岩围栏浮雕龙、莲图案，潭西为龙门。潭水深6米左右，晶莹清澈，鸟飞鱼跃，西面开阔处，一条巨大红鲤已跃出水面，试图跃过龙门。周围山坡上绿草如茵，青松苍

龙门背潭面　2018年4月18日摄

翠。石板步游路依地势、沿围栏曲折变化，宽阔处翠松如伞，坐在松下椅上，可赏景假寐，亦可谈天说地。龙门为白墙、黄色琉璃瓦顶，长50米，有五顶。中门为重楼庑殿顶，门宽6米，两面重楼之间镶金色二龙戏珠浮雕，面潭面下楼檐下镶碣阳所书红色行楷大字"龙门"。左右侧门宽4.6米，单楼庑殿顶，面潭面门额左门镶红色行书"雅逸生辉"，落款"向应"；右门镶红色行书"心旷神怡"，落款"渔夫"。背潭面三门檐下均为灰框红底黄丁券拱饰门。龙门外为一条长街，直通南北。街西为斜坡，坡下为游园。

抱冲亭　自龙王庙景区慈航普渡旁沿石阶步游道而上，行百余米至抱冲亭。抱冲亭为木结构六角攒尖顶，黑色匾额上刻黄色行书"抱冲亭"，落款为"壬辰年秋吴环露题"。亭西侧有一平台，曾建有道塔，后拆除。

抱冲亭地处天马山主峰东侧山鞍部，为山中要路和重要观景点之一。俯瞰南坡，以松树为主，杂以柞树，森林茂密，石阶步游道时缓时陡，在林间穿行向下，渐渐隐去，通往龙王庙

抱冲亭　2018年5月6日摄

景区。亭侧两条步游道分别通往玄真观东门、西门。抬头仰观，石阶路仰头直上，至戚继光题"天马山"石刻前右转更加陡峭，直通玄真观东门，玄真观高悬壁间，只露一角，主峰壁立千仞，高不见顶。自亭漫步山鞍部平地，东侧矮峰巨石嶙峋，林木茂盛，南侧山路通往薛鼎坟、饮马海。向北望去，仿佛换了一个天地，南面是林海绿地点缀着峻峰怪石，北面则是凸峰荒坡点缀一些零星的松林、树木、果园，几十米外的几处道塔的遗迹隐约可见，百米外的石刻一览无余，连顺坡而下的石阶都显得棱角分明，远处的天马湖湖水也显得更加蔚蓝晶莹。

塔沟和马棚马影　自抱冲亭北行，过山脊为塔沟，因有葬道士的塔而得名。塔高2米左右，花岗岩砌就，后倒塌或拆除，尚存4处遗迹。沿步游道下行，路旁巨石之上刻"百福具臻""舆岁永嘉""福湖寿山"等。坡下一座裸岩矮峰凸起，传峰上曾有石状如少女，得名女儿

塔沟　2017年11月8日摄

峰，峰西侧有四立石，分别刻"福、禄、寿、禧"红色大字。

沿路下行转到北坡，向南仰望，主峰北侧接近顶处有一石棚，棚下石壁上有黑色水渍痕迹，状似天马狂奔归府，头已入洞，身尾尚处洞外，即为具有壮丽传说的马棚马影。主峰东北山脚步游道旁一巨石状如虎头，恰似传说中战败的黑虎偷窥天马。

玄真观　自抱冲亭登石阶而上，至戚继光题写的"天马山"石刻处，向右再上台阶不远即到玄真观东门。东门为一拱券、歇山顶门楼，匾额黑底镶金黄二龙戏珠边框，金黄隶书"玄真观"，落款"张凤林书"。

进东门，右转为一小院。北面靠山三间花岗岩石墙、平顶、朱红门窗的房舍，名为"清顺堂"，供游方道士客住。清顺堂左前方有一棵黑枣树。黑枣树曾有合抱粗，每年产很多黑枣，观中道士会将黑枣赠送给上山香客、游客和山下居民品尝。1966年秋，玄真观被拆毁，黑枣树随之死去被伐。1992年，玄真观修复后，黑枣树长出新芽，十几年长至碗口粗细。西面为在玄真观东耳殿——"三星殿"下辟建的"月老殿"，殿中供奉月老。殿后沿

木栈道上山通往极顶。沿月老殿后坎墙里走，可见耳殿与主殿墙角处的拱券洞里有一井，井深约7米，井壁为精工细磨的条石砌成。不管暴雨倾盆还是阴雨绵绵，井内滴水不存，向井内投物会发出清脆的金属回声，故称"铜井"。

进东门，沿步石阶直行至玄真观主院。一排宫殿靠山面南，正殿三间为太和宫，供奉真武大帝。东西各有耳殿两间，东为财神殿，供奉文财神比干；三星殿，供奉福、禄、寿三星。西为药王殿，供奉药王孙思邈；娘娘殿，供奉红娘、送子娘娘、眼光娘娘。殿前立有香炉。殿前并排建有三阁，二仙阁居中，略向南突出，供奉慈航真人、吕祖吕洞宾；东南角为魁星阁，西南角为麻姑殿。二仙阁东北侧立一钟架。殿阁均花岗岩浆砌基座，黄漆瓦顶，仿古朱红木格玻璃门窗，彩绘梁檐，飞檐翘角，正脊建有鸱吻，垂脊、戗脊建有走兽飞仙。匾额和楹联板均为木板材基、黑色打底、金色饰框和字体。

玄真观　黄英杰摄

玄真观坐落于主峰南坡峭壁自然形成的平台之上，东、南、西三面临空，花岗岩浆砌墙壁因势坐于岩壁巨石之上，与崖壁浑然一体，草白玉栏杆围成院落，面积约1020平方米。

站在院中，殿阁堂皇，香烟缭绕，信徒膜拜，游人如织。北观，峰陡石

玄真观　2013年1月29日　翟雪峰摄

巨，高不见顶，石隙间苍松青翠，摩崖石刻苍劲有力。崖壁上曾生长许多青松，有多株粗可合抱，高大挺拔。1960年前后因建房、烧柴、打制学校课桌椅等原因被集体或个人砍伐。东望，豆饽饽、锥子山、红石花、尖山、饮马海诸峰或裸岩斑驳，或身披绿装，或堆石如堡，或青松覆顶，逶迤东来，绵延起伏。西看，二顶如笋，傲然独立。面南扶栏俯视，如临深渊，龙潭、晾甲台、马超龙雀、山门诸景尽收眼底；远眺，兔耳山、紫荆山、碣石山、缸山等远山如黛，城镇、村庄、农田、绿带星罗棋布，天空、大海或朦胧、或清澈，百般变化。

玄真观西门外，北侧坎下为玄真观碾坊，房舍已无，碾子犹在，尚可推动。

出西门，左转沿石阶路而下，可通往抱冲亭或龙王庙景区；右转可经仙居洞府、黄大仙洞府、胡仙洞府、三清亭、燕子翻身登主峰；直行登二顶。

二顶　二顶亦称莲花朵，海拔260米，东北与玄真观相望，出玄真观西门前行十几米即到。沿石间夹隙、石上浅窝，手脚并用，逶迤上行至一平台，台下为一座水窖，既是景区的水塔，又可现"飞流直下三千尺"的瀑布景观。平台南面边缘为一仿真石壁，上书"天马胜境"，落款为"癸巳春碣阳书"。继续向西上行不远即为峰顶。峰顶几块巨石分为两组，南北对阵，中间可容一人通过。南面一石上天然形成一幅图案，酷似中国地图，命名为"祖国版图"。二顶曾生长很多青松，其中峰顶一株主干高约两三米，粗约两人合抱，平顶树冠几乎覆盖整个峰顶，与主峰的青松同时期被伐。峰南壁立雄险，陡不可攀。峰顶西、北两面坡度稍缓，游人踏出一条窄路，可作观景台。登台远眺，主峰西坡老城、仙居洞府、黄大仙洞府、三清亭等景点，山下曹家堡子、李家堡子、白家堡子、小山头、大山头、湾子等村庄，以及万顷碧波的天马湖和远山一览无余。

二顶　2018年4月17日摄

"祖国版图"石　2017年11月22日摄

老城　出玄真观西门右转沿步游道下坎行至小门楼。楼前向左西行十几米，陡壁上有一小门，门左石上阳刻红色大字"老城"，落款"明代屯兵遗址　一九九四年张文仲题"，门内贴绝壁建两间单坡小房，檐下亦为绝壁，为玄真观道士住所。

仙居洞府　过小楼上行即到仙居洞府。仙居洞府为一块板石搭于两石之上形成的天然洞穴，洞顶石上刻"仙居洞府"，洞内存有石台、石灶和用火痕迹，供奉蟒仙、常仙。沿贴洞口狭窄的石阶小道登上洞口西侧的巨石，即可见仙居洞府上方崖前的黄大仙洞府，再前行拐个弯即到悬崖脚下胡仙洞府。两府均为天然洞穴，洞内可容几人。后建门楣，设神像，受香火，供游览。黄大仙洞府供奉黄仙，胡仙洞府供奉胡三太爷、胡三太奶。

主峰西侧　　2018年5月6日摄

三清亭　过胡仙洞府即到三清亭。"三清"为道教的三位至高神：玉清圣境元始天尊、上清真境灵宝天尊、太清仙境道德天尊。三清亭坐落于主峰西北侧明代摩崖石刻"带砺山河"前平台西侧边缘，地势十分险要，为主峰西侧绝佳观景之处。三清亭为石结构六角攒尖顶，面东与主峰相对，檐下悬挂匾额"三清亭"，落款"渔夫"，步游道从亭前经过。亭前不大的空地上荆草茂盛，适时还可赏到野花、采到野果，也是登顶前最后一块植被成片之地。三清亭西背临绝壁，山川、湖水、乡村、田园尽收眼底。古瞰台头营古城，今赏天马湖美景，抚今追昔，遐想无限。明将孙仁、林桐游此眺览胜景，漫评古今，题刻"带砺山河"，抒发誓志保家卫国的决心意志与天马山共存，令人敬仰。

极顶　自玄真观殿后木栈道可直接登顶，亦可自玄真观西门右转经仙居洞府、三清亭、燕子翻身登顶。登顶后可原路，亦可另路返回。

木栈道在陡岩上因石就势，折转而上，直通极顶，其间设几处大小不等的平台，既可歇脚又可观景。栈道登顶相对容易一些，如欲省些体力，或尽快领略极顶风光，栈道

燕子翻身　2018年4月17日摄

为较佳选择。

如欲欣赏沿途风光、体验登山乐趣，自应选择接近原生态的西路登顶。出玄真观西门，过仙居洞府、黄大仙洞府、胡仙洞府、三清亭，体验山坳幽深葱茏，领略峰峦壁陡石峭，拜谒神仙洞府，聆听美丽神话传说，尽赏远近美景、大好风光，从峰南

燕子翻身石洞　2018年4月17日摄

到峰西，移步易景，一路行来，穿过三清亭北的巨石相峙的石门即到峰北，亦进入登顶的冲刺阶段。

过了石门，山势立马陡峭起来。目中是巨石，身旁是巨石，脚下是巨石，巨石挨着巨石，巨石摞着巨石。或沿着在巨石上凿就的稍宽于掌的窄阶登攀，或穿行巨石之间，或绕过巨石之侧，几经折转，到一稍显开阔之处，可向右上行数米，手脚并用沿两石夹角爬约人高翻过，在仅容一人的石隙间小心钻行数米，亦可左行沿侧临万丈深渊的步游道，绕过如悬头顶的巨石，即到峰北东侧开阔处。站在石坡之上，北部、东部视野开阔，满眼风光，西部、南部巨石列阵，十几米高的巨石排成石壁，东西横亘构成极顶。石壁光滑陡立，草木皆无，更无插脚着手之处，即使猿猴亦只能望洋兴叹。

正在山穷水尽之际，突现柳暗花明。石壁东侧巨石下方的石刻"燕子翻身"映入眼帘。登石阶近前才见石刻右方巨石间有一外大里小、近似钝三角形石洞，洞底透有阳光，为西路登顶必经之路，当地人称"燕子翻身"，亦称"鹞子翻身"，即燕子或鹞子飞过亦要翻身之意。因迎面巨石拦路，穿过即可赏极顶无限风光，故又称"时来运转"。进洞行至低矮处，有三路可通顶。一

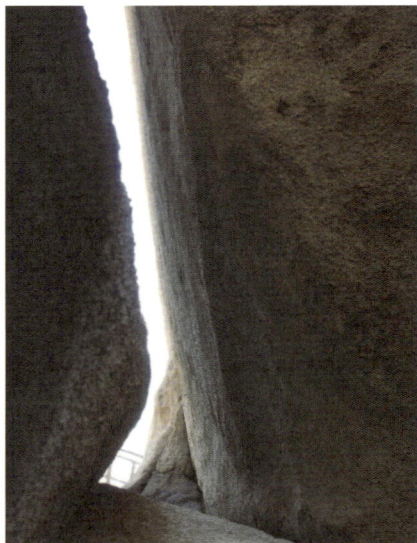

燕子翻身一线天　2018年4月17日摄

·天马胜景·

路为直行，或俯身爬行，或手撑右侧斜壁斜身钻过石洞，转弯穿过仅容一人的石缝，眼前豁然开朗，至极顶南侧观景台。一路为沿右上方仅容一人的石隙小洞爬上，为过去登顶路径之一，后为了安全，洞壁题字提醒禁止通行。一路为向左爬上一米余高的石坡，钻过石窟，穿过五六米长号称"一线天"的石缝，达顶峰东侧，沿峭壁狭窄小道转南侧亦达观景台。观景平台木亭木椅木栏木地板，视野开阔，向阳背风。休息一会儿，登几米木栈道即达极顶。

极顶西侧　2008年9月23日　周雪峰摄

极顶东侧　2018年5月6日摄

极顶由七块巨石东西排列构成。东面两块南北陡立，形成经燕子翻身左路登顶的一线天。西面巨石最为惊险，南北壁立，西面悬空。东南角巨石游人无法登及，其余六块石上建有护栏，石间建有栈桥相通，护栏、栈桥均为铁质。游人由中石登顶，可到六石观光。

极顶地处东经119°14′21″，北纬39°58′53″。尽管海拔不算高，仅有295米，但相对高度达200米以上，比附近诸峰普遍高出几十米。巨龙般的山脉自东连绵起伏而来，自此突然昂首，不再西去，南、西、北三面面临宽阔的矮丘平川，且山体以光滑的裸岩为主，更显其高耸险峻。站在极顶，劲风呼呼作响，扶栏站稳，极目远眺，北有长城蜿蜒，南有大海茫茫；放眼左右，东览群山苍翠，西瞰湖光潋滟。纵目间，远山近峦，农田果园，城镇乡村，大坝碧波，天高地远，风光无限。收眼环顾，四周皆绝壁陡崖，深不见底，顿有悬于空中之感，胆小之人不禁心虚腿软。

湖光

　　天马湖即洋河水库，始建于1959年10月，1960年8月拦洪蓄水。历经70年代续建及唐山大地震后恢复工程、1989年10月至1991年6月引青济秦工程、1998年至2000年除险加固工程，发展成为集城市供水、防洪发电、农业灌溉、旅游养殖为一体的大Ⅱ型水利枢纽工程，库容约3.86亿立方米，水面面积约45平方千米。1959年11月，省委书记处书记的阎达开到水库工地视察，将之命名为天马湖。

　　天马湖水面宽阔，岸线曲折，碧波荡漾，风景秀美。一面临坝，三面环山，远山近峦，高低错落，岸线曲折，湾汊众多。东面近岸低丘起伏，农田果园，远处天马山巍峨高耸，峭岩壁立。北面滩涂、良田、城镇、远山，由近及远，逐渐展开，视野开阔，层次丰富。西面层峦起伏，植被茂盛，多半个岛探入水中，沟壑纵横。南面大坝横拦，园林优美，湿地鸟集，服务设施完善，为主要游览区域。万顷碧波如碧玉般镶嵌其间，融为一体，形成地形变化丰富又自然融合的多样地貌景观，有"人间瑶池"之誉。1985年，天马湖被确定为旅游景区，对外开放。经多年发展，成为集吃、住、玩、赏于一体的旅游度假区。根据水源地保护有关规定，天马湖旅游进行战略性调整，游船、游艇等水面项目停止运营，休闲别墅拆除，更高层次的水利风景区项

天马湖　2012年9月　《回眸洋河》

目完成规划制定，报有关部门审批。

　　游园　　游园在水库管理区基础上进行园林打造而成，集办公、游玩、住宿、餐饮等功能于一体。游园以林荫道路大致分为三个区块，东北为办公区，东南为住宿、餐饮等游览服务区，西为观景区。园内植被丰郁，林木葱茏，路两旁梧桐如哨兵般整齐排列，枝繁叶茂，松、柏、杨、柳、枫、槐、樱桃、火炬、野楸子等各有所居，楼阁廊架、池潭雕塑、溪流步道、花草鸟虫各得其所，人文融于自然之中却无突兀，自然烘于人文之围更显灵气。

　　进入景区大门，即见水库溢洪道，一桥架于其上。桥右为三门三闸的溢洪道闸门，闸门上游水面清澈，梯形水道转个弯隐于左坝之后。桥左溢洪道两侧坝外翠柏成林，如壁如峦，候鸟迁徙季节，白鹭在其间或展翅翔掠，或憩枝轻荡，绿的滴翠，白的如雪，景美如画；底部干涸，荒草簇簇，底部和坝体那斑斑水渍见证着洪水夺门冲出、浪花飞溅的壮观场面。

　　过桥沿松柏林间公路前行不远，左转西行通电站、坝下，直行通坝上、办公楼、黄楼宾馆，右转东行通黄楼、黄楼酒家、采摘园。

　　沿南松柏、北果园的林荫公路东行一段，即见路北山包上翠柏掩映着一栋残体建筑，即为见证了天马湖半个多世纪历史、接待过许多党和国家领导人及国际友人的黄楼。

　　或沿公路前行转弯向北，或参观黄楼后沿楼东北侧、西北侧步游道下行，即到一广场。广场南侧为黄楼所在的山包，翠柏笼罩。西侧为黄楼的配楼，红顶黄墙，坐西朝东，名为黄楼酒家。黄楼酒家建筑面积1200平方米，有一个大厅可摆20桌、14个雅间共17桌，

黄楼酒家　2017年11月7日摄

游园　2018年4月17日摄

可同时接待380人就餐。北侧为游园，芳草如茵，林木葱郁，石子小路蜿蜒，隔游园为一栋红顶白墙的三层楼房，俗称白楼，即为黄楼宾馆。黄楼宾馆南北坐向，东侧开门，建筑面积1577平方米，共有27个房间、1个会议室，可接待54人住宿、80人会议。

或出广场沿公路北行，或沿广场北侧游园步游道穿过，达黄楼酒家，继续前行左转向西。公路北侧为办公区，办公楼坐北朝南，为两层红顶浅红墙体，俗称红楼。南侧与黄楼宾馆之间为游园。园内廊架藤蔓盘绕，溪流清澈见底，步道曲折回环，林木高低错落，合抱粗的杨树遮天蔽日，树上还有几个硕大的鸟窝。

继续西行，过两侧梧桐整齐列队、贯通游园南北的笔直的林荫公路，直行向西，通往大坝。路南园内碧草绿树间立"天马战青虎"雕塑。路北侧游园西北角有观碧阁，观碧阁东侧为鱼尾狮雕塑，西南侧为王光美1964年视察洋河水库时栽植的三株柏树。

湖中半岛　自黄楼前公路东行，遥见一桥高架，至一塔而止，为引青济秦东线取水头部工程的进水塔和工作桥。直行自桥下穿过，转弯北行至水文站，前行不远即至湖中半岛。

湖中半岛　2016年9月6日　周雪峰摄

湖中半岛四面环水，只有东南角与陆地相通。半岛近似椭圆形，南北长，东西窄，中间高，四周低，周围垂柳环绕。岛上顶部一排平顶苍松南北排列，北部和西南角松、柏、槐、柳等枝繁林密。北部建有欧式别墅、望湖亭。别墅共5栋，别墅区占地面积4000余平方米。岛上大部分为果园，主要品种有樱桃、苹果、梨、葡萄、圣诞果、板栗、核桃等。赏花、游玩、采摘、观鸟、垂钓、休闲、度假，春夏秋冬各具特色。因半岛属洋河水库水质一级保护区域，别墅等设施于2017年11月底拆除。

东眺天马山　　2013年7月7日　王文军提供

　　天马湖曾开设水上旅游项目，游客可乘坐游艇、划艇、摩托艇游览观光。根据水库水质保护有关规定，水上旅游项目于2014年取缔。由此，环半岛成为观赏湖光山色的最佳线路。东面湖面较窄，引青济秦东线进水塔和工作桥横立下游，可见对面山峦、矮丘、堤塘、汊湾、农田、果园、村庄、房舍、车船、行人，远眺天马雄山，近赏美好田园。北面湖面开阔，波光粼粼，近岸船行悠悠，远船仅现一点，城镇乡村隐隐约约，远山层峦淡墨轻染。西面左见大坝横亘东西；前面坡陡树翠，湖面轻漾碧波；向右湖面迅速展开，对面山体起伏连绵伸向西北，汊湾深邃，湖水隐于山体之后。南面与游园之间为开口向西的港湾，南岸为码头，水上项目运营之时，曾游人集聚，热闹繁忙，后为渔政、防汛等工作船只停靠之地。尽管失去了昔日的喧闹，但湖水清澈，垂柳依依，回清倒影，清幽怡人，另有一番风味。

　　天马湖观鸟　　天马湖水域辽阔，浅滩面积较大，一年四季都有鸟类繁殖栖息，春秋鸟类迁徙之际大量候鸟集聚，为观鸟最佳时期。天马湖沼泽湿地东西长5.5千米，南北宽1.5千米。天马湖地区有鸟类345种，其中留鸟54种，旅鸟117种，候鸟158种，近危以上品种27种，常见鸟类100多种。天马湖湿地一年四季均可见鸟翔鸭游，均可闻雀啭莺啼。特别是春秋鸟类迁徙之际，大批天鹅、丹顶鹤、灰鹤、东方白鹳等鸟类集聚于此，有的停留一月有余。各种鸟类或千百成群，或三五结伴，或形单影只，在蔚蓝的天空、宽阔的水面、秀美的汉湾、宽阔的滩涂上、摇曳的树梢间、翠绿的草丛中翱翔、栖息、嬉水、觅食、高歌、低鸣，使天马湖成为候鸟的天堂、观鸟的胜地。石鸡、剑鸻、雕鸮、蓝矶鸫、黄鹂、云南柳莺、小星头啄木鸟、绿鹭、红脚隼、冕柳莺、小白额雁、东方白鹳、戈氏岩鹀、黄头鹡鸰、红喉鹨、凤头百灵、白头鹎等许多珍稀鸟类都能在天马湖观测到。

天鹅 《回眸洋河》

黄楼 黄楼建于水库建成之初，为洋河水库接待之所。虽称为楼，实为一层别墅式建筑，由主楼和配楼构成。主楼坐落在水库管理区南部小山包之上，配楼坐落在山包西侧，两楼有廊道相连。主楼面积322平方米，主要功能为会客、住宿。配楼面积1200平方米，主要功能为餐饮。黄楼见证了洋河水库半个多世纪的发展历程，曾先后接待过朱德、王任重、张爱萍、杨成武、迟浩田等党和国家领导人，柬埔寨国王西哈努克亲王及夫人、柬埔寨首相宾努亲王及夫人和巴基斯坦、罗马尼亚、秘鲁、尼泊尔、法国、日本、泰国等国家的国际友人。黄楼宾馆建成后，主楼辟为展馆。2011年，因维修施工失火被焚毁。配楼改造为黄楼酒家，对外开放。

黄楼 《回眸洋河》

王光美栽植的柏树　在水库大坝东坝头北侧，观碧阁西南侧，有三株并排而立的翠柏，枝繁叶茂，树冠已连为一体，这是1964年4月3日国家主席刘少奇的夫人王光美视察洋河水库时栽植的。1992年8月18日，王光美再次视察。天马集团天马湖旅游风景区在树下立牌上书：

一九六四年，国家主席刘少奇夫人王光美女士来洋河水库游览，亲手在建成大坝的东侧种下三株柏树，分别象征：工人、农民、解放军；排成一排，则象征着军民团结一致，共治洪魔的坚韧意志和峥嵘傲骨。

王光美栽植的柏树　2017年11月8日

1992年8月18日王光美（中）在水库参观　《回眸洋河》

观碧阁　观碧阁为天马湖景区主要观景点之一，坐落于公园西北角，西、北两面临湖。观碧阁为四角攒尖顶，红柱，红顶，汉白玉栏杆，白色天花，枋下蓝格装饰。通体红、白为主，略有蓝色，清新淡雅。阁东侧为一个圆形水池，池中间立汉白玉雕塑"鱼尾狮"，鱼身狮头，可口吐清水，兼做喷泉。登阁北望，湖中半岛、游船码头港湾、发电站塔楼等透过翠柏隐约

观碧阁和鱼尾狮　2017年11月7日摄

可见。扶栏西看，西南侧王光美所栽三株翠柏并排而立；巍峨的大坝斜亘眼前，近处石块砌缝清晰可见，远处大坝缩成一团插入远山；万顷碧波，渔船点点，远山苍翠，连绵起伏；四季朝暮，阴晴雾雨，景色变幻，趣味无穷。

天马战青虎　　"天马战青虎"雕塑位于天马湖景区西北部、水库大坝东坝头路南园内，碧草绿树间拔地而起。雕塑建于2002年，基座之上，天马汉白玉材质，颜色雪白，天马蹄踏祥云，展翅腾跃，振鬃弯颈，居高临下，嘶鸣着怒视青虎；青虎青石材质，颜色青灰，昂头摆尾，张牙舞爪，傲然立于山石之上，狂啸着迎视天马；两者蓄势待发，即将展开生死大战。基座侧面石刻：

　　天马湖的传说　　传说，天马山上曾有只凶猛的青虎，此虎作恶多端，危害乡里，百姓生灵涂炭，民不聊生。其恶行犯天条，玉帝便选派一匹神马来到凡间降伏青虎，虎马鏖战之际，天昏地暗，飞沙走石，雷雨交加，经几昼夜青虎方被降伏。所战之地旋出一深坑，后自然成湖，后纪念天马功德，百姓称之为"天马湖"。

天马战青虎　　2017年11月23日摄

卷二一

· 古城平湖 ·

天马
山志

【037/052】

综述

　　天马山不知形成于何时，洋河亦不知何时开始流淌，从发现石器可证，旧石器时代天马山附近、洋河流域即有人类繁衍生息。东、西洋河历经千万年的流淌，在山下交汇，冲积出大片的开阔地。山河成就土地之沃、交通之便、战略之要、聚居之所，又幸遇汉武扎营驻跸得名。明初，大量山东、山西移民迁居落户，建立村落。为防御北元，明永乐七年（1409）建台头营城。明隆庆年间，经蓟辽总督谭纶、蓟镇总兵戚继光奏请，增设台头路，驻台头营，分领界岭口、青山口，提调管领界岭口关等十一城，成为军事重镇。清时，民族融合，关内关外一体，台头营作为军事要地逐步退出历史舞台，洋河水道直通渤海、陆路连通蒙辽的交通优势突显，成为京东主要商业贸易和货物转运中心之一，南达广州、上海，北通蒙古、辽沈。到清末民初，其商贸物流中心地位更加突出，手工业、商贸服务业获得更大发展，市面店铺林立，商贾集聚，贸易兴隆，景象繁荣，曾有"京东第一镇"之称。日本入侵，台头营成为日伪重要据点之一，遭到严重破坏。后一直为抚宁重镇，直至因修建洋河水库搬迁新址。

　　洋河在成就重镇、造福万民的同时，因其上游地处燕山山脉浅山丰水区，支流多，纵坡陡，汇流时间短，降水集中，洪灾屡屡发生。大灾之年，农田被毁，交通中断，甚至迫使灾民背井离乡，流离失所。1959年10月，集13个县、市8万民工会战洋河。1960年8月，洋河水库大坝合龙蓄水。自此，古镇变平湖，下游地区告别洪水的威胁。后经配套建设、除险加固，发展成为以防洪、灌溉为主，兼顾发电、水产养殖的大Ⅱ型水利枢纽工程。1985年7月，对外开放，成为旅游风景区。

· 台营古城 ·

《抚宁县志》载，汉武帝北伐匈奴凯旋，途经今台营北亮甲台处，南指东、西洋河汇合处北面的开阔地说："可建营。"于是安营扎寨，驻跸数日，得名抬头营，后写作台头营。台头营得名于汉代，盛于明清，亦简称台营。1956年8月，行政区划调整时规范称为台营。1960年，因修建洋河水库移民搬迁新址，古城被淹。

历史沿革 台头营城于明永乐七年（1409）修建，派兵驻守，隶属燕河路。明成化五年（1469）后，蓟镇东部州县常被塞外北元骚扰，青山口、界岭口、义院口、一片石、大小毛山等关口曾多次被攻破，成为畿辅防务重要区域。明弘治十三年（1500），右副都御史洪钟巡抚顺天、永平二府，整饬蓟州镇边防战备，修筑自山海关至古北口边关要隘千余里，重修台头营城，城周围二里，高二丈。明正德二年（1507）闰正月初三，为加强对边关将士的监视，明武宗选派太监、都知右少监王鉴迁驻台头营。

洪钟（1444—1523），字宣之，自号两峰居士，浙江杭州人。明成化十一年（1475）进士。历任刑部主事，四川按察使，江西、福建左右布政使，右副都御史，右都御史，刑部尚书兼左都御史，太子太保衔。明弘治十一年（1498）升任右副都御史，巡抚顺天。弘治十三年（1500），奏请朝廷批准重修与增筑长城关隘，整饬蓟州镇边防战备。组织整修了自山海关至密云古北口、黄花镇、直抵居庸关延亘千余里的长城防线，缮修城堡270所。蓟镇东协山海路、石门路、燕河路、建昌路等处关楼大多是洪钟修建或重修，台头营城为其中之一。

明隆庆二年（1568）十二月，因燕河路参将所辖地方绵亘200余里，冲要隘口20余处，往来策应势不能周，经蓟辽总督谭纶奏请，永平游击将军杨腾改为参将，驻台头营，分守青山、界岭二路，燕河路参将分守冷口、桃林口二路。明隆庆三年（1569）二月，经谭纶、蓟镇总兵戚继光奏请，分燕河路增设台头路，驻台头营，设参将驻守，分领界岭口、青山口二提调。界岭口提调管领界岭口关、箭杆岭关、星星谷堡、中桑峪堡、罗汉洞堡、驸马寨营、台头营等七城。青山口提调管领青山口关、干涧儿口关、东胜寨、驻操营（青山驻操营）等四城。

谭纶（1520—1577），字子理，号二华，宜黄人。明代杰出的军事家、抗倭名将。官至兵部尚书、太子少保。谭纶自幼饱览诗书，有雄才大略。嘉靖二十二年（1543）中举，次年中进士。嘉靖二十七年（1548）任南京礼部主事，不久补兵部郎中，在东南抗倭，屡立战功，升至兵部右侍郎兼右佥都御史，总督两广军务。隆庆元年（1567），以兵部左侍郎兼右佥都御史，总督蓟、辽、保定军务，他与戚继光共同负责练兵，自居庸关至山海关，修筑边墙2000余里，构筑御敌台3000座，造战车700乘，大炮5000架。隆庆六年（1572）七月，升任兵部尚书，兼理京中军务。万历元年（1573）加太子少保衔。万历五年（1577）四月，于任上去世，赠太子太保，谥"襄敏"。谭纶一生著述颇多，代表作有《谭襄敏公奏议》《睹物寓武》。

万历八年（1580），为加强台头路防御，永平游击统领骑兵3000名，由

台头营路提调界岭口、青山口边口图　光绪《永平府志》

永平府城（今卢龙县城）移驻台头营城。万历二十三年（1595），蓟镇东路协守副总兵陈霞由建昌营移驻台头营。万历二十四年（1596），敕都督佥事为副总兵，分理燕河营、建昌营、石门寨、山海关四路军务。是年，张守愚到任。万历二十七年（1599）麻承训继任。

万历二十四年（1596）敕都督佥事为副总兵敕书：

今特命尔充副总兵官，协守蓟州东路地方，驻扎台头营，分理燕河营、建昌营、石门寨、山海关练兵事务。居常务要，往来督率，如法训练，修理城

堡，督瞭望台，防御贼寇。凡哨探传报、遇警截杀、抚处夷情及军需征遣、协济应援一应事宜，悉与永平道议处而行。前项四路参、游、守、提等官，并客兵分布所属地方，俱听尔约束、调度。尔贪黩偾事，国典具存，法不轻贷。尔其慎之，故谕。

张守愚，陕西安定人。万历二十四年至二十七年任蓟镇东路协守营副总兵，驻防台头营。后升任大同总兵。

清顺治元年（1644），台头营沿袭明制，设副总兵一员、中军一员、把总一员。清顺治六年（1649），台头营路副将改设都司，辖界岭口、青山口二守备，设都司、千总、把总各一人。顺治十二年（1655），裁台头营都司、千总、把总等官，设操守一人。康熙元年（1662），改操守为把总，属燕河营路。清朝行政区划基本沿用明制，后期增设甲、堡建制。清光绪三年（1877），抚宁县设18里，每里10甲，甲下设堡，台头营堡辖12村。

1932年，抚宁全县设7区160乡，其中七区驻地台头营，辖台头营、麻达

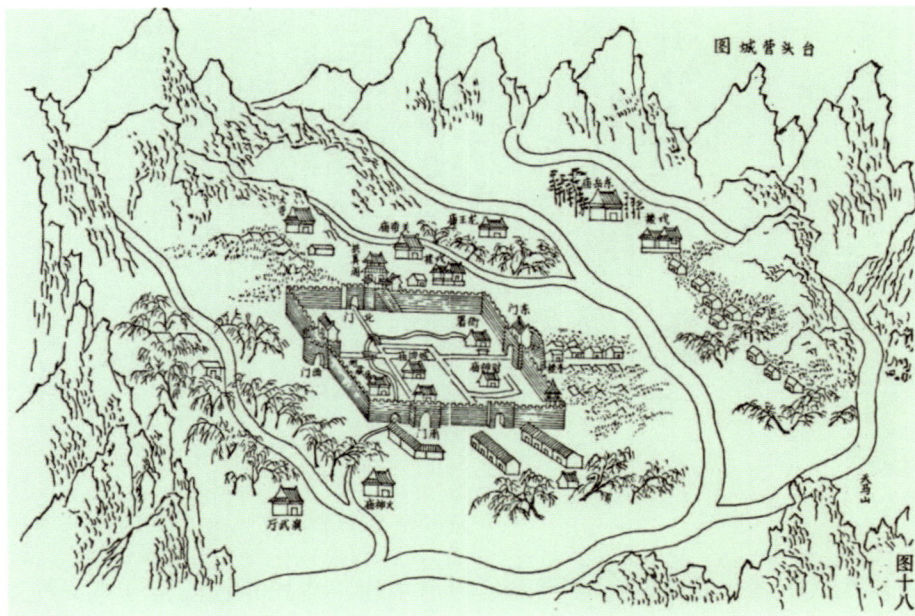

台头营城图　光绪《永平府志》

峪、七家寨、巨各庄、周各庄、南寨、茹各庄、南台庄、大新寨、宣各庄、钱家庄、渤河寨、曹各寨、王各庄、双岭、郭家场、界岭口、麻姑营、青山口、山岭高等20个乡。日伪统治时期，抚宁县设4镇36乡，台头营为四镇之

一。1946年2月至翌年5月，曾为中共抚宁县委、抚宁县政府驻地。1947至1948年，中共冀东第十二地委、专署及军分区曾驻台头营。1949年1月，抚宁县辖7区1镇，即台头营镇。

1950年7月，抚宁县划为5个区，三区驻地台头营。1953年7月，抚宁县设5区74乡镇，其中三区驻地台头营，辖台头营镇和垒各庄、大山头、青山口、东胜寨、石槽峪、大杨各庄、后麻达峪、渤河寨、干涧、平坊店、麻姑营、刁崖、茹各庄等乡。1956年8月，撤区并乡，全县设44个乡镇，台头营简称为台营，台营镇为四镇之一。1958年9月，建政社合一的人民公社11个，台营人

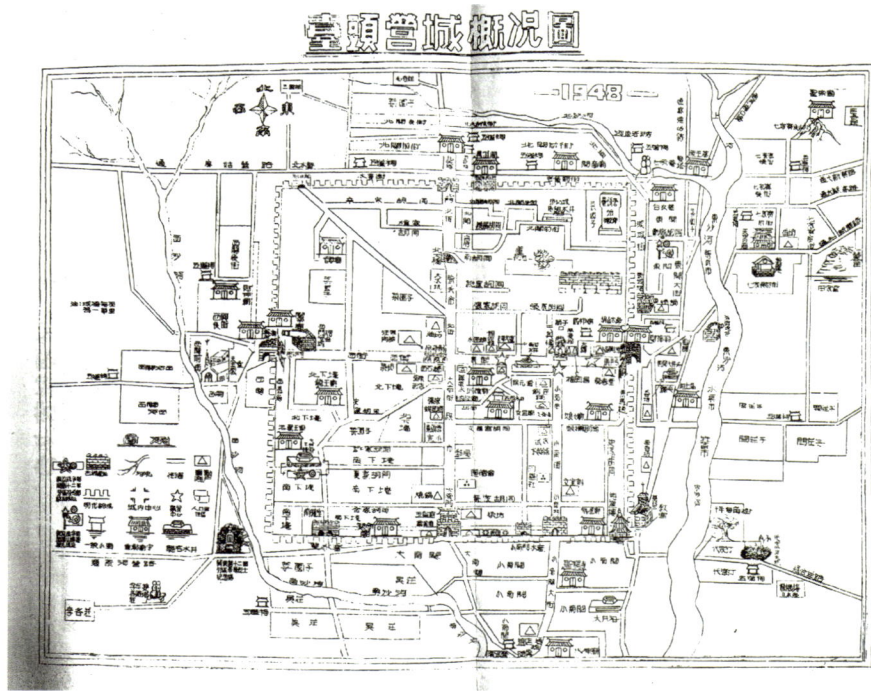

1948年台头营城概况图 《古今台头营》

民公社为其中之一。1960年，因修建洋河水库，居民移迁安置新地，机关单位迁到北约1千米的新址，仍沿用原地名"台营"。

古城风貌　台头营汉代形成聚落，明初建城，以军事防御功能为主。台头营城于明永乐七年（1409）年修建，明弘治十三年（1500）重修。城墙为石墙，周长二里，高二丈。明万历年间大规模扩建，改为砖城，城外有壕，城墙周长四里，南有二门，东、西、北各一门。

清代民族融合，古城除匪患外未有大的战事。古城城墙、城门等主体基本承继明时旧制。城中格局、建筑由适战转为宜居宜业，城关得到开发利用，基本与城连为一体。民国达到繁盛时期，城及城关东西2千米、南北2千米，城区面积4平方千米。台头营城为一方城，城墙为黄土夯芯，外包条石墙基，青砖墙体，周长2千米。城设五门五关，即东门、西门、大南门、小南门、北门；各门之外称为关，即东关、西关、大南关、小南关、北关。东门和西门建有瓮城，城门均冲着南开，被称为"瓮圈"。东门为正门，城门上方石刻"抬头营"大字。城里五条主街，分别为东街、西街、大南街、小南街和北街，街道两旁店铺林立。南城有魁星楼，东南有基督教堂，西关有天主教堂，北关有五道祠和真武阁，南关有火神庙，西门附近有药王庙、关帝庙，东关有财神庙。城中建筑清一色高脊瓦房，房前多有廊，廊下有柱，柱下有雕刻图案的圆石柱础，廊外檐下条石铺地。年深日久，檐下条石上多有檐水砸出的小坑。居民分为七个村，东街、西街和老虎庙北街为一村，大南街、小南街和文同工胡同为二村，下壕为三村，北街和东关为四村，小南门内外为五村，西关为六村，北关为七村。

直奉战争、抗日战争、解放战争时期，台头营城经多次战火洗礼，遭到较大破坏。1960年，因修建洋河水库，古城居民、机关单位搬迁新址，古城淹没，北部存有部分遗迹。

商贸重镇　在陆路交通不发达的时期，台头营有洋河水道，南北货物经海路、洋河转运，成为明清和民国时期京东主要商业贸易和货物转运中心之一，南达广州、上海，北通蒙古、辽沈，曾有"京东第一镇"之称。

台头营城商号林立，尤以东街最为繁盛。城内绸缎、布店、杂货、药店、钱庄多集中在东街，西街多为小杂货铺，北街以小杂货铺和染坊为主，大、小南街则以粮米面店、锅碗瓢盆等日用杂品店为主。享有盛名的字号有：绸布店的"福兴昌""永庆合"，药店的"保元堂""保和堂""广春堂"，糕点业的"天兴福""福兴源"，饭店的"中凤楼""双盛轩""汪家馆"，生产耕铧、铁锅等的"聚盛永""兴顺永"。在众多商号中，最为驰名的当属"恒成号"三家老香坊。早在清康熙四年（1665），台头营就有线香生产，取名"恒成号"。后来发展到三家，三家为争名号打了十几年官司，后经知府巧断，分别取名为"旧有恒成号""起初恒成号"和"初起恒成号"。与城东天齐庙一街之隔的"旧有恒成号"使用天齐庙的井水，因井水高于大街，就在街中间修一渡槽，上面嵌有"飞奔天马"商标，两侧分别书有"横空瀑布""长桥卧波"八个大字。因此有"人从桥下走，水从桥上流"的佳话奇景。尽管受清末、民国时期土匪、军阀、日伪等战乱影响，1936年时，全镇仍有工商业216家，包括烧锅2家，铁铺1家，药行、药铺5家，染坊4家，古玩店6家，造车业2家，成衣铺12家，理发所7家，澡堂1家，熟肉铺7家，木业8家，杂货23家，鞍业2家，糕点业5家，粮业23家，烧饼铺18家，铁匠业12家，农具2家，瓷器店4家，纸坊2家，苇席2家，鞋业4家，旅店15家，猪栈8家，饭铺8家，首饰业5家，锡器业5家，铜器业1家，布业5家，罗圈铺2家，鞭套业5家，制香业8家，毡业1家，牛皮轨靴1家。

台头营恒成号香坊招贴画和东昌盛钱庄兑票　王文军提供

台头营不仅商业贸易发达，期市、钱市也很兴盛。当时的期市类似于赌博，有人转眼之间成为暴发户，也有人因此倾家荡产。钱市一般以五天为一卯日，故又称之为"放卯"。放卯日放贷，利率随行就市，变化很大。

1947年，县政府在台头营创办全县第一个公营烧锅公益泉和商业机构益民商店（经营生产、生活用品），还有制香作坊及解放区农民集资的合作社17家。1949年，县政府在台头营组建酒类专卖事业管理处，1950年迁至城关，1952年改建为酒业专卖事业公司，1958年8月并入食品公司，1982年从食品公司划出成立糖业烟酒公司。1953年，县成立中国百货公司河北省抚宁县公司，并分别在城关、台头营、牛头崖设立批发部，在城关设零售部，负责全县的批发业务和城关的零售业务。1958年下半年，台头营牛头崖批发部撤销。1956年1月28日，县成立农产品采购局，下设7个采购站，台营采购站是其中之一。

城东的天齐庙建筑宏伟，雕绘精美，香火兴旺，远近闻名。每年农历三月二十八日举办庙会，会期半月左右，即期客商云集，热闹非凡，被人们称为"京东第一盛会"。每年人们大都提前几个月开始做各种准备。家家都备足酒菜，腾出房屋，准备招待外地来的亲朋好友。最忙的是店家，收拾店面，备好货物，雇好人手，迎接黄金时节的到来。在庙西侧的沙河河滩上搭起上百席棚，供东北、北京、天津、上海、山东等外地商家设摊立铺。届时，沙河滩上席棚鳞次栉比，摊位成排成片，商品从价值连城的珠宝玉器到价廉物美的杯盘碗筷，从大件耐用的车马家私到小巧易耗的针头线脑，琳琅满目，应有尽有。文娱活动是庙会的

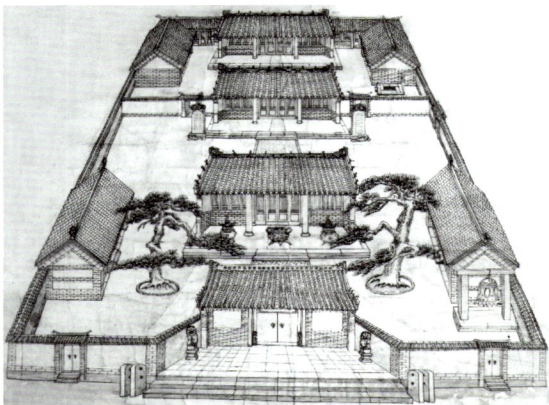

天齐庙示意图 《回眸洋河》

天齐庙会盛况（刘洪恩、王舜、谷宝琛绘）
《回眸洋河》

重头戏，耍把式卖艺、耍猴跑马戏、变魔术、唱驴皮影、说大鼓书、唱二人转、吹糖人、拉洋片、舞龙灯、跑旱船、耍狮子、踩高跷、钟幡、倭官、霸王鞭……各具特色，丰富多彩。最吸引人的是唱大戏，有的时候是两台、三台同演，俗称唱"对台戏"，叫板比拼，高潮迭起。特色小吃也是庙会一道风景，烧锅的美酒、汤锅的熟肉、福兴昌的糕点、东关的酱菜、刘家的炒栗子、汪家的蛤蟆吞蜜、武家的缸炉烧饼、徐家的冰糕……富有地方特色，使人津津乐道。逛庙会的人摩肩接踵，每天多达四五万人。

集市形成于清朝中期，每月的农历二、四、七、九日为集日。特别是逢四、九大集，来赶集的远及百里之外，辐射东至山海关外、南至昌黎大部、西至迁安东部、北至青龙中部等广大地区。

天马湖

洋河古称"阳河"，是抚宁区内第一大河，全长100千米，流域面积1109平方千米，区境内59千米，流域面积759平方千米。有东、西两个源头。东洋河发源于青龙满族自治县界岭下，全长32千米，流域面积300平方千米。西洋河发源于卢龙县北部的冯家沟，全长25千米，流域面积343平方千米。东、西洋河在台营南汇合后向南流，于洋河口村入海。

洋河流域东部为深山区，地势较为陡峭，河谷上窄下宽。西部为丘陵区，地势较缓，河谷开阔。南部为平原区，水流较缓，摆幅大，曲度大。洋河径流主要靠降雨补给，流域内降雨比较丰沛，多年平均降雨量621毫米。洋河多年平均径流量4.92立方米/秒，多年平均年径流量1.55亿立方米，但年际变化较大，丰水年4.09亿立方米（1959），枯水年0.14亿立方米（1982）。

洋河源短流急，属暴涨暴落的山溪性河流。降雨主要集中在每年的6—9月，约占全年降雨量的90%左右，洪水多发生在7—8月。仅1890年至1960年的70年间，改道6次，几乎年年暴发洪涝灾害。1930年，县城附近最大洪峰流量达6550立方米/秒。1959年7月，洋河最高洪峰流量达到4540立方米/秒，淹地16万亩，冲毁1万多亩，伤亡30多人，冲走畜禽3100多头只，北戴河火车站水深1.5米，下游的留守营、卢王庄、蒲兰三段铁路被冲毁，火车停运7昼夜。

水库概况　洋河水库位于抚宁区城北大湾子村。水库上控流域面积755平方千米，是一座以防洪、灌溉为主，兼顾发电、水产养殖、旅游等多功能的大Ⅱ型水库。水库设计防洪标准为百年一遇，校核标准千年一遇，总库容3.53亿立方米，防洪库容2.87亿立方米，兴利库容0.75亿立方米，死库容0.1亿立方米。2000年6月，除险加固工程完成，非常溢洪道启用标准由300年一遇提高到1000年一遇，校核标准达到2000年一遇，总库容提高到3.86亿立方米，兴利库容提高到1.38亿立方米。东干渠、西干渠、引青济秦工程共设计

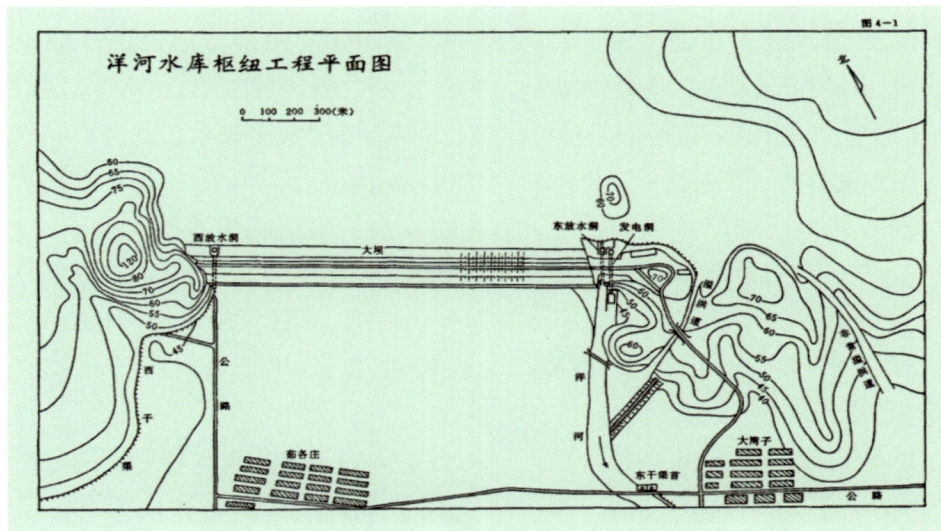

洋河水库枢纽工程平面图　《抚宁县水利志》

灌溉面积1.13万公顷。

拦河大坝。坝型为黏土斜墙砂壳坝，两坝肩为均质土坝与基岩相接，坝顶宽5米，底宽177米，长1570米，高31.8米，坝顶高程65.51米。浆砌石结构防浪墙，高1.3米，厚0.5米。经1998—2000年实施除险加固工程，坝顶高程提高到66.01米，汛限水位由51.01米提高到53.51米，正常蓄水位由52.55米提高到56.31米。

洋河水库大坝　2017年11月8日摄

输水洞。东坝输水洞为半有压圆形隧洞，洞长128.8米，洞径4米，进口为进水塔，出口后接消力池和尾水沤，最大流量206立方米／秒。西坝输水洞为无压拱涵隧洞，洞长415.7米，洞截面2米×2.5米，进口为进水塔，出口接西干渠，设计过水流量11立方米／秒。

正常溢洪道。建在大坝左岸，为河岸陡槽式实用堰型溢洪道，堰宽36米，堰顶高程54.6米，最大泄洪量2380立方米／秒。1976年，修建非常溢洪口门工程，口门用土埝拦截，预埋炸破孔2个，口门底宽60米，底高程60米，顶高程66.20米，遭遇超标准洪水时炸埝泄洪，最大下泄1470立方米／秒。

引青济秦东线取水头部工程。分为水库溢洪道前端引水明渠（长276.5米）、进水塔（高15.67米）和工作桥（长240米）。

发电引水隧洞及电站。引水隧洞为有压隧洞，洞长164米，洞径3.5米，进口为进水塔，出口与电站相接。电站装机2台×800千瓦，设计年发电量465.8万度。

水库建设　　1959年10月，经秦皇岛市委研究决定、省水利厅批准，洋河水库采取"边勘测、边设计、边施工"的形式，由省水利厅勘测设计院牵头，唐山铁道学院、天津大学和省地质局协作，成立勘测设计小组，负责勘测设计工作，由唐山专署负责组织施工。

1959年10月26日，中共唐山市洋河水库委员会、唐山市洋河水库工程指挥部成立，陈伯生任党委书记兼指挥部主任，调集组织秦皇岛市和昌黎、乐亭、深县、丰润等13个县的民工约8万余人自带口粮、生活费，投入水库建设。11月26日，举行3万余人参加的开工誓师大会，工程破土动工。各县、市分别建指挥所，民工以团、营、连、排军事组织形式，分三班，昼夜施工。高峰时工地民工达7万人，最高日上坝总工程量达到5.7万立方米。到1960年8月8日，共完成工程量722万立方米，大坝、放水洞、溢洪道等工程完成，6万名水库建设工作者齐集天马山下庆功祝捷。交通部副部长李运昌、省水利厅副厅长刘铭西等领导到会祝贺，有291个先进单位、590个先进突击队、1.5万位先进人物受到表彰奖励。

洋河水库施工工地 《回眸洋河》

1960年10月31日，来自秦皇岛市、昌黎县、乐亭县、深县等市县万余名民工举行第二期工程开工誓师大会。主要工程项目有截水槽、大坝护坡，坝顶加高1.8米直墙段、1.3米防浪墙和溢洪道挡水土埝等。1961年5月19日，截水槽工程竣工。7月9日，大坝护坡工程竣工。到7月18日，共完成工程量125万立方米，二期工程全部竣工，在工地隆重举行竣工庆祝大会，211个先进集体、3358名先进个人受到表彰奖励。

洋河水库施工工地　《回眸洋河》

水库建设期间，正处于"三年困难时期"，民工每天伙食只有四两粗粮和一些糠菜，一个萝卜或薯面窝头已是最好的干粮。由于营养不良，好多人出现水肿，但仍然坚持上坝施工，战严寒，斗酷暑，没人叫苦，没人叫累。兄妹比武，夫妻竞赛，弟兄打擂，争当标兵，争创先锋团队，创造了日铺筑坝料14层的民工团、突破5倍施工定额的突击队，涌现出许多可歌可泣的英雄事迹。就是在这样生活极其艰苦、大型机械设备很少的条件下，硬是主要靠锹镐、锤錾、抬筐、架子车等简单施工工具，凭着战天斗地的英雄气概，创造了1959年10月开工、1960年8月拦洪蓄水的奇迹。

1970年，启动实施水库续建工程。主要包括修建永久性正常溢洪道、电站及非常溢洪道口门。1970年4月，正常溢洪道工程开工，1971年秋建成。1972年4月电站工程开工，1974年12月完成。1976年实施并完成非常溢洪道口门工程。

1976年7月28日，受唐山大地震影响所及，水库坝顶防浪墙倒塌、倾斜共长98米。坝顶纵向裂缝总长1423米，宽2厘米，其中最宽一段裂缝宽10厘米、长5米、深1.4米。震后实施了震毁修复工程，主要有三项。当年8月，采取黏土泥浆灌注的方法，对坝体裂缝及时进行处理。1977年5—6月，按震前标准，对防浪墙进行了修复。新开一条电站压力圆形引水隧洞，包括引渠、进口小竖井、大竖井、洞身、压力管道等，洞长164米，洞径3.5米，1979年12月竣工。

至此，洋河水库基本达到设计标准，累计完成工程量878.86万立方米，总用工475.53万个，总投资4016.29万元。

1998年12月25日，洋河水库除险加固工程开工，由水电部第三工程局等单位承包施工。2000年6月30日，大坝加固、非常溢洪道改建、泄洪隧道灌浆、正常溢洪道加固等主体工程竣工，共投资8987

洋河水库除险加固工程施工 《回眸洋河》

万元，完成土石方1.8万立方米，钢筋制安603吨，固结灌浆711米。2001年5月，完成水情自动测报、库区环境整治等扫尾工程，整个除险加固工程全部完工。

2012年，李书和策划、宋立钧主编的画册《回眸洋河》出版，画册以图文并茂的形式，记述了洋河的历史概况、水库的建设历程、造福万民的一幕幕历史场景。

配套工程建设 洋河电站。位于洋河水库东坝头南侧坝下，水库枢纽工程之一。1972年4月始建，1974年4月放水试车，1980年5月发电并网。主要发电设施为水轮机、发动机各2台，调速机2台，二次系统，主变压器及操作控制系统，引水建筑物及压力管道。压力管道为钢筋混凝土及钢结构组成，全长250米，直径1.59米。厂房分上下两层，砖混结构，总建筑面积1300平方米。电站总工程量8.91万立方米，总用工50万个，总投资368万元。总装机体容量2台×0.08万千瓦，共0.16万千瓦。设计年发电量465.8万度，设计年利用小时2912时，设计引水流量13立方米／秒，发电最大水头21米，最小水头8.14米，设计水头15.43米，额定转速42806转／分，结构形式属坝后式电站，以农田灌溉为主，兼顾发电。

东干渠。1966年11月15日破土动工，1968年建成，位于洋河左岸，系山区渠道。由洋河水库东坝头泄洪洞出口引水，沿山逶迤向东，于五王庄西入戴河。设计引水流量6立方米／秒。1991年10月至1993年5月，利用国家农业综合开发资金480.1万元，完成渠道防渗30.2千米，维修配套建筑物128座，改善和扩大灌溉面积2866.67公顷。渠道总长85.1千米，其中干渠27千米，分干渠2条7.1千米，支渠108条51千米，建筑物693座，渠首有拦河坝1座。设计灌溉面积4600公顷，年均灌溉面积2895公顷。

西干渠。1975年4月动工修建，1980年建成，位于洋河右岸，系盘山渠道。由洋河水库西坝头放水洞引水，流经曹东庄、鲁庄、茶棚、坟坨和马家峪等地，于政庄村北入小沙河。设计引水流量11立方米／秒。1993年10月至1994年5月，利用世界银行贷款680.19万元，完成渠道防渗工程11.8千米，维修配套建筑物57座，改善灌溉面积2333.33公顷。渠道总长72千米，其中干渠31千米，支渠58条41千米，建筑物728座。设计灌溉面积4666.67公顷，年均灌溉面积2026.50公顷。

引青济秦工程。引青济秦工程西起青龙河桃林口拦河坝（后建桃林口水库为水源）取水，经洋河水库调节后入秦皇岛市区，线路全长79.7千米（含西洋河及水库17千米），以洋河水库为界分东、西两线。西线工程自桃林口拦河坝，经卢龙县小黄崖、西吴庄、丁各庄、城柏庄引水至西洋河，入洋河水库，包括渠道、河道、水库库面全长29.35千米。东线自洋河水库溢洪道前端取水，经抚宁区小弯子、博士营、安庄、马坊店、杨户屯至海港区前进村，分支通向北戴河、汤河、海港水厂，全长50.3千米。东线工程在博士营处设一流量为2立方米／秒的农用分水闸门，设计灌溉农田2000公顷。工程于1989年10月1日开工，1991年6月25日全线竣工通水。2006年8月至2008年4月，实施引青济秦东西线对接工程，桃林口水库的优质原水经管线直接引入市区，实现全线封闭输水，设计日输水能力46.31万吨。自此洋河水库结束引青济秦工程调水使命。

引青济秦东线取水口及进水塔　《回眸洋河》

库区移民　　洋河水库库区淹没面积21.4平方千米，耕地2.8万亩，迁移村庄14个，人口1.45万人，拆房1.34万间。第一次迁建工作于1960年6月前基本完成，拆房1.21万间，移民1.23万人。1965年进行第二次移民，涉及17个村庄，人口3093人，拆房1871间。两次移民分散安置在抚宁县5个乡镇、27个村庄。

　　旅游开发　　1985年初，天马湖旅游开发工作启动实施。7月16日，洋河水库（天马湖）旅游区开放典礼举行，市委书记白芸生、市长顾二熊出席剪彩并讲话，天马湖旅游景区正式对外开放。开放后，先后对水库管理区进行了园林改造，改造、新建、完善黄楼酒家、黄楼宾馆（俗称白楼）、欧式别墅等服务设施，建设观碧阁、

水上运动　2012年7月12日　《回眸洋河》

天马战青虎、鱼尾狮等景观，加强湖中半岛采摘园建设和管理，开发水上旅游项目和水上体育项目。天马湖景区逐步发展成为集吃、住、玩、赏于一体的旅游度假区。2014年后，根据水源地保护有关规定，天马湖旅游进行战略性调整，游船、游艇等水面项目停止运营，休闲别墅拆除，更高层次的水利风景区项目完成规划制定，报有关部门审批。

游船码头　2012年7月10日　《回眸洋河》

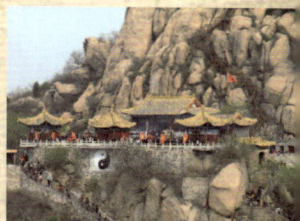

·道门兴复·

天马山志

· 综述 ·

　　道教是中国本土宗教，以"道"为最高信仰，核心思想为"人法地，地法天，天法道，道法自然"。道教为多神崇拜，通过尊奉的神仙将道教对"道"的信仰人格化。金世宗大定二十三年（1183）十二月，全真道道长刘真一在马头崖建重阳观，开始传经布道。元太祖十六年（1224），重阳观改为玄真观。元世祖忽必烈至元十八年（1281），佛道庭辩，道教失利，马头崖道教活动亦随之陷于低迷。明永乐年间，成祖诏令天下兴建道观，供奉镇守北方之神真武大帝，玄真观得以重修，道教活动再度兴盛。1966年秋，玄真观被拆毁。1992年9月在原址复建，1993年6月竣工。建正殿三间，名为太和宫，供奉真武大帝。东、西各建耳殿一间，东为太清殿，供奉太上老君；西为药王殿，供奉药王孙思邈。正殿南建二仙阁，供奉慈航真人和吕祖。2011年对玄真观进行整修扩建，正殿东、西各续建一殿，东为三星殿，西为娘娘殿，三星殿下建月老殿，太清殿改为财神殿，新建魁星阁、麻姑殿。后又相继增建龙王庙、三清殿、元辰殿，新塑老子、慈航雕像，新建九龙壁、八仙过海、老子传道等浮雕石壁。开展文化节、庙会、神像开光等一系列活动，道教文化影响日益扩大。

天马山道教殿宇　　2018年4月18日摄

金世宗大定二十三年（1183）十二月，全真道祖师王重阳的首位弟子、全真道二代掌门人丹阳子马钰羽化前夕，嘱咐弟子刘真一到北方传播道教。刘真一到抚宁见马头崖山川秀美、景色宜人，于是在此建重阳观，传经布道。

刘真一（？—1206），山东黄县（今龙口市）人，全真道士，丹阳子马钰门下弟子"玄门十解元"之一，道号"朗然子"。大定二十二年（1182），随马钰回胶东。次年冬马钰去世前，嘱咐刘真一说："积功累行，纵遇千魔万难，慎勿退堕。"又说："汝缘在北方，可往矣。"刘真一遵命北游布道，行至抚宁县，爱其山水佳胜，筑重阳观居之。后度门众数千人，创建宫观三百多处，北方道风洪畅。金泰和六年（1206）二月初六日去世。所作歌诗《应缘集》传于世。

元太祖十六年（1224），全真道道长丘处机被成吉思汗封为国师，道教被尊为国教，道教得以迅速发展，天马山道场改换门庭，由马钰的遇仙派改奉丘处机的龙门派，将重阳观改为玄真观。元世祖至元十八年（1281），佛道庭辩，道教失利后，马头崖道教活动亦陷于低迷。

明成祖朱棣登基后诏称，靖难之役是承镇守北方之神真武大帝意旨，并得其护佑，遂大修武当，弘扬真武，并将其封为护国之神，

玄真观遗址　1985年　王海摄

诏令天下兴建道观，供奉真武大帝。马头崖玄真观得以重修，道教活动再度兴盛，香客云集，香火鼎盛。明清时期，玄真观有正殿三间，供奉真武大帝、药王、太上老君。清末在殿前又修一座小阁，供奉慈航真人和八仙之一的吕祖吕洞宾，称为二仙阁。观内有东西配房各三间，是道士居所和客房。西面建有碾米用的碾房，东面建有磨坊和一眼井。山下建有三间宅院，为年

老道士修养之所，俗称"老道下院"。

明隆庆至万历年间，为加强防务，增设台头路，驻山下台头营，设参将驻守，分领界岭口、青山口二提调，并大规模扩建台头营城。马头崖成为将士们闲暇时游览休闲之地。戚继光、张臣、孙仁、付光宅、黄孝感等将领曾多次游临玄真观，并题词刻石。因戚继光题写"天马山"，山名由马头崖改为天马山。隆庆二年（1568），戚继光在天马山玄真观养病期间，撰写了著名的《练兵实纪》。

清末民初，张太乙、李宗本两位道长相继住持时期，玄真观有十多名道士，每天早晚诵经，晨钟暮鼓，震撼山谷，声传四外村庄。鼎盛时期，北至台头营，南至留守营，西至茶棚乡石河，均有玄真观田地，秋收后向玄真观交租。1947年土改时，尚有田地100余亩，其中白家堡子村的老道旁70亩左右，战马王村的东下院50亩左右，分给

塔沟道塔遗址　2017年11月17日摄

白家堡子、战马王两个村，观中道士靠耕种鹰场附近的零散土地，过着自给自足的生活。土改后，观中有道士李宗本、栗成栋、谢成祥等3人。李宗本于1952年左右去世。

自玄真观初建时始，每年农历三月初三为天马山庙会，远近闻名。民国时期，庙会前几天各方面就开始准备，玄真观到山下请人上山帮忙，商贩购置商品、抢占摊位。当天凌晨起香客即络绎不绝，天不亮商贩即摆摊到位，主要以卖食品和日用百货为主，摊位沿山路排开达百余米。玄真观整日香烟缭绕，人声鼎沸，直至深夜人才尽散，赴会民众达几万人。

1958年"大炼钢铁"，玄真观院内超人高的大铁钟被毁。大顶、二顶崖

壁上数株古松和殿东侧的合抱粗黑枣树先后被砍伐，有的做了村部、学校的柁檩，有的做了水坝的挡板，曹家堡子小学用一棵松树就打制了一个教室的课桌凳。

1966年秋，在"破四旧"（旧思想、旧文化、旧风俗、旧习惯）运动中，玄真观被拆毁，仅余钟架、铜井和道士居住的小屋。随着玄真观被拆，庙会也随之终止。玄真观被拆后，栗成栋、谢成祥仍旧在山上居住。

玄真观碑（碑座赑屃身为古观原物，头为后加）
2018年4月17日摄

后二位道士年岁渐高，生活自理出现困难，田各庄南街独身村民吴国来上山帮助二人担水、打柴、做饭，照顾二人生活。1976年左右，栗成栋、谢成祥先后去世，葬在玄真观院旁。吴国来住进敬老院，1983年左右去世。

玄真观

　　1992年年初，田各庄乡党委、乡政府启动开发天马山旅游。9月，随着天马山旅游景区开发建设一期工程全面开工，重建玄真观项目亦开工建设，1993年6月竣工。建正殿三间，东、西耳殿各一间。正殿为太和宫，供奉真武大帝；东耳殿为太清殿，供奉太上老君；西耳殿为药王殿，供奉药王孙思邈。殿前建二仙阁，供奉慈航真人和吕祖。2011年，天马酒业对玄真观进行整修扩建，改太清殿为财神殿，供奉文财神比干，东、西两侧各续建一殿，东为三星殿，西为娘娘殿，三星殿下建月老殿。二仙阁东新建魁星阁，西新建麻姑殿。重塑真武大帝、慈航、吕祖金身。

玄真观　2018年4月18日摄

　　玄真观坐落于天马山主峰南侧峭壁自然平台之上，北为主峰峭壁，东、南、西三面花岗岩浆砌石墙筑基，因势坐于岩壁巨石之上，与崖壁浑然一体，草白玉栏杆围成院落，面积约1020平方米。娘娘殿、药王殿、太和宫、财神殿、三星殿坐北朝南，背靠主峰一字排开，殿前三宇矗立崖边，二仙阁居中，魁星阁、麻姑殿分列东西。玄真观北有主峰为靠，东隔谷有饮马海为屏，西过山鞍有二顶为影，南越谷近有晾甲台为案，远有紫金、缸、横等山为照，直通大海，气势恢宏。

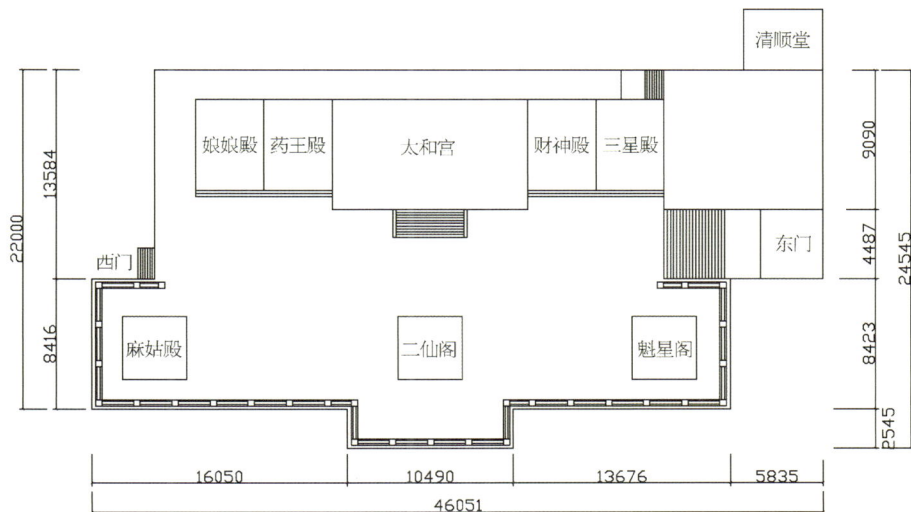

玄真观平面图　郭晓丹绘

图中文字：清顺堂　娘娘殿　药王殿　太和宫　财神殿　三星殿　西门　东门　麻姑殿　二仙阁　魁星阁

尺寸：13584　22000　8416　9090　4487　24545　8423　2545　16050　10490　13676　5835　46051

娘娘殿　药王殿　太和宫　财神殿　三星殿立面图　郭晓丹绘

太和宫　太和宫为玄真观正殿，花岗岩浆砌台基，砖木结构。青砖抹缝砌墙，仿古朱红木格玻璃门窗，黄瓦歇山顶，正脊、垂脊建有鸱吻，戗脊建有走兽飞仙，彩绘梁檐，飞檐翘角，前檐下有廊。匾额和楹联板均为木板材基、黑底、金色饰框和字体。太和宫共三间，台基高1.4米，门前九级台阶，通面阔12.34米。门斗匾额上书"太和宫"，门前两侧廊柱悬挂楹联，上联为"老君为主鸿开道德圣教"，下联为"真武作师兴立天马玄门"，均为碣阳书。大殿内供奉的是北方之神真武大帝。大帝真金贴身，甲袍齐整，大耳长髯，微闭双目，端坐神台正中。灵龟、灵蛇伏侍于前，记录三界功过善恶的金童玉女侍立两旁。两幅悬挂其左右，左为"降文降武降吉祥"，右书"送子送孙送福禄"。"道教四大元帅"之马元帅领雷神、雨神站立东厢，赵、温、关三大

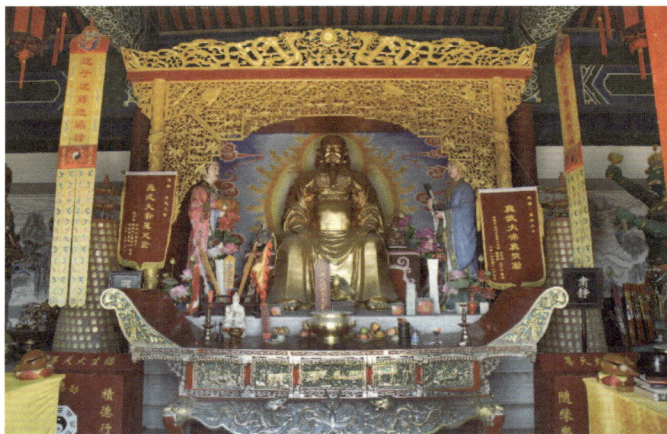

太和宫真武大帝　　2018年4月17日摄

元帅西厢列班。墙绘"真武修炼图"巨幅壁画，分别为"辞母进山""黑虎引路""潜心修炼""试心投崖""五龙捧送""得道升天"。道经载，真武大帝乃太上老君第八十二化身，托生于大罗境上无欲天宫，净乐国王善胜皇后之子。长成后辞家修道，历四十二年功成果满，玉皇诏封太玄，镇于北方。真武大帝镇北方、主风雨、治水火、司寿命、荡魔邪，度世、护国、佑民，深得社会各阶层信仰。明成祖朱棣诏称，靖难之役是承真武大帝意旨，并得其护佑，遂大修武当，弘扬真武，并将其封为护国之神，道教达到鼎盛。自元初建玄真观始，真武大帝即为天马山主神，人们祈求风调雨顺、消灾赐福，香火延续数百年，长盛不衰。

财神殿　财神殿位于正殿太和宫东侧，与正殿贴山。花岗岩浆砌台基，高0.4米。砖木结构，青砖抹缝砌墙，仿古朱红木格玻璃门窗，黄瓦卷棚顶，彩绘梁檐，飞檐翘角，垂脊有鸱吻，戗脊有走兽飞仙。面阔4.15米，门前三级台阶。匾额和楹联板均为木板材基、黑底金色饰框、金色字体。门斗悬挂匾额"财神殿"，

财神殿财神比干　　2018年4月17日摄

为碣阳书。门柱悬挂楹联，上联为"利聚千金凭道守"，下联为"财招四海靠德行"，落款为"癸巳孟冬仰止斋若水书"。殿内供奉的是文财神比干。神像稳坐神台正中，官服官帽，左手持如意，右手托元宝，重眉短髯，面目雍容富贵。散财童子展卷两旁侍立，左卷为"招财进宝"，右卷为"恭喜发财"。"敬财神财星入户""尊福圣福德临门"两幡悬挂左右。比干为商代帝王文丁的次子，生于公元前1125年，逝于公元前1063年，辅佐帝乙、帝辛两代帝王，被称为亘古忠臣。纣王帝辛暴虐荒淫，横征暴敛，比干强谏三日不去，纣王怒剖其心。比干主张轻徭薄赋、发展生产，为人公正无私，为民请命，后世感其德尊之为文财神，表达了劳动人民辟邪除灾、迎祥纳福的美好愿望。

三星殿 三星殿位于财神殿东侧，与之一体相邻，建筑规格样式相同。匾额上书"三星殿"，为碣阳书。门柱上联为"福禄寿诚为大愿"，下联为"言行思当效三星"，落款为"癸巳孟冬仰止斋若水书"。殿内供奉福、禄、寿三位星神。禄星

三星殿福、禄、寿三星　　2018年4月17日摄

居中，福星立其左，寿星立其右。福星手托婴童，天庭饱满，地阁方圆，长须飘洒胸前，面容富贵慈祥。禄星左手轻捋长髯，右手怀抱如意，俨如朝廷大员，高贵不凡。寿星左手扶龙杖，右手捧寿桃，高额大耳，寿眉与长须相叠，雪白飘逸，面带微笑，和蔼可亲。三星分掌人间幸福、功禄、康寿，三者兼得，夫复何求。福、禄、寿三星象征幸福、吉利、长寿，是最受人们欢迎的三位吉神。

药王殿 药王殿位于正殿太和宫西侧，与之贴山，建筑规格样式与财神殿相同。门斗匾额书"药王殿"，为碣阳书。门柱上联为"一匙成药功千载"，下联为"百草回春惠九州"，落款为"癸巳年冬赵亮"。殿内供奉的是药王孙思邈。药王端坐神台正中，左手攥持书卷搭于膝上，右手轻捏丹药悬于胸前，白发、白眉、白须，精神矍铄，两眼放光。一童持捣药杵臼立于

药王殿药王孙思邈　　2018年4月17日摄

左，一童手握灵芝立于右。左右各悬挂一幡，左幡书"仙丹传万古"，右幡书"妙药济千秋"。孙思邈为陕西铜川人，生于541年，逝于682年，享年141岁。隋、唐两朝多次请他出仕，均坚辞不受，终身倾心修道、行医研药、救死扶伤，其医学著作《千金方》是中国历史上第一部临床医学百科全书，被国外学者推崇为"人类之至宝"，是中国道教史上唯一独以医学著称于世的道士，被后世尊奉为药王。

娘娘殿　　娘娘殿位于药王殿西侧，与之一体相邻，建筑规格样式相同。"娘娘殿"匾额悬挂于门的上方，为碣阳书。门柱楹联的上联为"如意牵情生生长久"，下联为"吉祥送子世世绵延"，为李杰书。殿内红娘端坐居中，送子娘娘和眼光娘娘并排坐其左右，三位娘娘眉清目秀，端庄安详。红娘两手轻放膝上，左手拿着绢帕，有红娘牵线有情人终能成眷属。

送子娘娘亦称注生娘娘，怀抱娃娃，掌管送人子嗣，是民间最受尊奉的生育之神。眼光娘娘为碧霞元君化身之一，能治疗百病，令众生消除眼疾，明是非，辨善恶，保佑人们眼明心亮，身体健康。"存心恭敬神如在""意秉虔诚圣有灵"两幡悬于神像两侧。

娘娘殿送子娘娘、红娘、眼光娘娘　　2018年4月17日摄

　　二仙阁　　二仙阁坐落于正殿太和宫正前方，为一间木结构黄色四角攒尖顶方形建筑，彩绘檐枋，翘角配走兽飞仙，四面各用四扇槅扇围封，面阔4.05米，槅扇为木框、木裙板、木棂玻璃格心，南面中间两扇槅扇推拉为门，花岗岩浆砌台基，稍出地面。南、北额枋正中各一匾额，上书"二仙

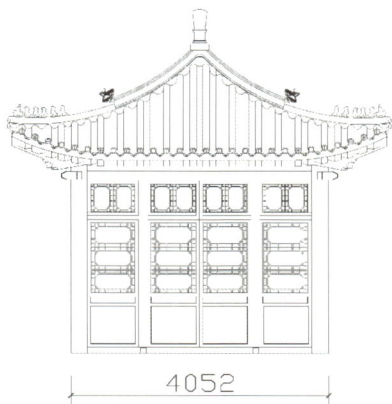

二仙阁立面图　郭晓丹绘

二仙阁　　2018年4月17日摄

阁"，为碣阳书。南面两侧角柱垂挂楹联，上联为"镜水屏山明慧眼"，下联为"苍天净土蕴奇香"，落款为"西楚左翁"。阁内供奉的是慈航真人（佛教尊称为观音菩萨）和道教五祖之一的吕洞宾。二仙均真金贴身。吕祖背负宝剑，左手持拂尘，右手捻长须，微闭双目，端坐于左。真人左手托玉净瓶置于胸腹之间，右手轻扬，拇指和中指作轻弹状，端坐于右。相传，山下的古镇台头营北靠长城，东、西洋河汇于城南，山环水抱，商贸繁荣，民风富足。某年一群金猪暗侵居住下来，河水变得又浑又臭，客商搬走，市井凋敝，民众苦不堪言。恰好慈航、吕祖二

二仙阁吕祖、慈航　　2018年4月17日摄

仙巡游至天马山得知此事，设计施法赶走金猪，古镇重返往日风光。人们为感谢二仙之恩，在祖师殿前修一座精致阁楼供奉，称为"二仙阁"，以求风调雨顺、国泰民安、消灾解厄、六畜兴旺。

麻姑殿　　麻姑殿坐落于西南角，建筑样式与二仙阁基本相同，规格略低，地基与地面基本相平，面阔3.5米。东、北建有护栏，与西、南院落栏杆围合，围栏东面中间开门。东、南额枋各一匾额，上书"麻姑殿"，为碣

麻姑殿　　2018年4月17日摄

麻姑殿麻姑　　2018年4月17日摄

阳书。阁门面南，两侧角柱垂挂楹联，上联为"积德当有无量寿"，下联为"行善必得不朽名"，落款为"渔夫并题"。殿中供奉的是麻姑元君。麻姑又称寿仙娘娘，曾亲见"东海三为桑田"。三月三日西王母寿辰之日，麻姑用在绛河边以灵芝酿的酒祝寿，"麻姑献寿"于是流传久远。后世多以麻姑象征长寿。殿中，元君头挽青髻，衣衫飘逸，右手拿着灵芝，左手托盘，盘中盛放寿桃和装着灵芝酒的酒壶，亭亭玉立。两侧各挂一条幡，左幡上写"沧海月莹寿母相"，右幡上写"瑶台仙近女人星"。

魁星阁　　魁星阁坐落于东南角，建筑规格样式与麻姑殿相同，西、北护栏与东、南院落栏杆围合，围护魁星阁，护栏在西面中间开门。西、南额枋各一匾额，上书"魁星阁"，为碣阳书。南面阁门两侧角柱垂挂楹联，上联为"星照十方试问谁登金榜"，下联为"魁

3520

麻姑殿、魁星阁立面图　　郭晓丹绘

封一阁但求汝筑银篇",落款为"癸巳冬月刘树静书"。阁中供奉魁星。魁星掌管人间科举文运,在儒士学子心目中具有至高无上的地位。殿中魁星通体黑褐,赤发如火,腰扎紫裙,颈挂飘带,双目圆睁,活力四射。他左手托

魁星阁　2018年4月17日摄

魁星阁魁星　2018年4月17日摄

砚,右手执笔,左脚后翘托一斗,右脚独立踏鳌头,意为"魁星点斗,独占鳌头"。两侧各挂一幡,左幡上书"文明气象参天地",右幡上书"翰墨英华贯古今"。

月老殿　月老殿位于三星殿下,面东开门于东下院。匾额书"月老殿",落款"甲午年大海"。殿内供奉月老。

月老殿　2018年4月17日摄

月老殿月老　2018年4月17日摄

清顺堂 清顺堂位于玄真观东下院北侧，坐北朝南，西、北两面贴岩壁，南、东花岗岩抹缝墙壁出顶成垛，平顶，朱红门窗，三间中间开门，门额刻"清顺堂"，为接待用房兼做库房。

清顺堂　2018年4月17日摄

钟 钟位于财神殿前方，二仙阁东北侧。钟架为花岗岩条石搭建，为古观原物。钟为铁铸，刷金粉，色泽金黄，钟高1.6米，重约1吨，上半部阳刻"天马山玄真观"六字占据六方，下方分别对应阳刻"风调雨顺""国泰民安""慈济群生""除邪辅正""秦皇岛冶金阀门总厂施铸厂长余成奎""公元一九九四年岁次甲戌五月吉日"。

钟　2018年4月17日摄

碑 玄真观院内立五通石碑，均立于乙酉年（2005）。太和宫前东、西两侧各立两石碑。内侧东碑正面刻内经图，背面刻内经图说明。内侧西碑正面刻修真图，背面刻修真图说明。外侧两碑、财神殿和三星殿前一碑为功德碑，记载捐助玄真观者名录，捐助者来自黑龙江、吉林、辽宁、内蒙古、河南等省和河北省唐山、承德、秦皇岛等市。

龙王庙位于主峰南坡玄真观下方山脚，坐北朝南，背靠主峰，林木环绕，南面龙潭，风景秀美。正殿三间为龙王庙，东耳殿两间为财神殿，西耳殿两间为佑护神殿。殿宇削坡而建，台基前面镶九龙壁，左右石阶路上下。均为砖木结构，朱红门窗，青瓦，飞檐翘角，彩绘檐枋，正脊、垂脊均配鸱吻，戗脊配走兽飞仙。匾额、楹联均为木板黑底、金色边饰、金色字体。正殿为歇山顶，建有檐廊，耳殿为卷棚顶。正殿龙王庙通阔宽7.8米，东、西耳殿通阔宽5米。

龙王庙　2018年4月18日摄

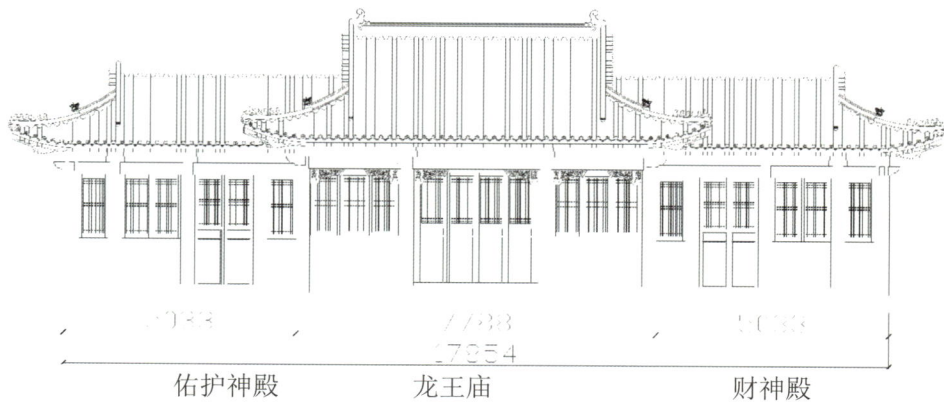

佑护神殿　　　　龙王庙　　　　财神殿

佑护神殿、龙王庙、财神殿平立面图　郭晓丹绘

龙王庙　龙王庙前檐下有廊，匾额上书"龙王庙"，落款为"碣阳书"，门柱楹联上联为"追风逐浪金为色"，下联为"布雨兴云水有声"，落款为"癸巳孟冬仰止斋若水书"。真金贴身的北海龙王在神台正中正襟危坐，神

态庄重，略带几分凶相。太子捧印信，公主捧神珠，站立两旁。神龛两侧悬幡"出龙宫风调雨顺""归北海国泰民安"，神台侧前悬幡"九江八河为帝王""五湖四海作君王"。龟丞相、鱼尚书恭身立东厢，海夜叉、蟹将军怒目站西厢。龙王是中国古代神话中掌管海洋生

龙王庙龙王　　2018年4月17日摄

灵水族、人间气候风雨的神。龙王在众神之中是一个严厉而有几分凶恶的神，常利用旱涝发威惩罚众生。人们建龙王庙，供奉龙王，祈求风调雨顺。

　　财神殿　　财神殿在龙王庙东侧，西间开门，匾额上书"财神殿"，落款为"岁次丙申秋月张忠海题"，楹联为"道虽难进此门便沾财气""德若厚行歧路也育福田"，书联周沙。殿内神台之上从左至右依次端坐武财神赵公明、关公和文财神比干、范蠡。赵公明和关公均为道教的护法四帅之一。赵公明黑面红须，左手执银鞭，右手持元宝，全副戎装。姜子牙主持封神时，封赵公明为"金龙如意正一龙虎玄坛真君"，统率招宝天尊萧升、纳珍天尊曹宝、招财使者陈九公、利市天官姚少司四仙，专司迎祥纳福、商贾买卖。后民间因其部下为招宝、纳珍、招财、利市四位神仙，将之尊奉为财神，有的将之与部下合称五路财神，可以为信徒带来东、南、西、北、中五个方位的财运。关公红面美髯，甲胄外罩战袍，左手捻须，右手持《春秋》，形象威武，正义凛然。关公姓关名羽，字云长，生年不详，逝于220年，汉末三国时期蜀汉名将，其故事传承千年，脍炙人口。关公是正义正气的化身、忠义勇敢的象征，其神武可护佑商途平安，其忠义诚信为经商的至理信条，

财神殿武财神赵公明、关羽，文财神比干、范蠡　2018年4月17日摄

·道门兴复·

故被商界奉为财神。比干冠嵌宝石，袍镶龙补，手托如意元宝，雍容华贵，富丽堂皇。比干因为民请命、强谏纣王，被剖心而死，后世感其德尊为文财神。范蠡一身素服，面带微笑，和善睿智。范蠡为春秋末期著名政治家、军事家、经济学家，生于公元前536年，逝于公元前448年。他助越王勾践复国灭吴，成就霸业，功成名就之后急流勇退，事农经商成为巨富，广散家财救世济民。世人誉之："忠以为国，智以保身，商以致富，成名天下"。后世生意人供奉其塑像，尊其位财神。

佑护神殿　　佑护神殿在龙王庙西侧，东间开门，匾额上书"佑护神殿"，落款为"癸巳孟冬仰止斋若水书"。楹联上联为"通地气风调雨顺行坦"，下联为"合天德土沃山灵人杰"，落款为"癸巳冬月杨大海书"。殿内神台上，土地爷、土地奶端坐于左，车神、山神端坐于右。土地爷挂着拐杖，土地奶端

佑护神殿土地奶、土地爷、车神、山神　　2018年4月17日摄

着元宝，衣着朴素，慈祥可亲。土地爷是掌管一方土地的神仙，在道教神系中地位较低，但信仰极为普遍。土地爷虽然官不大，但什么都管，辖区内市农工商、婚丧嫁娶、天灾人祸、鸡鸣狗盗之事都属其掌管范围；虽然神通不大，但却是父母官，无处不在，近在身边。土地爷别称福德正神，是身边的佑护之神。世人感念土地爷，恐其寂寞，往往随塑土地奶，虽无特殊职司，亦与土地爷共享香火。车神右手轻捋长须，左手紧攥平安令牌，面露殷切，似在祝福，又像在叮嘱，出行要切记"平安"。车神为车的鼻祖奚仲。奚仲为夏禹手下大臣，治水时被任命车正，发明了车，因功被封为薛国国君。奚仲造车，为人造福，世人奉其为车神，祈望其保佑出入平安。山神绿体红髯，身着盔甲，手持板斧，正义凛然兼具凶相。山神的崇拜极为复杂，每一地区的主要山峰皆有人格化的山神居住。山神保卫着山中的峰峦泉石、草木生灵，护佑着进山劳作、游玩的人们。

三清殿·元辰殿

　　三清殿、元辰殿位于龙王庙景区西侧，紧邻龙潭，坐北朝南，背倚广场削坡立面而建。顶为广场一部分，广场栏杆外黄瓦流檐为殿之檐。殿前建长廊，大红廊柱，汉白玉栏杆，彩绘檐枋。廊下为游园，廊东头与龙门前长街相交，斜对龙潭门口。

三清殿、元辰殿　　2018年4月18日摄

三清殿　　三清殿位于长廊东侧，阔宽8.5米。东向开门，匾额上书"三清殿"，落款"爱群书"。殿内供奉道教的三位至高神，三清代表"道"，也是开天辟地、历劫度人、传道授法的先天尊神，即玉清圣境元始天尊、上清真境灵宝天尊、太清仙境道德天尊。三位尊神

元始天尊、灵宝天尊、道德天尊　　2018年4月17日摄

正襟危坐，和颜悦色却不失庄重，令人肃然起敬。元始天尊为道教开天辟地之神，主持天界之祖，三清之中位最尊，为道教神仙中第一尊神。元始天尊端坐于中，身穿蓝袍，双手托丹丸，象征"天地未形，混沌未开，万物未生"时的原始状态。灵宝天尊地位仅次于元始天尊，坐于其左，身穿红袍，左手轻拈，右手执玉如意，有三十六变七十二化，度人如尘沙之众，人欲见之，随感而应，千万处可分身即到。道德天尊坐元始天尊之右，象征世界刚走出混沌，阴阳初分，随世度人。道德天尊即道教始祖太上老君，第十八世化身老子，著《道德经》。天尊白发白眉白须，身穿黄袍，右手轻拈，左手虚托，拂尘轻搭，象征主握阴阳，洞悉万物。每年农历二月十五日为道德天尊圣诞日，为国际道教节。

　　八十七神仙卷　　自三清殿沿长廊西行，廊壁彩绘《八十七神仙卷》，画长26米。卷末题跋："《八十七神仙卷》系中国古代绘画艺术珍品，原作纵

八十七神仙卷　　2018年4月17日摄

30厘米，横292厘米，系唐代画圣吴道子的冠世巨作。二十世纪八十年代由中国著名画家任率英先生在此画原作基础上适当放大画幅、增高加长，增补了仪仗、祥云、花木、栏槛等，并为之赋彩。壁画描绘道教'东华'及'南极'两帝君率领真人、仙伯、金童、玉女、乐部、神将等八十七神仙从天而降，脚踏祥云御风而行，同去朝觐元始天尊的宏大行进场面。丙申年壬辰月谷雨时节，春和景明，万物和谐，应天马集团董事长兴平先生之约绘此长卷，彰显国之瑰

宝，华彩再现，历时月余工毕。骊城人士秋成、天奇摹绘。"

    元辰殿   《八十七神仙卷》西侧为元辰殿，阔宽15.6米，匾额上书"元辰殿"，落款"刘荣升"。元辰殿供奉的是斗姆元君及六十位本命神。斗姆元君四首、八臂，盘坐殿中神坛之上。六十位本命神左、右、后三面端坐，排列整齐，每个人到此均能找到自己的本命神。斗姆元君为北斗众星之母，统领北斗、本命星君，能医治天地之间的乖戾之气，从而保持宇宙万物生生不息的强健活力，对于天地造化有斡运之功，对于万物生灵有护佑之德。天宫中，本命神亦称六十甲子神、六十太岁，依甲子纪年轮流值班，各掌当年出生者的福禄寿命。自古官方、民间均有拜太岁的习俗。人们认为太岁降祸，当太岁运行到某个生肖的位置，属该生肖者唯恐触怒太岁，于己不利，便于当年祭拜太岁，以祈福消灾。

元辰殿斗姆元君及六十位本命神   2018年4月17日摄

老子雕像　老子雕像立于天马山前岭，玄真观正殿太和宫的中轴线延长线上。像高6米，汉白玉材质，身着宽袍大袖的道袍，两手相抱胸前，额头宽耸，大耳垂肩，寿眉及须，双目微阖，胸怀天地。老子（前571—前471），姓李名耳，字聃、伯阳，春秋时期陈国苦县人，中国古代伟大的思想家、哲学家、文学家，道家学派创始人，被尊为道教始祖，唐朝武宗时期在道教仙谱中被定为三清尊神之太上老君。所著《道德经》为道教理论基础，其学说对中国哲学发展具有深刻影响。雕像立于2米余高的自然花岗岩巨石之上，周围翠松环绕，体现道教"道法自然，天人合一"的人与自然和谐共生观，充分反映了道法自然、无为而治的哲学思想，给游客以充分的想象空间。

老子西出浮雕　老子西出浮雕位于龙王庙景区西广场东侧路旁，为倚削

老子雕像　2016年9月6日　周雪峰摄

坡立面而建的单面石壁，长6.8米，草白玉材质。老子背负拂尘，骑着青牛，须发、衣带飘飘，自东而来，一老农沽酒路上见证奇景。左下方竖刻楷书"老子东来气尽紫，青牛西去云腾霄"。右刻宋体大字"道德经"，右上竖刻楷书："信言不美，美言不信；善者不辩，辩者不善；知者不博，博者不知。"

老子松下传经浮雕　松下传经浮雕位于西出浮雕西侧，同样材质，连为

老子西出、松下传经浮雕　2017年11月22日摄

一体，长6.6米。奇松之下，老子坐于石上，循循善诱，传道解惑。身旁弟子或坐或立，神情专注，悉心受教。一只仙鹤亦被吸引而来，飘然欲落。左下角横刻隶书大字"松下传经"，上竖刻楷书"讲经论道说妙法，文曲顿悟成真仙"。右方竖刻楷书《道德经》节选：

道可道，非常道；名可名，非常名。无名，天地之始；有名，万物之母。故常无欲，以观其妙；常有欲，以观其徼。此两者同出而异其名，同谓之玄。玄之又玄，众妙之门。

知人者智，自知者明。胜人者有力，自胜者强。知足者富，强行者有志。不知其所者久，死而不亡者寿。

　　沿着景区公路过栖霞楼北行不远，即见对面山坡一座高大白色雕像屹立于松栎林中，既鲜明耀眼，又与周围环境融为一体，和谐自然。雕像名为"慈航普渡"，亦称"滴水观音"。仙佛以尘世为苦海，故以慈悲救度众生，出离生死海，犹如以舟航渡人，故称慈航。慈航普渡，指慈航真人，乃元始天尊座下十二金仙之一。相传商王时

慈航普渡　2018年5月6日摄

修道于普陀落伽岩潮音洞，已得神通三昧，发誓欲普度世间男女，尝以丹药和甘露水济人。慈航为道教之称，佛教亦称观世音菩萨。在中国佛教与道教信仰体系中，学界有两种说法：一是慈航道人由道入佛，入佛后称为观音；二是由于三教合一而产生的结果。天马山是北方道教名地之一，建造露天滴水观音神像，意在宣扬三教合一的宗教理念，增加天马山宗教文化内涵。雕像底座草白玉石镶面，正面阴刻贴金大字"上善若水"，落款"壬辰年任法融书"。慈航真人雕像高6.18米，汉白玉材质，同侍立左右的童男童女一起

立于晚霞红玉石的莲花宝座之中，宝座正面阴刻贴金大字"慈航普渡"，落款为"碣阳书"。慈航真人头戴宝冠，身着道服，左手玉净宝瓶倾斜，甘露欲滴，右手竖掌于前，掌控乾坤，神态慈祥端庄，慧眼微睁，胸怀天下万众，普济芸芸众生。

上善若水　　任法融书　　2018年4月17日摄

任法融，男，俗名任志刚，生于1936年，原籍甘肃省天水市，中国著名道教学者。2005年6月至2015年6月任中国道教协会会长，第八、九、十届全国政协委员，第十一、十二届全国政协常委。

庙会　　2018年4月18日摄

天马山建有许多亭。亭一般为游客休息、赏景所建，同时本身即是景，亦蕴含寓意、文化。戚公亭为纪念民族英雄戚继光所建，三清亭、归德亭、守一亭、抱冲亭、求仙亭、祈福亭则蕴含丰富的道家文化意境。

三清亭　三清亭为石结构六角攒尖顶，坐落于主峰西北侧步游道旁，与明代石刻"带砺山河"西东相对。东面檐下悬挂匾额"三清亭"，落款"渔夫"。三清亭东对主峰，西临悬崖，地势十分险要，为主峰西侧绝佳观景之处。"三清"指道教的三位至高神：玉清圣境元始天尊、上清真境灵宝天尊、太清仙境道德天尊。

归德亭　归德亭位于栖霞牌楼东南30米路东山坡处，地处山门至龙王庙景区公路、晾甲台至点将台和饮马海步游道相交之处，青松相环，景色优美，是游客休息赏景佳处。归德亭为两间木结构起脊长方亭，花岗岩砌就台基，坐东朝西，木质台阶地板，四周美人靠相围。匾额为木质黑底黄字，上书"归德亭"，落款为"清水居主人"。归德取自道教《西升经》"道以无为上，德以人为主"，"德"即是"道"体现于"物"之中的属性"仁"，人能归道，即能归德，归德亦即归道。

三清亭　2018年4月17日摄

归德亭　2018年4月18日摄

守一亭 守一亭位于饮马海西侧山脊，通往点将台、饮马海的步游道旁，视野开阔。可俯视晾甲台景区，仰观玄真观、点将台，远眺山门、天马湖。守一亭为石结构六角攒尖顶，匾额"守一亭"为渔夫书。"守一"指在身心安静的情况下，把意念集中到身体的某一部位。源于老子《道德经》："载营魄抱一，能无离

守一亭　2018年4月18日摄

乎？"意为守一于道，千千万万由一开始，千千万万最终亦不敌于一，事无全好，亦无全坏，专一而终，必出乎意料。《庄子·在宥》："我守其一，以处其和。"是说守心一处，而处于身内阴阳二气的和谐之中。《太平经》有"守一明之法"，并称是"长寿之根"，意为守人身中的元气或精气神。

抱冲亭 抱冲亭地处天马山主峰东侧山鞍部，为山中要路、重要观景点、游客歇脚处之一。亭前向南林间步游道通往龙王庙景区，向北通往塔沟、马棚马影，向东通往薛鼎坟、聚仙洞、饮马海，向西通往玄真观西门，上行通往玄真观东门。抱冲亭为木结构六角攒尖顶，黑色匾额上刻黄色行书"抱冲亭"，落款为"壬辰年秋吴环露题"。"抱冲"取自老子《道德经》"道生一，一生二，二生三，三生万物。万物负阴而抱阳，冲气以为和"。道动而生一，一即是无极，即是阳，阳动而阴随，两者是不可分割的一体之两面，两者同出而异名，万物皆负阴而抱阳。万物统一于阴阳，阴阳无休止地变化，道作用于阴阳，在其变化中调节维系事物的平衡，实现和谐。

抱冲亭　2018年4月18日摄

天马山洞穴较多，2013年将主峰西侧三个洞进行改造，黄大仙洞府、胡仙洞府建门楣、塑神像，仙居洞府立神像、刻匾额。

黄大仙洞府　黄大仙洞府位于主峰西南侧仙居洞府上方，供奉黄仙。洞顶匾额上书"黄大仙洞府"，洞门上联"在深山修真养性"，下联"出古洞得道成仙"，落款为"王大铭"。

黄大仙洞府、黄大仙　2018年4月17日摄

胡仙洞府　胡仙洞府位于主峰西侧悬崖下方，西线登顶步游道东侧，与三清亭相望。供奉胡三太爷、胡三太奶。洞顶匾额上书"胡仙洞府"，落款为"王大铭"。洞门楹联上联为"在天庭成仙得道"，下联为"到人间普度众生"，落款为"渔夫题"。

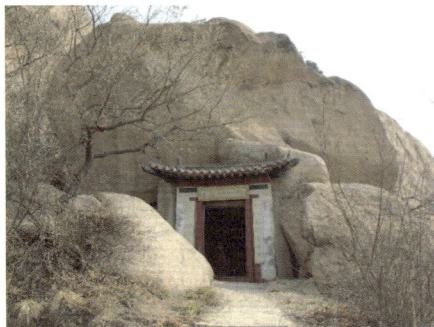

胡仙洞府、胡三太爷和胡三太奶　2018年4月17日摄

仙居洞府、蟒仙和常仙　2018年5月6日摄

　　仙居洞府　　仙居洞府位于主峰西南侧，出玄真观西线登顶步游道旁。为一块板石搭于两石之上形成的天然洞穴，洞顶石上刻"仙居洞府"，洞内存有石台、石灶和用火痕迹，供奉蟒仙、常仙。

胡仙洞府

黄大仙洞府

仙居洞府

洞府　2018年5月6日摄

· 道门兴复 ·

　　九龙壁浮雕位于龙王庙景区龙王庙殿前路北侧，为倚庙殿台基削坡而建的半面石壁，中间汉白玉主壁浮雕9条龙，两侧花岗岩辅壁各阴刻名家书法15个"龙"字。主壁长16.2米，高3.3米，浮雕长10米，高2.5米，草白玉石庑殿顶，鱼龙鸱吻，雕龙垂脊。壁两侧为贴金对联，上联"祥龙纳福"，下联"灵光万丈"，落款"壬辰岁碣阳书"。浮雕下面为大海，波涛汹涌，天上祥云缭绕，海天之间9条龙翻卷盘旋，张牙舞爪。龙能显能隐，能细能巨，能短能长。秋分潜伏深水，春分腾飞苍天，吞云吐雾，呼风唤雨，变化多端，无所不能。龙象征着地位、富裕和吉祥，寓意着风调雨顺，国泰民安。左辅壁长4.6米，高3.3米，以汉石门颂中的"龙"字为中心，晋王羲之、隋智永、唐柳公权、李邑、张旭、欧阳询、怀素、宋米芾、苏轼、黄庭坚，元赵孟頫，明文征明、唐寅，清何绍基等古代书法家的书法作品"龙"字环绕四周。右辅壁长4.6米，高2.6米，以毛泽东的书法"龙"为中心，周围环绕近现代书法家于右任、陆维钊、康有为、鲁迅、吴昌硕、徐悲鸿、郭沫若、程思远、李可染、潘天寿、林散之、黄炎培、赵朴初、吴阶平的书法作品"龙"字。或凝重朴拙，或大气磅礴，或力透纸背，或笔走龙蛇，真草隶篆，各具精妙，无不尽显"龙"之精神。

九龙壁　2016年9月6日　周雪峰摄

八仙过海

八仙过海浮雕位于老子西出浮雕东侧，同样材质，连为一体，长14.5米，左高3.6米，右高2.6米。八仙脚下翻江倒海，头上祥云飞鹤，铁拐李拐杖挂着酒葫芦搭在肩上，张果老骑着毛驴，何仙姑手持莲花，蓝采和提着花篮，韩湘子吹着横笛，曹国舅手握云板，吕洞

八仙过海浮雕　2018年4月17日摄

宾怀抱长剑，汉钟离拿着芭蕉扇，八仙姿态各异，各显神通，乘风破浪，飘然过海。左上方郭永信题名"八仙过海"。

八仙过海的故事

八仙赴王母娘娘蟠桃会归来，铁拐李意犹未尽，提议去蓬莱、方丈、瀛洲三山游赏。吕洞宾兴致更高，提出渡海不得乘舟，只凭各人道法。众仙欣然赞同。来到海边，个个亮出法宝，各显神通。八仙遨海，顿时翻江倒海，巨浪滔天。东海龙王恼羞成怒，率兵干涉，话不投机，展开恶战，众仙大胜。龙王怒不可遏，请来南海、北海、西海龙王助战。四海龙王催动三江四海五湖之水，直奔众仙而来。一触即发之际，忽见金光闪闪，浊浪中闪出一条路来，原来曹国舅的云板天生具有排水神力。曹国舅怀抱云板在前，众仙随后，任凭巨浪排山倒海，却奈何不了他们。四海龙王见此情景，十分恼火，调动四海兵将准备再战。恰巧观音路过，出面调停，化干戈为玉帛。八仙拜别观音，乘风破浪而去。

· 摩崖石刻 ·

天马山志

综述

自明初始，退居北方的蒙古族的侵扰一直是明王朝的重大威胁。尽管采取了远征、修长城、调兵遣将等一系列措施，但始终未改变被动挨打的局面，蒙古部族常常穿关过隘，扰攘内地。明永乐七年（1409），朝廷修建台头营城，派兵驻守。明弘治十三年（1500），重修台头营城。明隆庆三年（1569）二月，分燕河路增设台头路，驻台头营，设参将驻守，分领界岭口、青山口二提调，台头营成为蓟镇东路军事重镇。位于台头营城东南、风景优美，并有建于金代玄真古观的马头崖成为将士们闲暇时游览休闲之地。戚继光、张臣、孙仁、傅光宅、黄孝感等将领曾多次游临玄真观，题词刻石。这里因此成为省级重点文物保护单位，山名也因戚继光题词而改为天马山。1992年后，天马山旅游开发，改善基础设施，重修玄真观，开发新的景区景点，作为景区文化的一个方面，先后增加了一些新的石刻。

明代摩崖石刻位于天马山主峰玄真观周围，地理坐标为东经119°14′24.3″（"天马山"石刻下），北纬39°58′52.0″，共七幅。除玄真观东侧的"天马"为60年代依原字刻制、无题款外，其他皆有详细题款，均题刻于明隆庆至万历年间。石刻字迹清楚，笔锋苍劲、秀拔，各具特色，具有很高的历史价值和艺术价值，为考证明代戍边情况提供了可靠的历史资料。1982年7月23日，省政府公布省级重点文物保护单位，天马山摩崖石刻为其中之一。

现代石刻均刻于1992年旅游开发后。部分没有落款，如旱船、试刀石、晾甲台、饮马海、聚仙洞等景点标示石刻，栖霞牌楼至龙泉广场路旁的"福、禄、寿、禧、缘"，山后塔沟的"福、禄、寿"，景区进山公路中间的"天马胜境"等石刻。部分有落款，有的为书者登山游览即兴题写，有的是景区为增加景点文化氛围请邀书写，均由景区组织刻就。有落款的载录入志。

天马山　"天马山"镌刻于玄真观东门外南侧石壁上，题字高3.5米，宽1米，竖写。落款为"定远戚继光题　范阳张爵刻"。

戚继光（1528—1588），见附记。

张爵（生卒年不详），范阳（今北京、涿州一带）人，明万历元年任燕河路参将，万历四年至八年任建昌路参将（因驻扎台头营故称台头守）。万历十一年（1583）六月，以蓟镇中路副总兵署都督金事保定总兵官，万历十二年（1584）九月移镇山西。万历十三年（1585）十二月，军政考察罢官。工书法，好题刻。除镌刻戚继光题写的"天马山"外，抚宁还存有其镌刻的《台头营创建营房记》碑、《香山纪寿》碑。

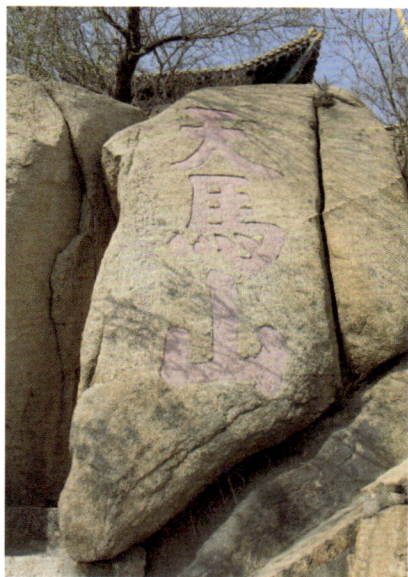
天马山　2018年4月17日摄

海天在目　"海天在目"镌刻于主峰顶峰，题字宽4米，高1米，从右至左横写，有边纹图案，上款为"万历十四年冬十月"，下款为"关中张臣书上古解一清刻"。

张臣（生卒年不详），陕西榆林卫人。行伍出身，矫健精悍，喜欢打攻坚战。历任宣府膳房堡守备，延绥入卫游击将军，蓟镇副总兵，宁夏、陕西、甘肃总兵官，名声传播于边防，为明代著名边将。隆庆元年（1567）九月，蒙古土蛮部左翼图们札萨克图汗率兵大举入侵昌黎、抚宁、卢龙、乐亭，游骑到达滦河。各将不敢作战，张臣率本部1000余人奋勇杀敌，把敌人追赶到石门寨傍水崖，斩首110余级，掉下悬崖死伤的不计其数。张臣因军功提升二级官。不久提升副总兵，管辖总督标下的事情，改派防守蓟镇西协。

解一清（生卒年不详），宣府前卫人，曾任建昌路参将、台头路参将。万历十五年（1587），因修建边墙有功，在台头路副总兵任上得到兵部尚书兼蓟辽保昌总督上疏举荐。不久升任蓟镇副总兵，后累官至昌平、宁夏总兵。

海天在目　　2018年4月17日摄

带砺山河　"带砺山河"镌刻于主峰西侧石崖上，题字高5米，宽1米，竖写，提款为"万历辛卯岁游击将军云中孙仁提兵入关与副总兵官山西林桐□□暇兴登天马山眺览胜景漫评古今题此"。

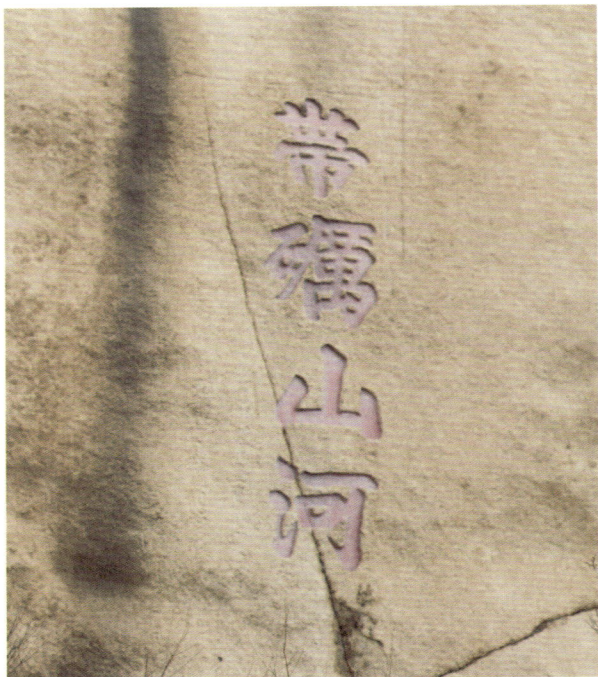

带砺山河　　2018年4月17日摄

孙仁（生卒年不详），山西大同人。由太原参将、大同入卫游击将军升洮岷总兵。

林桐（生卒年不详），太原右卫人。明万历十八年至十九年任建昌路参将。后升任山西副总兵，保定总兵官、右都督。

天马行空　　"天马行空"镌刻于主峰南坡石上，题字高4米，宽1米，竖写，有边纹图案，上款为"万历十四年冬十月"，下款为"聊城傅光宅书"。

傅光宅（1547—1604），字伯俊，别号金沙居士，山东聊城人。明万历五年（1577）考中进士，步入仕途。为官清正廉洁，刚正不阿。曾任山海关巡防御使、河南道监察御史、山西巡按御史、浙江巡按御史、南京兵部侍郎、工部郎中兼三簒内工河漕，官至四川按察司副使。万历十三年（1585），任河南道监察御史期间，曾因上疏推荐被贬在乡的戚继光而被罚俸两年。他博闻强记，文采俏逸，工于书法，艺术精湛，仿黄庭坚体，苍郁有致。尤善榜书，多有题额留世。曾多次巡访天马山，题刻"天马行空"，赋诗《天马山》。

山河一览　　"山河一览"镌刻于玄真观殿后悬崖上，题字高4米，宽1米，竖写，上款为"万历十一年十一月上浣之吉"，下款为"分守副总兵睢阳黄孝感书"。

黄孝感（生卒年不详），睢阳卫人。曾任义院口提调，建昌路（驻扎台头路）参将，徐州参将，蓟镇、昌平副总兵。

天马行空　　2018年4月17日摄

山河一览　　2018年4月17日摄

天马　　"天马"镌刻于主峰东南，题字高5米，宽1米，竖写，没有落款，为60年代依原字刻制。

天马　2018年4月17日摄　　　　　登天马山　2018年4月17日摄

登天马山诗　　"倚剑登天马，冷然御远风。乾坤双眼外，今古一杯中"。怪石悬疑堕，晴涛座若空。烽烟清万里，白日海云红。"这首《登天马山》诗镌刻于主峰南靠西侧，竖写。诗题下刻有"解将一清"四个小字，落款为"万历十四年十月二十三日聊城傅光宅书。

天马山旅游风景区　刻于天马山景区门口花岗岩石壁，落款为"李书和"。

福湖寿山　刻于天马山主峰东侧塔沟步游道旁岩石，落款"李书和"。

李书和，男，1942年生于山东省乐陵市，1958年参加工作，历任北戴河区委书记，市委常委、政法委书记，市政府副市长、省政府口岸办主任，省政协常委等。主要著作和参与编著有《李书和书法作品集》《壬午诗文集》《碣石》《历代名人题颂秦皇岛》等。曾任省书法家协会常务理事、市书法家协会主席、秦皇岛碣石暨徐福会名誉会长等。现为中国徐福会副会长，中国书法家协会会员。

天马山旅游风景区　2017年11月6日摄

福湖寿山　2017年11月17日摄

天马凌云啸碧空 "天马凌云啸碧空，烟波叟湖锁苍龙。南眺大海千层浪，北枕长城万仞峰！"这首诗刻于主峰南侧、玄真观后岩石之上。落款"丙戌初秋张学军诗并书"。

天马凌云啸碧空

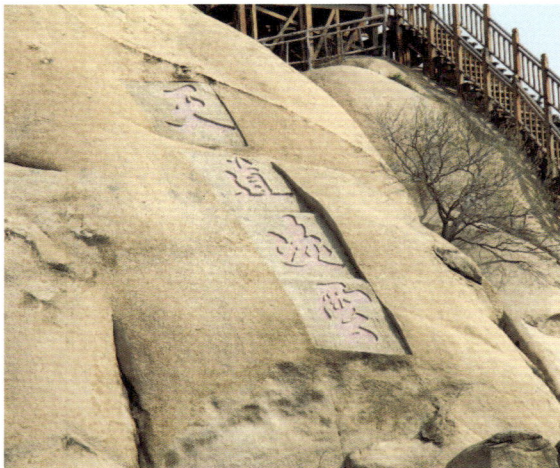

天道凌云　2018年4月17日摄

天道凌云　刻于主峰南侧、玄真观上方岩石之上，落款为碣阳书。

道　刻于主峰南侧、玄真观后上山木栈道旁岩石之上。前刻"玄真观丙戌年"，落款"李信中书"。

道　2018年4月17日摄

紫气东来　2018年4月17日摄

紫气东来　刻于主峰南侧、玄真观后上山木栈道旁岩石之上。落款"丙戌芒种李信中书"。

黑枣灵树 "黑枣灵树，深根固蒂。凡有所祈，如意而获，树必佑之。"刻于玄真观东下院清顺堂西侧岩石之上。前刻"甲申丙子戊辰"，落款"陕西清凉山道人信玄题"。

黑枣灵树　2018年4月17日摄

尘寰仙处 刻于点将台西侧岩石，落款"癸酉春玉林"。

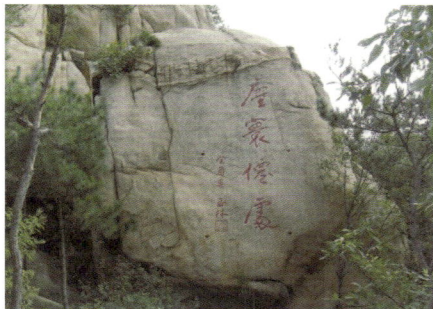

尘寰仙处　网络

仁者寿　2018年4月17日摄

仁者寿 天马山栖霞牌楼至龙泉广场路旁石刻，落款为"郭万海"。

郭万海，男，汉族，1949年生，中国书法家协会会员，中国摄影家协会会员，曾任秦皇岛市书法家协会副主席，海港区书法家协会主席。

卧龙 刻于天马山龙泉广场至抱冲亭步游道旁，落款为"丙申之春　伟斌题"。

杨伟斌，男，字文进，1985年出生于河南南阳。清华大学美术学院书画理论与创作高级研修班结业。中国书法家协会会员，市书法家

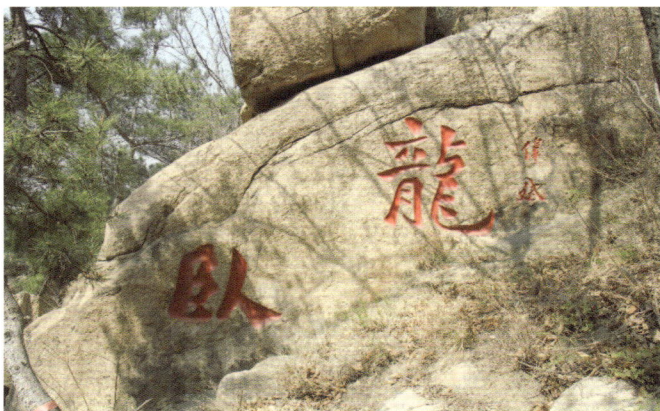

卧龙　2018年4月17日摄

协会理事。

舆岁永嘉　刻于天马山主峰东侧塔沟步游道旁岩石，落款"无同阁题"。

李杰，男，字之也，号无同阁主人。祖籍秦皇岛，1972年生。中国书法家协会会员，山海关区书法家协会副主席，山海关区政协文史馆特约研究员，山海关区第九届政协常委。获第六届全国楹联书法展二等奖、首届王羲之杯全国行草书大展一等奖。

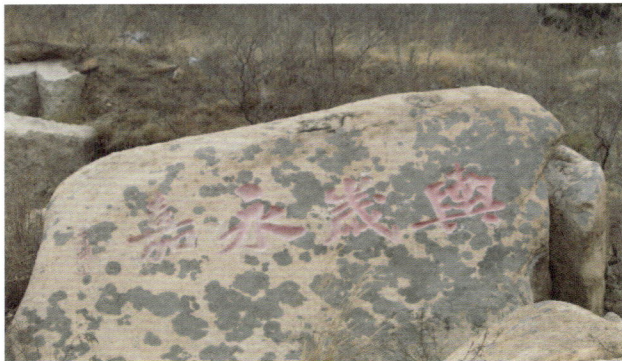

舆岁永嘉　2017年11月17日摄

百福具臻　刻于天马山主峰东侧塔沟步游道旁岩石，落款"丙卯夏月王义吾书"。

老城　刻于天马山玄真观西崖壁道士居住小房门口岩石，落款"明代屯兵遗址　一九九四年张文仲题"。

百福具臻　2017年11月17日摄

老城　2018年4月17日摄

卷五

· 沿承纪事 ·

天馬
山志

【093/122】

古镇台营

西汉元封元年（前110）四月，汉武帝刘彻封禅泰山后，沿海岸北行至碣石。汉武帝视察北部边境，途经今台营北亮甲台处（亦说汉武帝北击匈奴凯旋至此），南指东、西洋河汇合处北面的开阔地说："可建营。"于是安营扎寨，驻跸数日，得名抬头营，后写作台头营。

明永乐七年（1409）年，修建台头营城，派兵驻守，隶属燕河路。

明永乐十六年（1418）十月，蒙古兵犯界岭口，掠走大批人畜。

明成化六年（1470），蒙古兵入犯界岭口。

明成化十年（1474）九月十六日，蒙古族兀良哈部犯青山口。

明成化十五年（1479）五月，蒙古兵犯界岭口，平山营管队（长）出口迎战阵亡。

明成化十六年（1480）五月，蒙古兵犯界岭口，燕河参将出关追击。

明弘治十三年（1500），右副都御史洪钟巡抚顺天、永平二府，整饬蓟州镇边防战备，修筑自山海关至古北口边关要隘千余里，重修台头营城。

明弘治十七年（1504）五月，蒙古兵犯界岭口。

明正德元年（1506），蒙

界岭口关城门　2016年5月摄

古兵犯青山口关。

明正德二年（1507）闰正月初三，为加强对边关将士的监视，明武宗选派太监、都知右少监王鉴迁驻台头营。

明正德九年（1514）三月，蒙古兵犯界岭口，把总陈叶进行抵抗。

明正德十年（1515）六月，蒙古兵攻入界岭口关。

明正德十二年（1517）二月，蒙古兵犯青山口，被总兵马永击退。马永在追击中连射数敌，获马匹、器械无数。

马永（？—1540），字天锡，迁安人。嗣世职为金吾左卫指挥使。正德十三年（1518）进都督佥事，充总兵官，镇守蓟州。嘉靖元年（1522）进右都督。嘉靖十四年（1535）八月，辽东兵变，调任辽东总兵。击败泰宁、朵颜部侵边，平定广宁兵变，进左都督。嘉靖十九年（1540）三月初一日逝世，辽人罢市悼念。丧讯传到蓟州，人们纷纷洒泣。

明正德十四年（1519）五月，蒙古兵攻破青山口关，欲围攻台头营，管队千户殷洪率领数十人出城四十里，与敌接战，愈战愈勇，但因腹背受敌，寡不敌众，千户殷洪、永平卫总旗谢贵先后阵亡，台头营城得以保全。

明正德十六年（1521）正月，蒙古兵攻入猩猩峪及界岭口。

明嘉靖二年（1523）八月八日，蒙古族朵颜部兵犯界岭口，总兵马永堵击。

明嘉靖七年（1528）九月，蒙古兵攻入界岭口关，又犯小河口。

明嘉靖二十一年（1542），蒙古兵犯青山口、干涧儿口关。

明嘉靖三十七年（1558）九月，蒙古土蛮部六七千骑攻进界岭口、罗汉洞，马芳率兵迎敌。经过一番激战，斩敌数十，俘虏骁骑猛克兔等六人，杀得土蛮前锋暂退。土蛮同时分犯黑峪墩，把总冯时雍战死。第二天，土蛮200余骑还奔界岭口，马芳及总兵欧阳安力战，打败敌军，擒斩40余级。得悉对手是数度重创蒙古骑兵的"马太师"，十几万土蛮骑兵仓皇北撤。

马芳（1517—1581），字德馨，别号兰溪，山西蔚州（今张家口蔚县）人。长期驻守宣府、大同等边镇，在与鞑靼作战中屡立功勋，蒙古军中深知马芳威名，尊称他为"马太师"。历任宣府总兵、大同总兵、都指挥佥事、左都督等职。嘉靖三十六年（1557），屡立战功的马芳暂离山西，升任蓟镇副总兵。嘉靖四十年（1561），马芳移守宣府。

明隆庆元年（1567）九月二十一日，东蒙古大汗图们札萨克图汗（明人称之"土蛮"）率兵10万攻入界岭口，杀百户金銮等360多人。永平游击胥进忠、指挥李秉清、青山口百户陶世臣等见死不救。蒙古兵驻扎界岭口，次日晨由台头营出发四处杀掠，杀抚宁5000余人，杀昌黎7000余人，杀卢龙500余人。台头营附近居民多避兵于马头崖。十月五日，蒙古兵由傍水崖出，因大雾迷道，坠崖者无数。延绥入卫游击将军张臣、蓟镇游击参将董一元等杀敌立功。事情平定后，蓟镇各将多被定罪，张臣因军功提升二级官，不久提升副总兵，管辖总督标下的事情，改派防守蓟镇西协。

董一元（生卒年不详），明朝宣府前卫（今张家口宣化）人。嘉靖四十三年（1564）正月，抗击蒙古部落有功，由蓟镇游击将军升

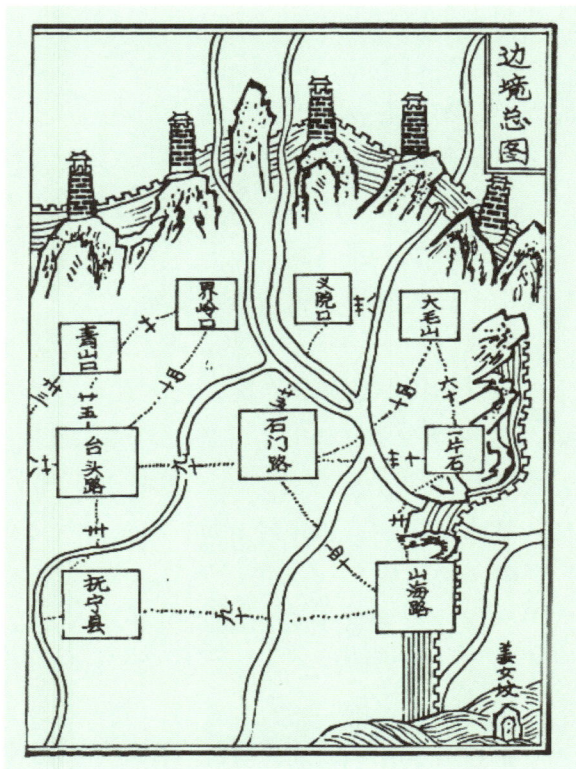

明万历三十八年《卢龙塞略》边境总图台头路部分

石门寨参将。隆庆元年（1567）九月，再破贼兵，升任副总兵，驻防古北口，移守宣府。后任宣府总兵官、蓟镇总兵官、延绥总兵官。万历二十五年（1597），参加第二次抗倭援朝战争，曾任军事参赞，任御倭总兵官。万历二十七年（1599）三月，班师回朝。

明隆庆二年（1568）十二月，经蓟辽总督谭纶奏请，以永平游击将军杨腾改为参将，驻台头营，分守青山、界岭二路，燕河路参将分守冷口、桃林口二路。

明隆庆二年，戚继光在天马山玄真观养病期间，撰写《练兵实纪》。

明隆庆三年（1569）二月，经蓟辽总督谭纶、蓟镇总兵戚继光奏请，增设台头路，驻台头营，设参将驻守，分领界岭口、青山口二提调。界岭口提调管领界岭口关、箭杆岭关、星星谷堡、中桑峪堡、罗汉洞堡、驸马寨营、台头营等七城。青山口提调管领青山口关、干涧儿口关、东胜寨、驻操营（青山驻操营）等四城。

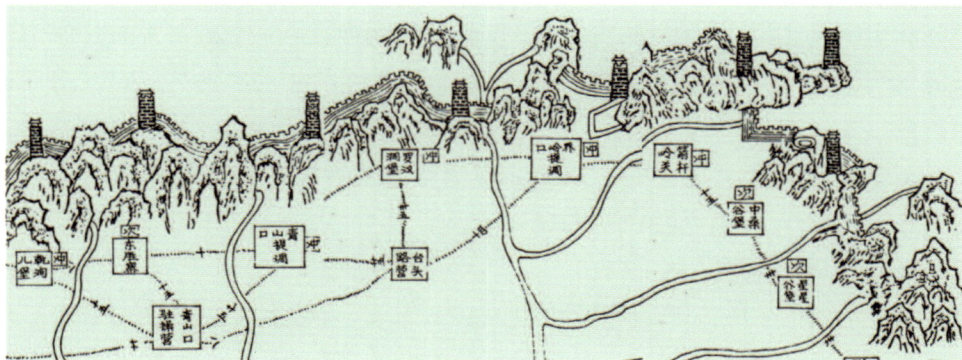

明万历三十八年《卢龙塞略》协路关营图台头路部分

明隆庆六年（1572）十一月，台头营哨探为属夷朵颜卫人捉去，明军出边追击，与敌作战，斩敌首1级，夺马6匹，器具27件。

明万历元年（1573）五月，总兵戚继光由界岭口出剿喜峰口，获胜而归。

明万历七年（1579）二月，蒙古兵犯义院口，守关兵被捉，路将追击，夺回4人，又攻青山口，台头营路将出追90里，蒙古兵被击伤退。三月，蒙古兵又犯台头营、东胜寨，被击退。

明万历八年（1580），为加强台头路防御，永平游击统领骑兵3000名，由永平府城（今卢龙县城）移驻台头营城。

明万历二十四年（1596），蓟镇东路协守署由建昌营移驻台头营，任命张守愚为蓟镇东协副总兵，分理燕河营、建昌营、石门寨、山海关四路军务。

明崇祯三年（1630）正月十四日，后金兵由北口攻入永平，越抚宁县城，破深河堡，距山海关60里。辽镇总兵祖大寿自关外赶到，严兵拒守。三十日，祖大寿派协将王维城守台头营。孙承宗令总兵朱梅犒劳燕河营、台头营驻军，祖大寿令都司陈可立等随往安抚。五月六日，孙承宗下令协将王维城等奔滦州。

王维城，字镇河，山西偏头关人。曾为台头营守将。崇祯四年（1631）十月，擢升蓟镇总兵，驻守三屯营。因功升荣禄大夫，充太子太保、左军都督，镇守保定、三屯等处，挂总兵官衔。

明崇祯十二年（1639）二月十日，清兵至青山口，三月九日，清兵至冷口，因坚守严密撤退。

明崇祯十五年（1642）十月，清太宗皇太极命多罗饶余贝勒阿巴泰为奉命大将军，以图尔格为副，率师伐明。两翼大军分别从界岭口及黄崖口毁墙而入，长驱南下。界岭口一路有十万之众，曾驻扎台头营城。清军攻至山东兖州，共攻克3府、18州、67县，掠获黄金2250两、白银220.5万两，俘虏民众36.9万及牛马衣服等物。远征前后历时7个多月，第二年六月，阿巴泰才率军返回辽东。

明崇祯十六年（1643），清太宗皇太极以贝勒阿巴泰等攻略山东未还，命努山率90余人兵犯界岭口，与明军交战，斩守备1人、兵士300余人，俘数十人，获马骡200余匹。

清顺治六年（1649），台头营路副将改设都司，辖界岭口、青山口二守备。

清顺治十三年（1656），台头营都司改设操守。

清康熙元年（1662），台头营操守改设把总，有目兵50名，属燕河营路。

清光绪二十六年（1900）夏，长城口外土匪突破长城关口，由台头营打到程各庄，知县张石闻讯率军兵守城。闰八月，八国联军从山海关老龙头和秦皇岛登陆，进入抚宁县、台头营。

清光绪二十七年（1901）四月二十二日，长城口外1200多土匪到台头营城抢劫。抚宁民团不能抵御，知县张石从山海关聘请英、印、日、法等国兵（英国骑兵百名、印度步兵百名、印度步兵五百名、日本步兵一个中队、法国步兵一个中队）将其击溃，在台头营东沙河打死土匪数十名，余匪退回口外，日本兵负伤2名，英国兵负伤6名，法国兵负伤1名。洋兵未得到抚宁县的好处，大怒，焚烧台头营北门、东街一带。

民国十三年（1924）9月15日，奉系军阀张作霖为争夺北京政权，与直系军阀吴佩孚在直隶（今河北）、奉天（今辽宁）地区发动第二次直奉战争。吴佩孚自任总司令，任王承斌为副总司令兼直隶筹备司令，总兵力近20万，依托长城组织防御。9月下旬，王承斌驻台头营，指挥第一军和第三军抗击奉军，兼守界岭口。10月初，吴佩孚派王承斌以副总司令代行总司令职赴承德指挥。后冯玉祥与王承斌发动北京政变，第二次直奉战争以直系失败告终。

民国二十二年（1933）1月，日本侵略军进攻山海关，中国守军打响长城抗战第一枪。山海关、九门口失守后，中国军队在抚宁县境组织多道防线。2月底，第4军团53军116师在师长缪澂流率领下，从热河省境内撤守长城青山口、界岭口、箭杆岭一线，师部和第647团（前任团长田朝凤因临阵脱逃被撤，师参谋处长吕正操接任团长）团部驻台头营，指挥长城抗战重要一役——界岭口之战。4月13日，日军先用飞机轰炸，后发动地面进攻，下午3时日本关东军第8师团混成第33旅团中村馨部占领台头营，成为日伪重要据点。

界岭口之战 界岭口是长城东部的重要关口，是由热河通往滦东地区的重要通道。1933年1月，日本攻破山海关、九门口后，中国军队在抚宁县境组织多道防线。2月底，第4军团第53军第116师从热河撤到青山口至义院口一线防守，师部设在台头营。3月11—14日，日军每日以三四百人在飞机、大炮掩护下，向箭杆岭、界岭口、罗汉洞各阵

《热河长城血战实录》中日军混成第33旅团攻击界岭口长城的画面

地进行攻击，经中国守军顽强还击，均未得逞。16日拂晓，日军1000多人在炮火掩护下向界岭口至罗汉洞阵地发起猛攻，守军不支后撤，界岭口遂陷。116师调预备队紧急驰援，当晚收复阵地。19日下午3时，日军1000多人向箭杆岭阵地猛攻，守军顽强抗击并展开肉搏，但因伤亡惨重，情势危急。幸援军及时赶到，前后夹击，将敌击退。24日5时，日军主力在飞机、大炮掩护下分三路突进，守军伤亡严重被迫后撤，敌军跟后追击。黄昏，日军退回长城线固守，守军收复郭家场、龙泉寺、柳树沟等地。因日军抽出部分兵力增援喜峰口、古北口等地，界岭口方面转入相持。4月10日，日军再次向界岭口一线发动进攻。5时，敌步兵500余人由柳树沟向胥家沟、龙泉寺阵地发动多次攻击，均被击退。8时，敌步兵200余人向箭杆岭以南阵地进攻，激战至下午3时，部分阵地失守，与援军合力发动反击，收复失守阵地。11日上午，日军在飞机、大炮掩护下向界岭口全力反扑，守军被迫退守双岭一线。当夜11时，第108师两个团和骑兵第40团来援，再次调整防御部署，把主力置于宏黄寺、梁家湾、土安岭、马坊、青山口一线与敌相持。4月12日拂晓，日军一部向胥家沟、龙泉寺阵地猛攻，不敌失守。同时另一部猛攻箭杆岭以南阵地，激战数小时。这时，冷口方面战事失利，日军占领迁安等地，116师侧背受敌威胁，奉命转移，界岭口之战结束。

民国二十五年（1936），台头营开通通往山海关的客运班线，营运里程68千米，班线由山海关营海汽车行运营。班线约在1938年停运。营海汽车行

1936年在山海关开业，驻山海关天泰店，有汽车2辆，经理张文泉。

民国二十七年（1938）7月15日晚，台头营七家寨村147名群众，在茹振太的倡导下，在许维纯、茹克勤、韩会轩等人的组织领导下，举起抗日救国大旗，发起武装暴动，当夜攻克台头营据点，缴了伪警察和保安队的枪支。随之组织队伍西进，后编入宋时轮、邓华领导的八路军4纵队第31大队，许维纯任该大队2营6连连长。

民国二十七年（1938）9月17日，冀东抗日联军第23总队、第5总队第二次向台头营挺进，在平坊店歼敌（治安军）一个营，攻占台头营，进驻大山头、七家寨、迷雾、渤河寨等十几个村庄。

民国三十一年（1942）5月13日（农历三月二十九日），在台头营天齐庙会上横行霸道的日本不法商人米其被暗杀。8月上旬，冀东军区12团的马骥部来到临抚青地区开展游击战，经常在天马山周边地区活动。

马骥

民国三十二年（1943）5月2日（农历三月二十八日），迁卢抚昌联合县第三总区工委书记兼总区长宋春山率警卫员刘保胜等人在台头营天齐庙会上枪杀日本特务王某，打伤台头营伪警察分驻所所长何巨川及日本兵1名，夺得枪支2支、子弹数十发。

民国三十二年（1943）8月，八路军冀东12团第8区队第3连副连长张智魁率第一、二两个排智取大山头日伪炮楼，俘虏日伪警备中队长以下43人，缴获长短枪37支、子弹3000余发、手榴弹1箱。9月，张智魁率领部队再次袭击大山头日伪据点，打死伪军小队长1名，俘敌20余名，缴获长短枪20余支、子弹数千发、手榴弹2箱，烧毁敌人炮楼1座。

民国三十四年（1945）8月20日，卢抚昌联合县支队、区游击队和民兵攻克台头营日军据点。8月25日，八路军冀热辽军区第16军分区司令员曾克林在台头营召开挺进东北誓师

1945年8月25日，曾克林（中立者）在台头营作进军东北动员

大会。

曾克林（1913—2007），原名曾忠炳，江西兴国人。1929年10月参加兴国县游击大队。翌年10月参加中国工农红军。1931年2月加入中国共产党。参加了中央苏区反"围剿"和长征。1939年后，先后任冀热察挺进军司令部作战科科长、冀东军分区参谋长兼第十二团团长、冀热辽军区第十六军分区司令员，长期坚持在滦东地区开展抗日斗争，为冀东抗日根据地的创建、巩固、扩大做出突出贡献。1945年8月25日，在台头营主持召开誓师大会后，率领第十二、十八团从台头营出发，在苏联军队的配合下，解放山海关，挺进东北。后历任沈阳卫戍司令部司令员，东北民主联军辽东（南满）军区副司令员，第三纵队司令员，辽南军区司令员，东北野战军第七纵队副司令员，第四野战军第四十四军副军长、战车师师长，海军航空兵副司令员兼航空兵第一师师长，海军后勤部副部长、海军顾问、海军航空兵司令员等职。1955年被授予少将军衔，曾获二级八一勋章、一级独立自由勋章、一级解放勋章。2007年3月12日，因病医治无效在北京逝世，享年94岁。秦皇岛烈士陵园内立有曾克林塑像。

曾克林

民国三十五年（1946）2月3日，抚宁县支队在曹家堡子一带设伏拦截在青龙叛乱失败逃亡的赵辅臣部，县支队长杨青云牺牲。

杨青云（1921—1946），革命烈士，望都县南王疃村人。16岁参加抗日自卫军，1937年底加入中国共产党，同年担任自卫军大队长。1942年正月二十二日，由于汉奸告密被捕，在被执行枪决时未中要害，苏醒后藏到堡垒户家中养伤。伤愈后被日军抓往东北做工。1943年春，从抚顺煤矿逃出，回乡路过抚宁县时参加在滦东开辟根据地的张化东部。1944年初任临抚昌联合县大队长。1945年改任县支队二中队长。日本投降后，任抚宁县支队支队长。1944年8月，刘家河据点警备队40多人到小部落搜查，率二支队在民兵配合下将敌全停。年底，日本特务队80多人到徐山口、车庄一带抢掠，被杨青云等部伏击，歼敌60多人。1945年2月，率部在黄土营伏击战中击毙、活捉日伪军100多人，缴获轻机枪2挺、步枪100余支。8月10日，率领县支队炸毁日军从秦皇岛往石门寨运粮的小火车，将粮食尽数抢运走。1946年2月3日，在曹家堡子设伏拦截在青龙叛乱失败逃亡的赵辅臣部的战斗中牺牲，年仅25岁。

民国三十五年（1946）2月，中共抚宁县委、县政府机关迁到台头营。翌年5月，县委、县政府机关从台头营迁往后石河村。

民国三十六年（1947）7月1日，冀东军区第12军分区司令部、政治部在台头营城西南0.5公里处兴建烈士纪念塔1座，以纪念1945年9月至1946年6月间牺牲的300多名革命烈士。因修建洋河水库，纪念塔于1971年8月1日迁至台营东侧，扩建为烈士陵园。

是年冬，中共冀东区第十二地委、行政专署及军分区由卢龙县花台迁驻台头营。

民国三十七年（1948）夏，国民党傅作义部队向台头营进犯，冀东第12军分区警备团等在田各庄、湾子一带进行了天马山阻击战，在敌众我寡又有敌机轰炸的情况下，打退国民党军队的进攻。

是年秋，中共冀东区第十二地委、专署在台头营召开干部会议，部署迎接东北百万大军入关的后勤支前活动。

是年底，第12军分区在台头营召开党委扩大会议，根据上级指示和命令，军分区机关和大部分干部在台头营组建华北区教导师三师，任务是准备接收平津战役的俘虏。

1949年1月，抚宁县辖7区1镇，即台头营镇。

1960年，因修建洋河水库，居民移迁安置新地，机关单位迁到北约1000米的新址，仍沿用原地名"台营"。

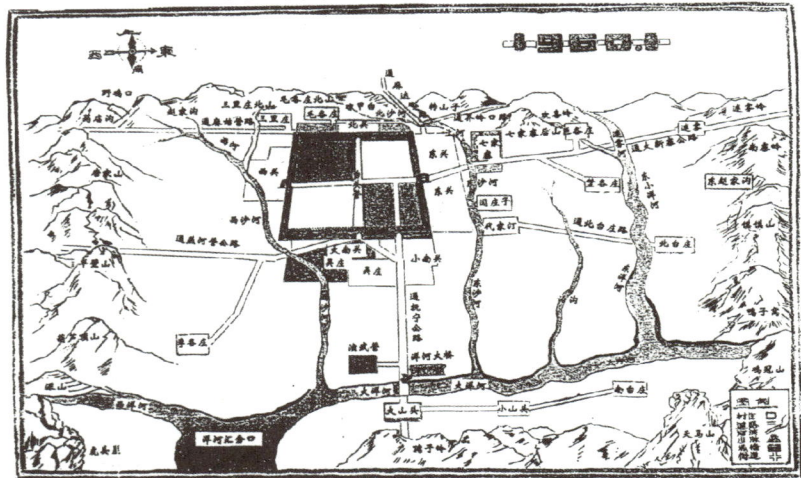

1960年台头营城区地形图　张焕民绘　《古今台头营》

1959年10月，经秦皇岛市委研究决定、省水利厅批准，洋河水库采取"边勘测、边设计、边施工"的形式，由省水利厅勘测设计院牵头，唐山铁道学院、天津大学和省地质局协作，成立勘测设计小组，负责勘测设计工作，由唐山专署负责组织施工。

1959年10月26日，中共唐山市洋河水库委员会、唐山市洋河水库工程指挥部成立，陈伯生任党委书记兼指挥部主任，调集组织秦皇岛市和昌黎、乐亭、深县、丰润等13个县的民工约8万余人自带口粮、生活费，投入水库建设。

1959年11月24日，省委书记处书记阎达开、解学恭，唐山市委第一书记马力、书记处书记周振华等视察洋河水库工地。阎达开将正在修建的洋河水库命名为"天马湖"。

阎达开（前左四）、解学恭（后）、马力（右三）、周振华等视察水库工地　《回眸洋河》

1959年11月26日，3万余名建设者在水库工地举行誓师大会。翌年8月8日，第一期工程竣工拦洪，在水库工地举行总结表彰大会，6万余名水库建设者参加，交通部常务副部长李运昌，省水利厅副厅长刘铭西，唐山市委书记处书记周振华、副市长张一萍，秦皇岛市委第一书记武学文、书记处书记强华等领导出席大会。

洋河水库开工誓师大会　《回眸洋河》

1960年7月，副省长高树勋视察洋河水库工地。8月22日，省委书记处书记阎达开在唐山市委书记处书记周振华的陪同下，视察洋河水库工地，要求提高大坝安全标准，争取千年不溢洪、万年有保证。9月25日，省委第一书记林铁视察洋河水库工地。12月，副省长谢辉、李子光视察洋河水库工地。

　　1960年8月，交通部常务副部长李运昌视察水库工地。李运昌当年在天马山一带战斗和生活过，对水库建设高度关注，多次到水库视察。

　　1960年10月31日，在洋河水库工地举行第二期工程开工誓师大会。翌年7月18日，二期工程全部竣工，在工地举行万人庆祝大会，交通部常务副部长李运昌、省委书记处书记马国瑞、副省长高树勋出席大会。

1960年8月，李运昌（左三）视察水库工地
《回眸洋河》

　　1964年4月3日，国家主席刘少奇的夫人王光美游览洋河水库，并亲手栽植三株柏树。

　　1970年7月，柬埔寨国王西哈努克亲王及夫人莫尼克公主到洋河水库参观。

　　1971年8月，柬埔寨首相宾努亲王及夫人到洋河水库参观。

　　1972年8月26日，全国人大常委会委员长朱德视察洋河水库。

　　1973年8月3日，巴基斯坦、罗马尼亚、秘鲁、尼泊尔、法国、日本、泰国等21名国际友人到洋河水库参观。

　　1970—1976年，实施洋河水库续建工程，主要包括

柬埔寨王国首相宾努亲王偕夫人参观洋河水库
《回眸洋河》

修建永久性正常溢洪道、电站及非常溢洪道口。

1977年5月—1979年12月，洋河水库实施震后修复工程。至此，洋河水库基本达到设计标准，累计完成工程量878.86万立方米，总用工475.53万个，总投资4016.29万元。

1985年4月12日，省委副书记杨泽江在市委副书记刘任英、副市长吴泽吉陪同下，视察洋河水库。

1985年4月27日，县委书记胡顺，副书记李运午，县委常委、副县长赵恩章，副县长彭景春带领有关部门负责同志到天马山、洋河水库实地考察，并提出风景区的建设规划，责成专人负责，力争在7月1日向游人开放。

1985年6月29日，解放军总参谋部、北京军区、北京卫戍区、天津警备区和河北、山西、内蒙古军区首长到洋河水库县预备役民兵训练中心视察。

1985年7月16日，洋河水库（天马湖）旅游区开放典礼举行，市委书记白芸生、市长顾二熊剪彩并讲话。天马湖旅游景区正式对外开放。

1985年7月25日，全国六届人大常委会副委员长王任重视察洋河水库并题词："天马湖""建设美丽的天马山天马湖　发展旅游业为繁荣抚宁而努力"。

1985年8月16日，省长张曙光视察天马湖，并就水库管理等问题提出指导性意见。

1986年7月29日，省委书记邢崇智视察洋河水库网箱养鱼。

王任重及其题词　《回眸洋河》

1987年8月20日，中共中央顾问委员会常委王首道视察天马湖。

1990年4月18日，引青济秦工程通水仪式在洋河水库举行，水利部部长杨振环、省长岳岐峰为工程剪彩。副省长王幼辉、市长丁文斌和部分在冀东地区战斗和工作过的老将军出席仪式。

参加引青济秦通水仪式后，杨振环、岳岐峰、王幼辉和几位老将军在丁文斌的陪同下考察洋河水库《回眸洋河》

1991年8月3日，中共中央顾问委员会常委张爱萍视察天马湖和引青济秦工程。

1991年9月21日，全国政协副主席杨成武视察洋河水库。

1992年8月18日，原国家主席刘少奇的夫人王光美游览天马湖。

1996年7月25日，最高人民检察院检察长张思卿视察天马湖。

1998年12月25日，洋河水库除险加固工程开工建设，主要包括大坝加固、非常溢洪道改建、正常溢洪道加固、泄洪道灌浆、供水和坝后排水沟、防汛路等工程。2001年6月30日，除险加固工程全部竣工，经组织验收和专家评定，各项工程均为优良，防洪标准由300年一遇提高到2000年一遇标准。

2001年8月5日，"天马湖"风景日戳启用。日戳共两枚，主图基本相同，设计者均为周玉临。一枚直径31毫米，下端地名仿宋体"河北抚宁"。一枚直径30毫米，下端的地名长宋体"河北抚宁"。

天马湖风景日戳　王文军提供

2002年，投资70万元，购置游艇2艘，大艇载员45人，小艇载员19人，天马湖水上游览项目运营。2014年，根据水库水质保护有关规定，水上旅游项目停止运营。是年，在天马湖大坝东侧游园内建天马战青虎、鱼尾狮雕塑，湖中半岛采摘园对外承包。

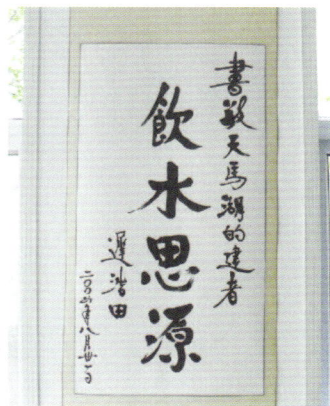

迟浩田及其题词 　《回眸洋河》

2004年8月31日，国务委员、国防部长迟浩田视察洋河水库并题词："饮水思源"。

2007年8月10日，中共中央政治局委员、国务院副总理曾培炎在省长郭庚茂、市长菅瑞亭陪同下到洋河水库考察引青济秦工程工地和水源地保护情况。

2011年，建于60年代，曾先后接待过朱德、王任重、张爱萍、杨成武、迟浩田等党和国家领导人，柬埔寨国

曾培炎（右五）在郭庚茂（右三）、菅瑞亭（右一）的陪同下在洋河水库视察　《回眸洋河》

王西哈努克亲王及夫人、柬埔寨首相宾努亲王及夫人和巴基斯坦、罗马尼亚、秘鲁、尼泊尔、法国、日本、泰国等国家国际友人的黄楼，因维修施工失火被焚毁。

2013年，天马湖风景区旅游和水面渔业管理承包给天马酒业。

2017年年初，天马湖水利风景区项目完成规划，报有关部门审批。11月，根据水库水质保护有关规定，湖中半岛北侧占地面积4000余平方米的5栋别墅拆除。

天马山历史

金大定二十三年（1183）十二月，全真道掌门人丹阳子马钰羽化前夕，嘱咐弟子刘真一到北方传播道教。刘真一道长奉师嘱，来到平州地界，见马头崖山川秀美、景色宜人，于是在此建重阳观，传经布道。

元太祖十六年（1224），全真道道长丘处机被元太祖成吉思汗封为国师，道教被尊为国教，道教得以迅速发展，马头崖道场改换门庭，由马钰的遇仙派改奉丘处机的龙门派，将重阳观改为玄真观。

明洪武八年（1375）冬十月十六日，曹国公李文忠奏请将永平府抚宁县洋河海口巡检司迁到兔耳山，界岭口巡检司迁到马头崖寨，得到批准。马头崖寨即今白家堡子、李家堡子、曹家堡子三个村。

明洪武年间，白、肖两姓由山东迁到天马山西侧定居，建村落白家堡子。李姓由山东迁到天马山西南侧定居，建村落李家堡子。曹、周两姓由山东迁到天马山西南侧定居，建村落曹家堡子。张、耿、黄三姓由山东迁到天马山西、洋河东岸落户，建村落大山头，1960年修建洋河水库，移民后靠迁居现址。张姓由山西迁居天马山西建村落，因有天马河（老河道）从东流到此地拐弯南流，村落以河湾取名为湾子。王姓由周各庄迁到天马山东北、洋河南建村落定居，因王姓大户养骟马一匹，远近闻名，村落取名骟马王，后由戚继光的战马与鞑靼酋长的战马大战的传说改名战马王。

明永乐年间，明成祖诏令天下兴建道观，供奉镇守北方之神真武大帝，天马山玄真观重修。山东数户田姓迁到天马山西南定居，建村落田各庄。杨姓两兄弟由山东迁到天马山西北、洋河南岸落户，建村落小山头，1960年修建洋河水库，移民后靠迁居现址。

明弘治十四年（1501）编纂的《永平府志》记载："马头崖，在抚宁县北二十里，苍茸如马首，故名。"

明万历年间，台头营城大规模扩建。戚继光、张爵、张臣、解一清、孙仁、林桐、傅光宅、黄孝感等将领题词刻石。山名因戚继光题写"天马山"而由马头崖改为天马山。1982年7月，省政府公布天马山石刻为省级重点文物保护单位。

1966年秋，在"破四旧"（旧思想、旧文化、旧风俗、旧习惯）运动中，玄真观被拆毁，仅余钟架、铜井和道士居住的小屋。随着玄真观被拆，庙会停办。

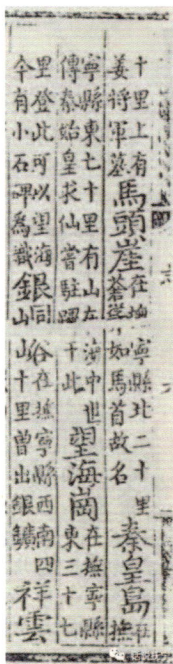

明弘治十四年《永平府志》关于马头崖的记载

天马山石刻公布为省级重点文物保护单位后立的牌及石刻说明

吻兽　王文军提供

起步开发阶段

1992年年初，田各庄乡党委、乡政府决定，启动实施天马山旅游景区开发。经多方调研论证，编制景区开发可行性研究报告和项目开发意见书，上报县委、县政府。县委、县政府组织相关部门、聘请相关专家学者进行研究论证，同意乡党委、乡政府实施天马山旅游开发项目，并对开发工作提出具体指导意见和支持措施。

5月末，由乡党委书记周有银带队，组成由乡党委副书记王会臣、副乡长张岐、李家堡子村党支部书记李景录、曹家堡子村党支部书记周国元、白家堡子村党支部书记白凤全、小山头村党支部书记杨力参加的旅游开发考察团，历时7天，考察了山东、江苏、浙江等相关景区开发建设情况。

8月，乡党委书记周有银、乡长李胜才向市委书记丁文斌汇报引青济秦工作，同时汇报了天马山旅游开发工作。丁文斌明确表态支持，并于当天下午亲赴天马山实地考察调研，提出具体指导意见。丁文斌的考察调研在全乡引起极大震动，有效地推动了开发工作。县委、县政府对天马山旅游开发工作高度重视，菅瑞亭、骆志强、田永生、胡纯慧、苏洪珊、胡金祥、陈才、胡英杰等县领导在项目谋划和实施过程中多次组织相关部门实地调研、研究论证、现场办公。县委书记菅瑞亭先后三次实地视察调研，指导开发工作。主管旅游的副县长胡英杰做了大量工作，协调解决实际问题。

乡党委、乡政府成立天马山景区开发总体规划组，由乡党委书记周有银任组长，乡长李胜才任副组长，乡党委、乡政府有关负责同志和李家堡子、曹家堡子、白家堡子、小山头村党支部书记为成员，聘请县旅游局局长聂春友、县土地管理局局长谢天杰、洋河水库管委主任沈振旺、县文物管

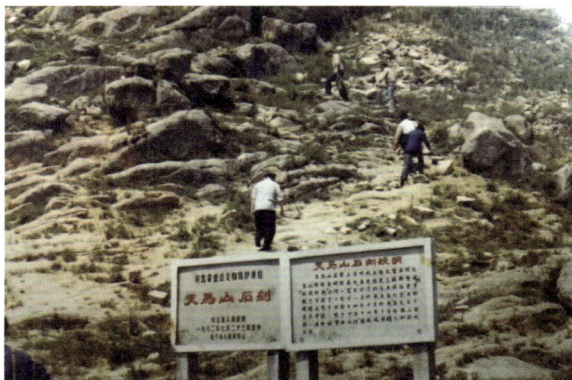

上山考察　王文军提供

理所所长吴环露为顾问。规划组制定了景区的整体规划，对景点进行了全面安排。

景区规划区内相关各村的山场、林地资源划归景区统一开发建设，权属不变。按投入资金、山场林地资源投份适当比例收益分配。开发资金通过吸纳社会力量、引入外部资金解决，坚持不动用各村集体及村民个人的钱。不无偿使用民力，不破坏林木资源，不损坏任何有价值的文物，并重点保护省级文物"明代摩崖石刻"。经多方协调共筹资60.2万元，其中乡政府自筹5.2万元，县旅游局支持40万元，县土地管理局支持10万元，洋河水库管委支持5万元。

1992年9月，正式开工建设，主要工程有通往景区的柏油路、景区内游览道路、山门及广场配房、戚公亭、戚公石雕塑像、点将台、玄真观重建、三百三十级石台阶、景区安全保护及文物保护工程、饮水通电通信工程等，规划设计与施工同步进行。

柏油路工程。通景区柏油路工程由县交通局承建，由其自筹资金、自行设计并组织施工。1993年5月开工，历时50天，于景区开业前一天完工。工程总指挥肖明地。

景区正门工程。景区正门坐落在鹰场北侧，后又称南天门。牌楼为四柱三门，中门阔宽6米，侧门阔宽3米，红柱，黄色琉璃瓦，庑殿顶，彩绘斗拱额枋，正脊有鸱吻，垂脊设走兽飞仙。图纸设计吴环露。施工单位为田各庄建筑公司，项目经理赵国。仿古建筑部分施工为江苏省武进仿古建筑公司。工程指挥为田各庄乡副乡长张岐、王珍。1993年5月完工。

玄真观重修工程。玄真观毁于1966年秋，遗留的只有铜井和钟架。重修工程建正殿三间，东、西耳殿各一间，分别供奉真武大帝、药王孙思邈、太上老君。殿前建二仙阁一间，供奉慈航真人、吕祖。1992年6月，乡长李胜才带队一行6人考察辽宁省北镇市闾山景区。1993年3月，曹子海、吴环露等4人考察湖北省武当山。重修工程设计为吴环露。施工为县一建公司，项目经理周林。工程指挥周有银、李胜才、朱兴旺。施工场地与山下只有山路相通，坡陡路险，物资和设备运输主要靠人工和驴驮。有一次，有一头驴在驮运时失蹄从路旁十余米高的悬崖摔下，就在人们惋叹它肯定丧命之时，居然自己站立起来，被牵回继续驮运。玄真观修复后，不知何年干涸的铜井又有了水，水深数米。27年前被砍伐的黑枣树干枯的树根部长出一丛枝条，当年秋后修剪留下9株，并建围栏加以保护。1993年秋，经周有银、李景录选留3株，后又选留1株，经十几年生长已达碗口粗细，树下又长出一株小树。

吴环露（1936—2016），抚宁县下庄管理区赵庄村人，在绘画、书法、文艺创

重修后的玄真观　李利锋提供

吴环露手绘的施工图纸　王文军提供

作、文物研究方面有较深造诣。1958年7月，毕业于北戴河师范学校。1983年10月，抚宁县文物管理所成立，任所长。1992年6月，田各庄乡党委、政府聘请其为天马山开发顾问，设计并指导山门、戚公亭、玄真观等工程建设。2002年至2010年，协助县政协副主席李占义主持编写画册《抚宁长城》《抚宁名胜》。

戚公亭、戚继光雕像工程。戚公亭为纪念戚继光而建，花岗岩砌筑台基，花岗岩围栏浮雕天马腾云奔驰图案，六柱六角攒尖顶，红柱青瓦彩绘檐枋。戚继光雕像为花岗岩材质，高6米，顶盔掼甲，按剑挺胸，威风凛凛。原立在老子像位置，2012年8月移至晾甲台顶，2018年4月又移至点将台。戚公亭与雕像设计为吴环露，戚公亭施工为白友生、袁丙成，雕像承制为县石雕公司崔振忠、贺晓华，工程指挥王珍，监制周有银、李胜才。

崔振忠，笔名振忠，1935年生于抚宁县榆关镇崔李庄，1963年毕业于天津美术学院雕塑系。1990年设计创作秦始皇像，立于秦皇求仙入海处。1993年设计创作戚继光像。

戚继光像 2008年9月23日 周雪峰摄

点将台工程。点将台是在天然巨石垒垛的城堡型石峰之上，沿边缘建30米长城垛口状围墙，中央建一圆坛，内设八卦太极图。设计为周有银、曹子海，承建为县一建公司，项目经理周林。

景区登山石阶工程。石阶起自谷底（后辟为龙王庙景区），上通极顶，共330级，全部为花岗岩条石，玄真观以下阶长2米，玄真观至极顶阶长1米。工程指挥周有银、朱兴旺，施工为李景生等石工20人。

玄真观大钟。市冶金机械阀厂总厂厂长余成奎（抚宁县人）赞助铸造，钟

景区步游道 王文军提供

高1.6米，重1吨有余，铭文为："天马山玄真观""风调雨顺　国泰民安"。设计吴环露，安装指挥李胜才、朱兴旺。

　　水电通信工程。工程供水由白家堡子水源地多级提水。山门供电由李家堡子村引低压线1000延长米，玄真观供电由白家堡子村引低压线1200延长米。山上安装了有线电话，配置了对讲机。

安装玄真观大钟　李胜才提供

　　开发建设过程中，高度重视生态保护，修步游道绕着树木走，多处出现树在路中的景象。在交通不便、运输非常困难的情况下，仍坚持施工用石材严禁就地取材，多数采自距施工处较远的红石花采石场。成立护林防火、安全生产组织，制定制度，加强宣传教育、监督落实，未出现安全事故。

　　1993年6月20日，工程完工，举办天马山旅游景区开业典礼暨玄真观首届庙会，同时举办商贸洽谈、戏曲文艺汇演等活动，县领导菅瑞亭、骆志强、田永生、侯金来出席典礼并剪彩，约3万人参加。从1994年起，天马山庙会恢复在传统的农历三月初三举行。

天马山旅游区开业典礼　王文军提供

经营完善阶段

　　1993年6月，景区开放营业。田各庄乡成立天马山旅游景区管理处，由乡长李胜才兼任管理处主任，由李家堡子村党支部书记李景录担任副主任，主持日常工作。1994年，李景录辞去李家堡子村党支部书记职务，专职负责天马山旅游景区工作。

　　玄真观复建后，道长孙明瑞住观传道2年，收王勇、李占义、王步春、李才、汪永彬为徒。李才原为田各庄乡文化站工作人员，参与天马山旅游开发工作。景区开放后调到景区管理处工作，皈依道门，法号天玄道人，住玄真观，收集整理有关天马山的故事传说，2001年2月辑印《天马山传奇》，2003年初去世。

李才辑印的《天马山传奇》

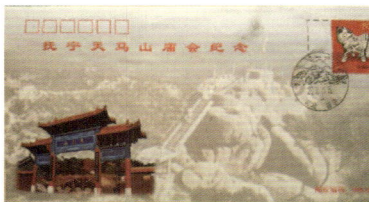

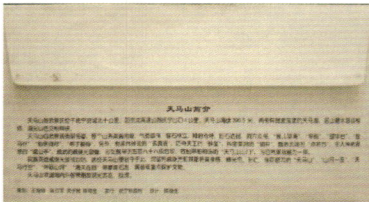

　　孙明瑞（1925—2010），河北省威县第什营乡芦头村人，世称墨道人，道教龙门派全真道士、画家，尤善画梅。曾任河北省道教协会副会长、名誉会长、中国道教协会理事。2010年2月6日去世。

　　2001年8月5日，"天马山"风景日戳启用，日戳直径32毫米，设计者常玉贤。日戳配合《秦皇岛古代历史与传说》邮资明信片发行启用，在秦皇岛经济技术开发区集邮公司使用。

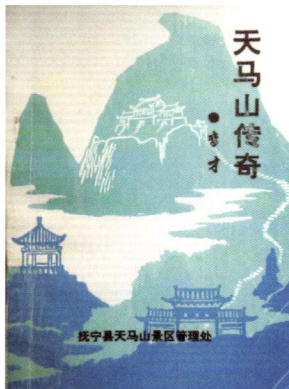

天马山风景日戳和邮资明信片　　王文军提供

2001年，拆除二仙阁并在原址上扩建。

2002年7月23日，市委、市军分区、市委党史研究室、市民政局，抚宁、青龙两县县委、县政府在天马山举行马骥同志骨灰安葬仪式，修建马骥墓，敬立墓碑。抗日战争时期，马骥曾任八路军冀东第七地区队队长、十二团副团长，在艰苦的战斗岁月里，与冀东的山水和人民建立深厚感情。逝世后遵其遗嘱将骨灰葬在天马山。2015年4月5日，马骥墓迁新址，举行铜像揭幕仪式。

迁址前的马骥墓 2008年9月24日 周雪峰摄

2015年4月5日马骥铜像揭幕仪式上，马骥长子马晓阳致辞 李利锋摄

2003年春，田各庄管理区将天马山旅游景区承包给李景录和李家堡子村党支部书记潘立新，承包期5年。

2004年，天马山景区被评为国家2A级旅游景区。

天马酒业开发阶段

2008年4月，田各庄管理区与秦皇岛天马酒业有限公司签订承包经营合同，天马山景区由天马酒业承包经营，景区面积947亩，经营期限到2050年12月。到2018年4月，天马酒业先后投资1亿余元，对景区道路、停车场、水、电等基础设施进行进一步完善，调整景区景点布局，修缮扩建玄真观，新建龙王庙景区，整个风景区基础设施、景点景观、文化内涵、接待能力得到很大提升。

天马山峰峦起伏，巨石叠起，植被茂盛，风景优美，但表层岩石粗朽，山中无水，成为一大缺憾。天马山无常年地表水，出于防火、增加山之灵气、打造景观考虑，规划以"龙"文化为主题建设龙王庙景区。2011年3月，对通往玄真观景区路主峰与前岭之间山谷处向西填扩，垒起护墙，扩修为小广场。6月，广场西侧水库工程开工，10月底基本完工。9月，在小广场北侧、通往玄真观上山路旁钻井，井至128米，泉水喷涌而出，在场人员欢腾雀跃。9月26日完工，井深195米，水量很大，取名龙泉，井前广场取名龙泉广场，西侧水库取名龙潭。2011年9月至2012年5月，建设龙王庙。2012年4月，安装龙潭周边石护栏。5月31日，鲤鱼跃龙门雕塑吊装完成。5—9月，在龙潭东部建姜太公钓鱼石雕。8月，建九龙壁。8—10月，建设广场西侧福缘善庆功德墙、龙潭西侧大墙和龙门。2013年7月至2014年3月，建设龙王庙东西两侧的财神殿、佑护神殿。2013年9—11月，建设八仙过海、老子传经浮雕，在龙泉井上建龙亭，亭侧立"龙泉"碑。2013年9月28日，慈航普渡神像吊装完成。2014年5月元辰殿、三清殿开工建设，2015年5月16日完工，2017年2月元辰殿、三清殿供神像。2014年6—10月，建设龙潭西平台下大墙。2014年9月，在栖霞牌楼至龙泉广场路侧立十二生肖石像。2016年3月20日，元辰殿走廊八十七神仙卷开画，4月12日完工。2016年4—7月，建设广场东侧"福"字壁。

龙王庙。2011年9月8日，龙王庙建设开工。建筑风格采用三间歇山顶式，明清风格，青砖青瓦，红柱檐廊，殿内供奉东海龙王，龙女、三太子站立两旁，鱼尚书、龟丞相、巡海夜叉、蟹将军分站两厢。2012年3月3日，塑神像开工，5月底完工。2014年10月16日，为龙王庙龙王神像贴金。2013年7月14日，龙王庙东侧财神殿、西侧佑护神殿开工建设。财神殿供奉武财神赵公明、关公和文财神比干、范蠡。佑护神殿供奉土地爷、土地奶和车神、山神。2014年3月完工。龙王庙总体设计为杨大海，土木工程施工为胡宝顺、邱宝忠，塑像及贴金箔为刘宝华，彩绘为刘宝华，牌匾制作为曹立中，工程总监刘景海、罗兴森。

鲤鱼跃龙门。鲤鱼雕塑采用晚霞红石材雕刻而成，红色金鲤，底座莲花，卷尾

吊装鲤鱼跃龙门雕塑　王文军提供

腾跃，寓意着"鱼跃龙门，过而成龙，唯鲤或然"。雕塑坐落于龙潭西部一露出水面的巨石之上，总高度5米，鲤鱼高3.8米，莲花底座高1.2米。2012年5月31日吊装完成，8月30日安装试水成功。9月，龙门工程开工，10月底完成。龙门取中国传统五门牌楼样式，三顶黄瓦，白墙素面。主顶门额镶有碣阳所书红色行楷大字"龙门"。左右复顶面潭面门额左门镶向应所书红色行书"雅逸生辉"，右门镶渔夫所书红色行书"心旷神怡"；背潭面门额左门镶无风所书"超群物外"，右门镶大海所书"山水佳园"。鲤鱼跃龙门设计为杨大海，雕刻为范立成，土木施工和工程总监刘景海、罗兴森。2018年4月，龙门背潭面改造，顶下建灰框、红色、黄丁拱形饰门，"超群物外""山水佳园"题额让位饰门。

龙门背潭面　2017年11月7日摄

姜太公钓鱼石雕。2012年5月底开始施工，9月5日吊装完成。石雕建于龙潭东部露出水面的巨石之上，雕像高1.8米，草白玉材质。太公头戴斗笠，身披蓑衣，稳坐孤石之上，手持竹竿，气定神闲。"宁愿在直中取，而不向曲中求。"太公被周文王礼

姜太公钓鱼　2017年11月16日摄

请出山，辅佐文王、武王兴邦立业。雕塑寓意天马仙山，屈隐自然，无人闻之，寂静千年，缘遇天马酒业得此灵山，愿广招贤能，开拓进取，规划装点，实现立业的愿望，使之成为名副其实的仙山、名山。石雕由杨大海设计，范立成雕刻，工程总监刘景海、罗兴森。2018年4月，石雕移至山门广场北侧通往南天门广场石阶路中间隔离带下部假山石处。

九龙壁。2012年8月建，在龙王庙前高坎砌筑石墙，石墙面镶嵌浮雕。中间汉白玉主壁浮雕9条龙，两侧花岗岩辅壁各阴刻名家书法15个"龙"字。主壁长16.2米，高3.3米，浮雕长10米，高2.5米，九条形态各异的巨龙翻腾于汹涌的云海之中，寓意着佑护抚宁风调雨顺、国泰民安。壁两侧为碣阳题写的贴金对联"祥龙纳福""灵光万丈"。左辅壁长4.6米，高3.3米，以汉石门颂中的"龙"字为中心，王羲之等14位古代书法家的书法作品"龙"字环绕四周。右辅壁长4.6米，高2.6米，以毛泽东的书法作品"龙"为中心，周围环绕康有为等14位近现代书法家书法作品"龙"字。九龙壁由杨大海设计，范立成雕刻，工程总监为罗兴森、刘景海。

老子布道、八仙过海浮雕。老子松下传经、西行传道和八仙过海是道教著名故事。三组浮雕旨在增加天马山道教文化内涵，采用草白玉材料雕刻。建成于2013年11月30日。浮雕设计为杨大海。

镶装八仙过海、老子布道浮雕　王文军提供

福缘善庆功德墙。坐落于龙泉广场西侧，建于2012年8—10月，长16米，高3米，顶部仿古庑殿顶造型，黄色琉璃瓦。墙东正面为汉白玉石板镶砌，右部刻"福缘善庆"碑文，中部刻有捐赠者名录。底1米高，草白玉材质的上下仰莲束腰须弥座。西面镶"福缘善庆"的红色大字。设计为杨大海，雕刻为范立成，工程总监刘景海、罗兴森。

慈航普渡雕塑。又称滴水观音。建成于2013年9月28日，像高6.18米，采用整块汉白玉材料雕刻而成，慈航脚踏晚霞红莲花宝座，宝座上刻有碣阳书写的"慈航普渡"贴金大字。宝座下建有人工瀑布，底座上刻任法融道长书写的贴金大字"上善若水"。雕塑设计为杨大海，雕刻为范立成，工程总监罗兴森、刘景海。2018年3月3日，在慈航两侧立童子。

老子像。2012年11月18日，老子像吊装完成。雕像采用优质汉白玉材质，高6米，重约150吨，线条简练，形象生动，颔身拱手，双目微阖，充分反映了道法自然、无为而治的哲学思想，给游客以充分的想象空间。设计为杨大海，雕刻为范立成，工程总监刘景海、罗兴森。

吊装老子像　2012年9月19日　王文军提供

杨大海，笔名大海，号浩瀚斋主。1968年生于抚宁县三里杨庄村，1997年毕业于天津工艺美术学院绘画系，师从霍春阳、赵树松、阮克敏，同时跟随王志平、景玉民教授进修雕塑。省美术家协会会员，区美术家协会副主席，区书法家协会副主席，区博物馆馆长。主要雕塑作品有老子像、滴水观音、骊骅腾飞、绽放、龙马图腾柱等。

玄真观扩建提升。玄真观自1993年重建后，仅有正殿三间，东西耳殿各一间，二仙阁一间，且运行十几年，规模小，设施较差。自2011年起，进行扩建、改造、修缮、提升。2011年9月8日，玄真观正殿西侧娘娘殿、东侧三星殿建设开工。9月22日，重塑二仙阁吕祖、慈航道人神像，并改造石神台，10月28日完工。9月25日，玄真观西南角的麻姑殿、东南角的魁星阁开工建设。玄真观新殿古建设计为小王，古建施工为胡宝顺，工程总监罗兴森、刘景海。2012年，对太和宫、财神殿、药王殿神台进行改造，安装草白玉材质神台。安装娘娘殿、三星殿、麻姑殿、魁星阁草白玉材质神台，新塑娘娘殿神像3尊、三星殿3尊、麻姑殿1尊、魁星阁1尊，为各殿神像配备神龛、安装院落草白玉材质护栏。2014年9月15日，为太和宫真武大帝神像贴金，9月22

日完工。10月20日，玄真观各殿顶喷金漆。12月1日，重绘太和宫壁画，12月20日完工。2018年4月，安装太和宫前廊石质护栏。

"天马山"牌楼广场。2010年，平整"天马山"牌楼广场场地。2013年和2014年，分别修建广场北坡东侧、西侧砖砌水泥台阶。2015年4月3日，"天马山"石牌楼吊装完成。2017年，广场地面铺设火烧石板，进行绿化。

南天门。2010年，南天门广场向西、东填土扩建，铺火烧石板，修南天门石台阶。2013年12月，吊装南天门台阶两侧赑屃、石碑。2014年，广场铺设连锁砖。2015年4月，南天门维修粉刷，匾额改为邹家华题的"天马圣景"。2017年3月，雕刻天马山记、玄真古观重辉记碑文，立牌。

其他景观。2012年10月底，三清亭（石亭）、抱冲亭（木亭）建设完成。

祈福亭　2018年4月17日摄

2013年3月底，归德亭（长方木凉亭）建设完成。2013年9月底，黄大仙洞府、胡仙洞府修建完工。2014年6月，天马洞铺砌板岩砖地面。2014年7月底，栖霞石牌坊吊装完成。2014年9月，上山公路北侧祈福亭（六角攒尖顶木亭6米×6米）、上山公路南侧求仙亭（八角攒尖顶木亭8米×8米）建设完成。2015年1月，完成马超龙雀安装。2015年10月底，天马洞洞门完工。2016年4月，山上石刻完工。2017年8月，山下路口吊装风景石。

基础设施。2011年，修建玄真观南侧下山路，曹家堡子村水库扩库修坝。2012年，修建响水沟截水坝和输水管道，硬化山门里水泥路面和龙泉广场。2013年，修建二顶蓄水池兼作瀑布，2014年5月10日试水成功。2014年，修建261省道到天马山改线道路，玄真观南侧下山路做塑石护栏，修建玄真观南侧西下山路，修建通极顶木栈道，修建玄真观西侧上山路门楼，修建天马山西侧防火道路。防火道路2015年4月完工，2018年4月硬化为水泥路面。2015年，修建山北上山台阶路、山门停车场西侧下山路。下山路于2016年3月底完成路面水泥硬化。

法事活动。2012年11月2日，天马山举办首届旅游文化节，并举行仪式，为玄真观太和宫、三星殿、娘娘殿、麻姑殿、魁星阁、二仙阁神像开光。开光法会由清河玉皇宫道众主持，开光法会之后举行收徒仪式。2014年9月26日，玄真观太和宫真武大帝神像贴金完成，举行开光仪式。10月22日，玄真观二仙阁吕祖、慈航道人神像贴金完成，举行开光仪式。11月22日，为贴金后的龙王神像、迁移新址后的月老神像举行开光仪式。

庙会。1993年6月20日，举办天马山首届庙会。从1994年起，庙会恢复在传统的农历三月初三举行。2009年1月，天马山庙会列入秦皇岛市第一批非物质文化遗产名录。2018年4月18日（农历三月初三），举办天马山第十一届庙会，接待香客、游客5.6万人。

发展规划。2012年

天马山首届旅游文化节　2012年11月2日　王文军提供

2012年11月2日，道长韩崇安为娘娘殿神像开光
王文军提供

2012年11月2日开光仪式后，韩崇安道长与新进玄门弟子合影　王文军提供

6月，《秦皇岛天马原生态历史文化旅游产业葡萄酒聚集区总体规划（2012—2030）》由北京天一博观城市规划设计院、北京天一和恒景观规划设计院制定完成。规划范围北起天马湖北岸，南至省道261以南1000米，东起聂口村，西至省道261以西200米，包含整个天马湖、天马山，规划面积3494.47公顷。规划建设葡萄酒文化体验区、生态观光农业园区、天马湖滨水养老休闲区、天马山原生态历史文化养生区、天马山山地运动区等五大功能区，建成以养生为主题，以休闲为形态，集观光旅游、休闲度假、生态农业示范、运动养生为一体的生态旅游葡萄酒文化产业聚集区，将天马山景区打造成国家生态旅游示范区、国家4A级旅游区、省级旅游度假区。

·丰富物产·

天马
山志

·
综
述
·

　　天马山所在地区地形地貌多样，有山地、丘陵、平川、河流、水面、湿地。气候属暖温带半湿润大陆性季风型，主要特征为冬冷夏热、四季分明、雨热同季、降水丰沛。所处区域平均气温11.0℃，年极端最高气温40.2℃（2004.6.11），年极端最低气温-25.5℃（1987.1.12），最热月平均气温24.9℃，最冷月平均气温-5.9℃；平均降水量624.5毫米，降水主要集中在夏季（6—8月），约占全年降水量的70%；年日照时数2591.2小时，无霜期187天，年平均风速2.3米/秒。

　　多样的地形地貌、适宜的气候环境，形成丰富的野生动植物资源、品种众多的农产品。丰富的食材又为形成具有地方特色的食品菜肴奠定了基础。

天马山西侧地貌　2008年9月23日　周雪峰摄

·野生资源·

天马山上峭壁高耸，石隙丛杂，林木浓密，芳草茂盛。山下低丘梯田层层、果园繁茂，平川农田、林带纵横交错，城镇、村庄星罗棋布。天马湖湖面清澈宽阔，鱼游虾戏，湿地水草丰茂，百鸟云集。山上山下地貌各异，形成不同的小环境、小生物圈，野生动植物资源十分丰富。

野生植物　天马山属浅山山地，主要是针叶、阔叶混交林区，乔木树种以松树为主，林木覆盖呈块状分布。自然植被有油松、辽东栎、槲栎、白腊、楸树等。灌草丛由荆条、狗椒、酸枣和黄白草、大叶草、羊胡子草等组成。

林木树种。主要有：松科的油松、白皮松，柏科的桧柏、侧柏，榆科的白榆、春榆、黑榆、小叶榆、刺榆，苦木科的臭椿，胡桃科的枫杨，壳斗科的麻栎、栓皮栎、蒙古栎、辽东栎、槲树，豆科的皂角、槐树、洋槐，桑科的桑树，无患子科的栾树，杨柳科的山杨、青杨、毛白杨、旱柳、垂柳、小叶杨，木樨科的花曲柳、小叶白腊，漆树科的盐肤木，桦木科的疣皮桦、黑桦、坚桦，五加科的辽东楤木、刺楸。

天马山植被　2018年5月6日摄

灌木。主要有：蔷薇科的麻叶绣线菊、三裂绣线菊、欧李，豆科的多花胡枝子、美丽胡枝子、紫穗槐、杭子梢、红花锦鸡儿，椴树科的扁担木，菊科的蚂蚱腿子、茵陈蒿，马鞭草科的白掌子树、荆条，卫茅科的南蛇藤、卫茅等。

药用植物。主要有酸枣、葛根、丹参、苦参、防风、远志、苍术、连翘、车前子、紫花地丁、卷柏、穿山龙、泽泻、圆叶牵牛、菟丝子、打碗花、点地梅、射干、小檗、爬山虎、蛇葡萄、半夏、白头翁、地稍瓜、龙葵、益母草、铁苋菜、百合、板兰、黄精、欧李、凤毛菊、蒲公英、施夏花、牛蒡、艾等。

果树植物。水果主要有苹果、山丁子、杜梨、梨、野梨、山楂、桃、山桃、杏、山杏、樱桃、李、葡萄、山葡萄等。干果主要有板栗、核桃、核桃楸、榛子、枣、柿、花椒等。

1993年点将台附近植被（周有银、李胜才提供）

2018年4月点将台附近植被　2018年4月17日摄

牧草植物。饲用价值较大的有赖草、白羊草、极碱草、画眉草、隐子草、蓟草、虎尾草、紫花苜蓿、胡枝子、山豆花、葛藤、苦菜、小蓟、鬼针、羊角菜、苍耳、火碱菜等。

野生动物　天马山地区地形复杂，有山有水，植被较好，使得野生动物的种类和数量非常丰富。按动物区系分，属季风耐湿动物群。按生态地理动物群原则划分，属温带森林—森林草原农田动物群。主要种类有兽类、鸟类、爬行类、两栖类、鱼类。

兽类小型种类主要有刺猬、伏翼（蝙蝠）、黄鼬、黄鼠、黑线仓鼠、黑线姬鼠、褐家鼠、小家鼠、岩松鼠、花鼠、兔、貂等。中大型种类有貉、獾等。

爬行类主要有华北壁虎、蜥、龟、红脖蛇、红点锦蛇等。

两栖类主要有花背蟾蜍、青蛙、金线蛙等。

水生动物主要有鱼类和其他水生经济动物。鱼类主要有30多种（含人工养殖品种），其中主要经济鱼类有青鱼、草鱼、鲢鱼、鳙鱼（胖头鱼）、鲤鱼、鲫鱼、鲂鱼（团头鲂、武昌鱼）、鲇鱼、红鳍鲌、乌鳢（黑鱼）、嘎鱼、黄鳝、马口、尼罗非鱼、短盖巨脂鲤（淡水白鲳）、池沼公鱼、大银鱼、白鲫、彭泽鲫、银鲫、麦穗鱼、鳑鲏、梭鱼、泥鳅、花鳅等。尤以鲤科鱼类占绝对优势。其他水生经济动物主要有青虾、黄蚬、鳖、河蚌、田螺、河蟹等。

天马湖鱼 《回眸洋河》

鸟类名录

天马湖湿地是候鸟迁徙的重要栖息地，是秦皇岛市主要观鸟地之一。每年吸引众多观鸟、摄影爱好者集聚。天马湖及周边地区有鸟类345种，其中留鸟54种，旅鸟117种，候鸟158种，近危级以上品种27种。

天马湖及周边鸟类名录（2016）

编号	中文名	学　名	记　录	居留类型	IUCN红色名录等级
1	鹌鹑	Coturnix japonica	偶见	夏候	NT
2	雉鸡	Phasianus colchicus	常见	留鸟	LC
3	鸿雁	Anser cygnoides	偶见	旅鸟	VU
4	豆雁	Anser fabalis	偶见	旅鸟+冬候	LC
5	短嘴豆雁	Anser serrirostris	偶见	旅鸟	——
6	灰雁	Anser anser	偶见	旅鸟	LC
7	白额雁	Anser albifrons	偶见	旅鸟	LC
8	小白额雁	Anser erythropus	稀有	旅鸟	VU
9	疣鼻天鹅	Cygnus olor	稀有	旅鸟	LC
10	小天鹅	Cygnus columbianus	偶见	旅鸟	LC
11	大天鹅	Cygnus cygnus	偶见	旅鸟	LC
12	翘鼻麻鸭	Tadorna tadorna	季节常见	冬候	LC
13	赤麻鸭	Tadorna ferruginea	季节常见	冬候	LC
14	鸳鸯	Aix galericulata	偶见	旅鸟+夏候	LC
15	赤膀鸭	Anas strepera	偶见	冬候+旅鸟	LC
16	罗纹鸭	Anas falcate	偶见	旅鸟+冬候	NT

卷六

丰富物产

天马山志

编号	中文名	学　名	记　录	居留类型	IUCN 红色名录 等级
17	赤颈鸭	Anas penelope	偶见	旅鸟	LC
18	绿头鸭	Anas platgrhynchos	常见	留鸟	LC
19	斑嘴鸭	Anas zonorhyncha	常见	旅鸟	LC
20	琵嘴鸭	Anas clypeata	偶见	旅鸟	LC
21	针尾鸭	Anas acuta	偶见	旅鸟	LC
22	白眉鸭	Anas querquedula	偶见	旅鸟	LC
23	花脸鸭	Anas formosa	稀有	旅鸟	LC
24	绿翅鸭	Anas crecca	季节常见	冬候	LC
25	赤嘴潜鸭	Netta rufina	本期无	迷鸟	LC
26	红头潜鸭	Aythya ferina	偶见	旅鸟	LC
27	白眼潜鸭	Aythya nyroca	稀有	旅鸟	NT
28	凤头潜鸭	Aythya fuligula	偶见	旅鸟	LC
29	鹊鸭	Bucephala clangula	季节常见	冬候	LC
30	白秋沙鸭	Mergellus albellus	偶见	旅鸟+冬候	LC
31	普通秋沙鸭	Mergus merganser	季节常见	旅鸟+冬候	LC
32	小鸊鹈	Tachybaptus ruficollis	常见	留鸟	LC
33	凤头鸊鹈	Podiceps cristatus	季节常见	旅鸟	LC
34	黑颈鸊鹈	Podiceps nigricollis	稀有	旅鸟	LC
35	黑鹳	Ciconia nigra	稀有	留鸟	LC
36	东方白鹳	Ciconia boyciana	偶见	旅鸟+冬候	EN
37	白琵鹭	Platalea leucorodia	偶见	旅鸟	LC
38	大麻鳽	Botaurus stellaris	偶见	夏候	LC
39	黄苇鳽	Ixobrychus sinensis	季节常见	夏候	LC
40	紫背苇鳽	Ixobrychus eurhythmus	稀有	夏候	LC
41	栗苇鳽	Ixobrychus cinnamomeus	稀有	夏候	LC
42	夜鹭	Nycticorax nycticorax	常见	夏候	LC
43	绿鹭	Butorides striata	偶见	夏候	LC
44	池鹭	Ardeola bacchus	常见	夏候	LC
45	牛背鹭	Bubulcus coromandus	季节常见	夏候	---
46	苍鹭	Ardea cinerea	常见	夏候+留鸟	LC
47	草鹭	Ardea purpurea	季节常见	夏候	LC
48	大白鹭	Ardea alba	常见	夏候	LC

编号	中文名	学　名	记　录	居留类型	IUCN红色名录等级
49	中白鹭	Egretta intermedia	季节常见	夏候	LC
50	白鹭	Egretta garzetta	常见	夏候	LC
51	普通鸬鹚	Phalacrocorax carbo	常见	旅鸟	LC
52	鹗	Pandion haliaetus	稀有	旅鸟	LC
53	黑翅鸢	Elanus caeruleus	稀有	迷鸟	LC
54	凤头蜂鹰	Pernis ptilorhynchus	稀有	旅鸟	LC
55	秃鹫	Aegypius monachus	稀有	迷鸟	NT
56	短趾雕	Circaetus gallicus	本期无	旅鸟	LC
57	乌雕	Clanga clanga	稀有	旅鸟	VU
58	靴隼雕	Hieraaetus pennatus	本期无	旅鸟	LC
59	草原雕	Aquila nipalensis	本期无	旅鸟	VU
60	白肩雕	Aquila heliaca	稀有	旅鸟	LC
61	金雕	Aquila chrysaetos	稀有	旅鸟	LC
62	日本松雀鹰	Accipiter gularis	偶见	夏候	LC
63	雀鹰	Accipiter nisus	偶见	夏候+留鸟	LC
64	苍鹰	Accipiter gentilis	偶见	旅鸟	LC
65	白头鹞	Circus aeruginosus	季节偶见	旅鸟	LC
66	白腹鹞	Circus spilonotus	季节偶见	旅鸟	LC
67	白尾鹞	Circus cyaneus	季节常见	留鸟+旅鸟	LC
68	鹊鹞	Circus melanoleucos	季节偶见	旅鸟	LC
69	黑鸢	Milvus migrans	偶见	旅鸟	LC
70	白尾海雕	Haliaeetus albicilla	稀有	冬候	LC
71	灰脸鵟鹰	Butastur indicus	稀有	旅鸟	LC
72	毛脚鵟	Buteo lagopus	季节偶见	冬候	LC
73	大鵟	Buteo hemilasius	季节常见	冬候	LC
74	普通鵟	Buteo japonicus	偶见	冬候	
75	黄爪隼	Falco naumanni	稀有	旅鸟	LC
76	红隼	Falco tinnunculus	常见	留鸟	LC
77	红脚隼	Falco amurensis	季节常见	旅鸟	LC
78	灰背隼	Falco columbarius	季节偶见	旅鸟	LC
79	燕隼	Falco subbuteo	季节常见	夏候+旅鸟	LC
80	猎隼	Falco cherrug	偶见	旅鸟	EN

编号	中文名	学　名	记　录	居留类型	IUCN 红色名录 等级
81	游隼	Falco peregrinus	季节偶见	旅鸟	LC
82	大鸨	Otis tarda	季节偶见	冬候	VU
83	花田鸡	Cotumicops exquisitus	稀有	旅鸟+夏候	VU
84	普通秧鸡	Rallus indicus	季节偶见	夏候	
85	白胸苦恶鸟	Amauromis phoenicunus	季节偶见	夏候	LC
86	小田鸡	Porzana pusilla	季节偶见	夏候	LC
87	红胸田鸡	Porzana fusca	季节偶见	夏候	LC
88	斑胁田鸡	Porzana paykullii	稀有	夏候	NT
89	董鸡	Gallicrex cinerea	季节偶见	夏候	LC
90	黑水鸡	Gallinula chloropus	常见	夏候	LC
91	骨顶鸡	Fulica atra	季节常见	夏候	LC
92	白鹤	Grus leucoqeranus	稀有	旅鸟	CR
93	白枕鹤	Grus vipio	稀有	旅鸟	VU
94	丹顶鹤	Grus japonensis	稀有	旅鸟	EN
95	灰鹤	Grus grus	季节常见	冬候	LC
96	白头鹤	Grus monacha	稀有	旅鸟	VU
97	黄脚三趾鹑	Tumix tanki	偶见	夏候	LC
98	蛎鹬	Haematopus ostralequs	季节常见	旅鸟	LC
99	黑翅长脚鹬	Himantopus himantopus	常见	夏候	LC
100	反嘴鹬	Recurvirostra avosetta	常见	旅鸟	LC
101	凤头麦鸡	Vanellus vanellus	季节常见	旅鸟	LC
102	灰头麦鸡	Vanellus cinereus	季节常见	旅鸟	LC
103	金斑鸻	Pluvialis fulva	常见	旅鸟	LC
104	灰斑鸻	Pluvialis squatarola	常见	旅鸟	LC
105	剑鸻	Charadrius hiaticula	稀有	旅鸟	LC
106	长嘴剑鸻	Charadrius placidus	偶见	夏候	LC
107	金眶鸻	Charadrius dubius	常见	夏候	LC
108	环颈鸻	Charadrius alexandrinus	常见	夏候	LC
109	蒙古沙鸻	Charadrius mongolus	季节常见	旅鸟	LC
110	铁嘴沙鸻	Charadrius leschenaultii	季节常见	旅鸟	LC
111	彩鹬	Rostratula benghalensis	季节常见	夏候	LC
112	丘鹬	Scolopax rusticola	稀有	旅鸟	LC

卷六

·鸟类名录·

编号	中文名	学　名	记　录	居留类型	IUCN红色名录等级
113	针尾沙锥	Gallinago stenura	季节常见	旅鸟	LC
114	大沙锥	Gallinago megala	季节偶见	旅鸟	LC
115	扇尾沙锥	Gallinago gallinago	季节常见	旅鸟	LC
116	半蹼鹬	Limnodromus Semipalmatus	偶见	旅鸟	NT
117	黑尾塍鹬	Limosa limosa	季节常见	旅鸟	NT
118	斑尾塍鹬	Limosa lapponica	季节常见	旅鸟	LC
119	小杓鹬	Numenius minutus	偶见	旅鸟	LC
120	中杓鹬	Numenius phaeopus	季节常见	旅鸟	LC
121	白腰杓鹬	Numenius arquata	常见	旅鸟+留	NT
122	大杓鹬	Numenius madagascariensis	常见	旅鸟+留	VU
123	鹤鹬	Tringa erythropus	季节常见	旅鸟	LC
124	红脚鹬	Tringa totanus	常见	旅鸟	LC
125	泽鹬	Tringa stagnatilis	常见	旅鸟	LC
126	青脚鹬	Tringa nebularia	常见	旅鸟	LC
127	白腰草鹬	Tringa ochropus	常见	留鸟+夏候	LC
128	林鹬	Tringa glareola	常见	旅鸟	LC
129	灰尾漂鹬	Tringa brevipes	季节偶见	旅鸟	LC
130	翘嘴鹬	Xenus cinereus	季节偶见	旅鸟	LC
131	矶鹬	Actitis hypoleucos	常见	旅鸟+留鸟	LC
132	翻石鹬	Arenaria interpres	全省沿海	旅鸟	LC
133	红腹滨鹬	Calidris canutus	季节偶见	旅鸟	LC
134	红颈滨鹬	Calidris ruficollis	常见	旅鸟	LC
135	小滨鹬	Calidris minuta	季节偶见	旅鸟	LC
136	青脚滨鹬	Calidris temminckii	季节常见	旅鸟	LC
137	长趾滨鹬	Calidris subminuta	季节常见	旅鸟	LC
138	尖尾滨鹬	Calidris acuminata	季节常见	旅鸟	LC
139	弯嘴滨鹬	Calidris ferruqinea	季节偶见	旅鸟	LC
140	黑腹滨鹬	Calidris alpina	常见	旅鸟	LC
141	阔嘴鹬	Limicola falcinellus	季节常见	旅鸟	LC
142	流苏鹬	Philomachus pugnax	季节偶见	旅鸟	LC

编号	中文名	学　名	记　录	居留类型	IUCN 红色名录 等级
143	普通燕鸻	Glareola maldivarum	季节常见	旅鸟	LC
144	三趾鸥	Rissa tridactyla	稀有	冬候+旅鸟	LC
145	棕头鸥	Chroicocephalus brunnicephalus	本期无	迷鸟	LC
146	红嘴鸥	Chroicocephalus ridibundus	常见	夏候+留鸟	LC
147	黑嘴鸥	Chroicocephalus saundersi	季节偶见	旅鸟	VU
148	渔鸥	Lchthyaetus ichthvaetus	季节偶见	旅鸟	LC
149	黑尾鸥	Larus crassirostris	常见	冬候	LC
150	海鸥	Larus canus	季节常见	冬候	LC
151	西伯利亚银鸥	Larus vegae	季节偶见	冬候	LC
152	蒙古银鸥	Larus mongolicus	季节偶见	冬候	LC
153	黄脚银鸥	Larus cachinnans	季节常见	冬候	LC
154	欧嘴噪鸥	Gelochelidon nilotica	季节偶见	旅鸟	LC
155	红嘴巨鸥	Hydroprogne caspia	季节偶见	旅鸟	LC
156	白额燕鸥	Stemula albifrons	季节常见	夏候+旅鸟	LC
157	普通燕鸥	Sterna hirundo	季节常见	旅鸟	LC
158	须浮鸥	Chlidonias hybrida	季节偶见	旅鸟	LC
159	白翅浮鸥	Chlidonias leucopterus	季节偶见	旅鸟	LC
160	毛腿沙鸡	Syrrhaptes paradoxus	稀有	冬候	LC
161	原鸽	Columba livia	本期无	留鸟	LC
162	岩鸽	Columba rupestris	稀有	留鸟	LC
163	山斑鸠	Streptopelia orientalls	偶见	留鸟	LC
164	灰斑鸠	Streptopelia decaoclo	常见	留鸟	LC
165	火斑鸠	Streptopelia tranquebanca	稀有	夏候	LC
166	珠颈斑鸠	Spilopelia chinensis	常见	留鸟	LC
167	小鸦鹃	Centropus bengalensis	稀有	夏候	LC
168	北鹰鹃	Hierococcvx hyperythrus	稀有	夏候	LC
169	霍氏鹰鹃	Hierococcvx nisicolor	稀有	夏候	LC
170	小杜鹃	Cuculus poliocephalus	稀有	迷鸟	LC
171	四声杜鹃	Cuculus microoterus	稀有	夏候	LC

编号	中文名	学　名	记　录	居留类型	IUCN 红色名录 等级
172	中杜鹃	Cuculus saturatus	稀有	夏候	LC
173	北方中杜鹃	Cuculus optatus	稀有	夏候	LC
174	大杜鹃	Cuculus canorus	常见	夏候	LC
175	红角鸮	Otus sunia	季节偶见	夏候	LC
176	雕鸮	Bubo bubo	稀有	留鸟	LC
177	纵纹腹小鸮	Athene noctua	偶见	留鸟	LC
178	北鹰鸮	Ninox japonica	偶见	夏候	LC
179	长耳鸮	Asio otus	偶见	旅鸟	LC
180	短耳鸮	Asio flammeus	偶见	旅鸟	LC
181	普通夜鹰	Caprimulgus jotake	偶见	旅鸟	
182	普通楼燕	Apus apus	偶见	旅鸟	LC
183	白腰雨燕	Apus pacificus	稀有	旅鸟	LC
184	三宝鸟	Eurystomus orientalis	偶见	夏候	LC
185	蓝翡翠	Halcyon pileata	季节常见	夏候	LC
186	普通翠鸟	Alcedo atthis	常见	夏候	LC
187	冠鱼狗	Megaceryle lugubris	稀有	夏候	LC
188	戴胜	Upupa epops	常见	留鸟	LC
189	蚁䴕	Jynx torquilla	季节偶见	夏候	LC
190	棕腹啄木鸟	Dendrocopoc hyerythrus	季节偶见	夏候	LC
191	星头啄木鸟	Dendrocopos canicapillus	偶见	留鸟	LC
192	大斑啄木鸟	Dendrocopos maior	常见	留鸟	LC
193	灰头绿 啄木鸟	Picus canus	常见	留鸟	LC
194	虎纹伯劳	Lanius tiginus	偶见	夏候	LC
195	牛头伯劳	Lanius bucephalus	偶见	夏候	LC
196	红尾伯劳	Lanius cristatus	常见	夏候	LC
197	灰伯劳	Lanius excubitor	稀有	冬候	LC
198	楔尾伯劳	Lanius sphenocercus	偶见	旅鸟	LC
199	黑枕黄鹂	Oriolus chinensis	季节常见	夏候	LC
200	黑卷尾	Dicrurus macrocercus	季节常见	夏候	LC
201	发冠卷尾	Dicrurus hottentotttus	季节偶见	夏候	LC
202	松鸦	Garrulus glandarius	稀有	冬候	LC

编号	中文名	学　名	记　录	居留类型	IUCN红色名录等级
203	灰喜鹊	Cyanopica cyanus	偶见	留鸟	LC
204	红嘴蓝鹊	Urocissa erythroryncha	常见	留鸟	LC
205	喜鹊	Pica pica	常见	留鸟	LC
206	星鸦	Nucifraga caryocatactes	稀有	留鸟	LC
207	红嘴山鸦	Pyrrhocorax pyrrhocorax	偶见	留鸟	LC
208	秃鼻乌鸦	Corvus frugilegus	本期无	留鸟	LC
209	小嘴乌鸦	Corvus corone	偶见	留鸟	LC
210	大嘴乌鸦	Corvus macrorhynchos	常见	留鸟	LC
211	太平鸟	Bombycilla garrulous	季节偶见	冬候	LC
212	小太平鸟	Bombycilla japonica	稀有	冬候	NT
213	煤山雀	Periparus ater	偶见	留鸟	LC
214	黄腹山雀	Pardaliparus venustulus	常见	留鸟	LC
215	沼泽山雀	Poecile palustris	偶见	留鸟	LC
216	褐头山雀	Poecile montanus	稀有	夏候	LC
217	大山雀	Parus major	稀有	迷鸟	LC
218	中华攀雀	Remiz consobrinus	季节偶见	夏候	LC
219	蒙古百灵	Melanocorypha mongolica	偶见	旅鸟	LC
220	大短趾百灵	Calandrella brachydactyla	偶见	夏候	LC
221	亚洲短趾百灵	Calandrella cheleensis	季节常见	夏候	LC
222	凤头百灵	Galerida cristata	季节常见	留鸟	LC
223	云雀	Alauda arvensis	季节常见	冬候	LC
224	角百灵	Eremophila alpestris	稀有	迷鸟	LC
225	白头鹎	Pycnonotus sinensis	常见	留鸟	LC
226	崖沙燕	Riparia riparia	稀有	夏候	LC
227	家燕	Hirundo rustica	季节常见	夏候	LC
228	岩燕	Ptyonoprogne rupestris	稀有	夏候	LC
229	金腰燕	Cecropis daurica	季节偶见	夏候	LC
230	日本树莺	Horornis diphone	季节偶见	夏候	LC
231	远东树莺	Horomis borealis	稀有	夏候	LC
232	鳞头树莺	Urosphena squameiceps	稀有	夏候	LC

编号	中文名	学　名	记　录	居留类型	IUCN红色名录等级
233	银喉长尾山雀	Aegithalos glaucogularis	季节偶见	冬候	
234	叽喳柳莺	Phylloscopus collybita	稀有	旅鸟	LC
235	褐柳莺	Phylloscopus fuscatus	季节常见	旅鸟	LC
236	棕眉柳莺	Phylloscopus armandii	季节偶见	旅鸟	LC
237	巨嘴柳莺	Phylloscopus schwarzi	偶见	夏候	LC
238	云南柳莺	Phylloscopus yunnanensis	季节偶见	夏候	LC
239	黄腰柳莺	Phylloscopus proregulus	常见	夏候	LC
240	黄眉柳莺	Phylloscopus inomatus	常见	旅鸟	LC
241	淡眉柳莺	Phylloscopus humei	季节偶见	夏候	LC
242	极北柳莺	Phylloscopus borealis	稀有	旅鸟	LC
243	双斑绿柳莺	Phylloscopus plumbeitarsus	稀有	夏候	
244	淡脚柳莺	Phylloscopus tenellipes	季节偶见	迷鸟	LC
245	冕柳莺	Phylloscopus coronatus	季节偶见	夏候	LC
246	冠纹柳莺	Phylloscopus claudiae	季节偶见	夏候	LC
247	东方大苇莺	Acrocephalus orientalis	常见	夏候	
248	黑眉苇莺	Acrocephalus bistrigiceps	季节常见	夏候	LC
249	细纹苇莺	Acrocephalus sorghophilus	本期无	夏候	EN
250	钝翅苇莺	Acrocephalus concinens	本期无	夏候	LC
251	远东苇莺	Acrocephalus tangorum	稀有	夏候	VU
252	厚嘴苇莺	Iduna aedon	季节偶见	夏候	LC
253	北短翅莺	Locustella davidi	本期无	夏候	LC
254	矛斑蝗莺	Locustella lanceolatata	稀有	夏候	LC
255	小蝗莺	Locustella certhiola	季节偶见	夏候	LC
256	苍眉蝗莺	Locustella lasciolaata	稀有	夏候	LC
257	棕扇尾莺	Cisticcola juncidis	季节偶见	夏候	LC
258	画眉	Garrulax canorus	稀有	夏候	LC
259	山噪鹛	Garrulax davidi	偶见	留鸟	LC
260	山鹛	Rhopophilus pekinensis	偶见	留鸟	LC
261	棕头鸦雀	Sinosuthora webbiana	常见	留鸟	LC
262	红胁绣眼鸟	Zosterops erythropleurus	季节常见	旅鸟	LC

编号	中文名	学　名	记　录	居留类型	IUCN红色名录等级
263	暗绿绣眼鸟	Zosterops japonicus	季节偶见	旅鸟	LC
264	戴菊	Regulus regulus	季节常见	冬候	LC
265	鹪鹩	Troglodytes troglodytes	偶见	留鸟	LC
266	普通䴓	Sitta europaea	稀有	冬候	LC
267	黑头䴓	Sitta villosa	偶见	留鸟	LC
268	八哥	Acridotheres cristatellus	偶见	冬候	LC
269	丝光椋鸟	Spodiopsar seniceus	偶见	夏候	LC
270	灰椋鸟	Spodiopsar cineraceus	常见	夏候	LC
271	紫翅椋鸟	Stumus vulgaris	偶见	夏候	LC
272	白眉地鸫	Geokichla sibinca	稀有	夏候	LC
273	怀氏虎鸫	Zoothera zurea	季节偶见	夏候	
274	灰背鸫	Turaus nortuiomm	偶见	夏候	LC
275	乌鸫	Turdus merula	偶见	夏候	LC
276	白眉鸫	Turdus obscurus	偶见	夏候	LC
277	白腹鸫	Turdus pellidus	偶见	夏候	LC
278	赤颈鸫	Turdus ruficollis	偶见	留鸟	LC
279	红尾鸫	Turdus naumanni	常见	留鸟	LC
280	斑鸫	Turdus euncmus	季节常见	留鸟	
281	宝兴歌鸫	Turdus mupinensis		夏候	LC
282	蓝喉歌鸲	Luscinia seveclca	季节常见	夏候	LC
283	红喉歌鸲	Luscinia calliope	季节常见	夏候	LC
284	蓝歌鸲	Luscinia syane	季节常见	夏候	LC
285	红尾歌鸲	Luscinia siollans	偶见	夏候	LC
286	红胁蓝尾鸲	Tarsiger syenunis	常见	夏候	LC
287	北红尾鸲	Phoenicurus auroreus	常见	夏候	LC
288	红腹红尾鸲	Phoenicurus erythrogastrus	稀有	夏候	LC
289	黑喉石鵖	Saxioola maurus	常见	夏候	
290	灰林鵖	Saxioola ferreus	本期无	迷鸟	LC
291	穗鵖	Oenanthe cenanthe	本期无	迷鸟	LC
292	蓝矶鸫	Montioola soliterius	季节常见	夏候	LC
293	白喉矶鸫	Montioola gularis	季节偶见	夏候	LC
294	灰纹鹟	Muscicapa griseisticta	季节常见	夏候	LC

编号	中文名	学　名	记　录	居留类型	IUCN 红色名录 等级
295	乌鹟	Muscicapa sibirica	季节常见	夏候	LC
296	北灰鹟	Muscicapa larostris	常见	夏候	LC
297	白眉姬鹟	Ficedula zanthopygia	季节偶见	夏候	LC
298	绿背姬鹟	Fioeduta elieae	稀有	夏候	--
299	鸲姬翁	Ficedula mugimaki	季节偶见	夏候	LC
300	红喉姬鹟	Ficedula albicilla	季节常见	夏候	LC
301	白腹蓝鹟	Cyanoptila cyanomelana	稀有	夏候	LC
302	山麻雀	Passer rutilans	本期无	留鸟	LC
303	麻雀	Passer montanus	常见	留鸟	LC
304	领岩鹨	Prunella collaris	偶见	迷鸟	LC
305	棕眉山岩鹨	Prunella montanella	季节常见	夏候	LC
306	山鹡鸰	Dendronanthus indicus	偶见	夏候	LC
307	黄鹡鸰	Motacilla tschutschensis	常见	夏候	LC
308	黄头鹡鸰	Motacilla citroala	偶见	旅鸟	LC
309	灰鹡鸰	Motacilla cinerea	常见	夏候	LC
310	白鹡鸰	Motacilla alba	常见	夏候	LC
311	理氏鹨	Anthus richardi	季节常见	夏候	LC
312	布氏鹨	Anthus godlowskil	季节偶见	夏候	LC
313	树鹨	Anthus hodgsoni	常见	留鸟	LC
314	北鹨	Anthus gustavi	本期无	夏候	LC
315	粉红胸鹨	Anthus roseatus	稀有	夏候	LC
316	红喉鹨	Anthus cervinus	季节偶见	夏候	LC
317	黄腹鹨	Anthus rubescens	季节偶见	夏候	LC
318	水鹨	Anthus spinoletta	偶见	冬候+留鸟	LC
319	燕雀	Fringilla montifringilla	常见	冬候	LC
320	锡嘴雀	Cocothrausles cocothraustes	季节常见	冬候	LC
321	黑尾蜡嘴雀	Eophona migratoria	季节常见	留鸟	LC
322	黑头蜡嘴雀	Eophona pessonata	稀有	冬候	LC
323	普通朱雀	Carpadaous elythrinus	偶见	留鸟	LC
324	长尾雀	Carpodacus sibiricus	本期无	冬候	LC

编号	中文名	学 名	记 录	居留类型	IUCN 红色名录 等级
325	北朱雀	Carpodacus roseus	本期无	冬候	LC
326	金翅雀	Chlons sinica	常见	留鸟	LC
327	白腰朱顶雀	Acanthis flammea	稀有	冬候	LC
328	极北朱顶雀	Acanthis hornemanni	本期无	迷鸟	LC
329	黄雀	Spinas spius	偶见	夏候	LC
330	黄鹀	Emberiza citnnella	稀有	旅鸟	LC
331	白头鹀	Embenza leucocephalos	季节常见	冬候	LC
332	戈氏岩鹀	Embariza godlewskii	偶见	留鸟	LC
333	三道眉草鹀	Embariza cioldes	常见	留鸟	LC
334	白眉鹀	Embariza tristrami	偶见	夏候	LC
335	栗耳鹀	Embariza fucata	季节常见	夏候	LC
336	小鹀	Embariza pusilla	常见	夏候+留鸟	LC
337	黄眉鹀	Embariza chrysophrys	常见	夏候	LC
338	田鹀	Embariza rustica	偶见	夏候	LC
339	黄喉鹀	Embariza elegans	季节常见	夏候+留鸟	LC
340	黄胸鹀	Embariza aureola	偶见	旅鸟	EN
341	栗鹀	Embariza rutila	偶见	旅鸟	LC
342	灰头鹀	Emberiza spodocephala	季节常见	夏候	LC
343	苇鹀	Emberiza pallasi	常见	留鸟	LC
344	红颈苇鹀	Emberiza yessoensis	稀有	留鸟	NT
345	芦鹀	Emberiza schoeniclus	偶见	夏候	LC

注：高宏颖依《中国观鸟年报——中国鸟类名录3.0》编制

高宏颖，高级工程师，秦皇岛市观（爱）鸟协会副会长，中国野生动植物保护协会科学考察委员会委员。主要研究方向为鸟类生态与分布、鸟类保护。编著出版《河北鸟类图鉴》。

珍稀鸟类

天马湖水域辽阔，浅滩面积较大，沼泽湿地东西长5.5千米，南北宽1.5千米。一年四季都有鸟类繁殖栖息，特别是春秋鸟类迁徙之际大量候鸟集聚，为观鸟最佳时期。天马湖及周边地区有鸟类345种，其中留鸟54种，旅鸟117种，候鸟158种，近危级以上品种27种。照片均由高宏颖提供。

鹬　鹬为水滨鸟类，为中小型涉禽，是涉禽中种类最多、数量最大的一类。嘴有长有短，形态各异。除繁殖期外，常成群或混群活动于湖泊、沼泽、沙洲和沙滩等地，具有较强的迁移飞行能力。鹬属鸻形目，天马湖及周边地区有4科35种，其中IUCN红色名录等级为NT（近危）级以上的有半蹼鹬、白腰杓鹬、大杓鹬、黑尾塍鹬等4种。

半蹼鹬　NT（近危）级

白腰杓鹬　NT（近危）级

大杓鹬　VU（易危）级

黑尾塍鹬　NT（近危）级

鹤　　鹤科属大型长脚涉禽。羽色灰白为主，颈长，头小，大多具顶红，嘴直而粗，翼长而宽，尾短腿长。喜食植物嫩芽、根茎、昆虫、蛙等。均具迁徙性。天马湖有鹤科鸟类5种，除灰鹤为冬候、季节常见外，其他均为旅鸟、稀有，IUCN红色名录等级为VU（易危）级以上。均喜开阔沼泽、草地、湖岸、农田，集群迁徙，飞行呈"一"字或"人"字形。

白鹤　CR（极危）级

丹顶鹤　EN（濒危）级

白枕鹤　VU（易危）级

灰鹤　LC（无危）级

白头鹤　VU（易危）级

鸭　鸭科属雁形目，是天马湖主要鸟类之一，共有29种，其中IUCN红色名录等级为NT（近危）级以上的有鸿雁、小白额雁、白眼潜鸭、罗纹鸭等4种。天鹅、雁和多种多样的鸭类都是鸭科的成员。鸭科成员外形和习性各异，有些食植物，有些则食鱼；有些只能漂浮在水面上，有些则擅长潜水；有些是飞行能力最强的鸟类之一，有些则不善于飞行。天鹅、雁和一些鸭子雌雄相差不大，但很多鸭类雌雄相差悬殊，雄鸟有艳丽的羽毛，而雌鸟则羽色暗淡，这一点以鸳鸯表现最为明显。

鸿雁　VU（易危）级

白眼潜鸭　NT（近危）级

罗纹鸭　NT（近危）级

小白额雁
（右前为白额雁）
VU（易危）级

雀　雀形目是天马湖及周边地区最大、最庞杂的鸟类群体，共30科152种。其中小太平鸟、细纹苇莺、黄胸鹀、红颈苇鹀为IUCN红色名录等级NT（近危）级以上。雀形目为中、小型鸣禽，喙形多样，适于多种类型的生活习性，大多善于鸣啭，叫声多变悦耳，筑巢大多精巧。离趾型足，趾三前一后，后趾与中趾等长，腿细弱，跗跖后缘鳞片常愈合为整块鳞板。体形大小不一。

小太平鸟　NT（近危）级

细纹苇莺　EN（濒危）级

黄胸鹀　EN（濒危）级

红颈苇鹀　NT（近危）级

其他　　天马湖及周边地区珍稀鸟类还有东方白鹳（EN）、草原雕（VU）、猎隼（EN）、花田鸡（VU）、鹌鹑（NT）、黑嘴鸥（VU）、大鸨（VU）、乌雕（VU）、远东苇莺（VU）、秃鹫（NT）、斑胁田鸡（NT）等。

东方白鹳 EN（濒危）级

草原雕 VU（易危）级

猎隼 EN（濒危）级

花田鸡 VU（易危）级

鹌鹑 NT（近危）级

黑嘴鸥 VU（易危）级

大鸨 VU（易危）级

· 农产品 ·

　　天马山周边区域地貌有山地、丘陵、平川，田地有坡地、平地、旱田、水田。雨热同季的气候特征适合农作物生长发育。农业是传统产业，农业资源丰富，产品品种众多，品质优良，农产品是农民的一项主要收入来源。

　　粮油产品　　粮油作物主要品种有玉米、水稻、小麦、谷子、高粱、黍子、甘薯、大豆、小豆、绿豆、白豆、饭豆、芝麻、花生、向日葵、蓖麻、苏子、油豆等。80年代以前，高粱、谷子为主项作物。90年代后，随着农村劳动力向非农产业的转移，比较容易管理的玉米成为大宗主项作物，花生次之。还种植部分谷子、红薯、豆类。日常主食以稻米、小麦面粉为主，主要靠购买，自种的玉米、谷子、红薯、豆类用于调剂食用，剩余部分玉米用作饲料，花生用作打油，红薯磨粉制作粉条，再有剩余出售。

　　2017年，天马山下的李家堡子村有耕地900亩，其中种植玉米547亩，产量237.5吨；种植花生198亩，产量58.2吨。白家堡子村有耕地370亩，其中种植玉米274亩，产量118.7吨；种植花生94亩，产量27.6吨。曹家堡子村有耕地562亩，其中种植玉米213亩，产量92.5吨；种植花生134亩，产量39.3吨。大山头村有耕地543亩，其中种植玉米205亩，产量88.9吨；种植花生139亩，产量40.9吨。小山头村有耕地1080亩，其中种植玉米599亩，产量259.9吨；种植花生348亩，产量102.5吨。湾子村有耕地1265亩，其中种植玉米559亩，产量242.6吨；种植水稻391亩，产量218.9吨；种植花生205亩，产量60.3吨。丰富的农作物品种提供了丰富的食材，各种食材单独或相互搭配，形成品种众多、风味各异的地方饭食、糕点、小吃。

晾晒玉米

蔬菜瓜果 蔬菜主要品种有白菜、萝卜、胡萝卜、马铃薯、西红柿、茄子、辣椒、豆角、菜豆、扁豆、豌豆、葫芦、西葫芦、黄瓜、丝瓜、苦瓜、冬瓜、南瓜、菠菜、油菜、甜菜、芹菜、香菜、韭菜、韭黄、生姜、大葱、洋葱、葱头、大蒜、菜花、荸荠、菱角、藕、茴香、莴笋、甘蓝及各种食用菌等。瓜果主要有西瓜、甜瓜、香瓜、草莓等。

80年代以前，以家庭种植、自用为主，白菜、萝卜为大项蔬菜，且家家窖储，腌制酸菜、咸菜，备冬春食用。大葱、大蒜、茄子、豆角、黄瓜、韭菜、胡萝卜、马铃薯等或采摘期较长或耐储，为家常蔬菜，几乎家家种植。其他时令性蔬菜瓜果种植量较小。90年代后，日光温室、大棚等保护性栽培逐步发展起来，实现四季种植上市，蔬菜瓜果生产转为以大户规模经营为主，家庭少量种植，只图方便新鲜。

干鲜果品 天马山所在地区果树栽培历史悠久，本地原产果品主要有梨、杏、桃、李、核桃、板栗、枣等。康熙五十年《永平府志》载："水红消梨，产台头之东山，熟于诸梨之后，皮中皆水，香闻数步，独为奇品，他郡所无。"民国时期，引进苹果栽植。1955—1957年，山下的白家

果花飘香　2018年4月16日摄

堡子、李家堡子、大山头等村和平市北、芦峰口等村作为唐山专区发展果树试点，引入金冠、红元帅、红星、白龙（青香蕉）、赤阳、印度、国光等苹果品种，大量栽植，带动全县果树生产，形成第一个大规模发展时期。1957

山下果园　2016年9月6日　周雪峰摄

年，李家堡子村的果园被定为推广果树技术示范园，唐山专署和县农林局派人技术指导。天马农业社技术股长李永增、生产队长李山和技术骨干李勤等加强技术培训，培养出50多名青年果树技术员。经加强防病、除虫、施肥、修剪等树上树下管理，效果明显，常年有人到李家堡子参观学习。1960年前后，李家堡子村在全县率先引进金丰（苹果）。1966年，县确定白家堡子、双岭两个大队为果树（苹果）管理示范园，抽调农林、供销等部门12名干部驻村蹲点，并支持贷款2万元。1972—1976年，在全县林果生产第二次大发展时期，白家堡子大队再次成为典型。大队党支部书记蔡开阳带领群众治山治水，修田筑坝，发展果树生产，1974年向国家交售水果146万斤，收入9.35万元，改变了吃粮靠返销、花钱靠贷款的贫困面貌，社员人均收入120元，比1970年增长50％。1973年11月、1975年2月在全县大会上介绍经验。1978年，蔡开阳被选为第五届全国人大代表，参加了全国人民代表大会。1983年，实行家庭联产承包责任制。1984年，白家堡子村被评为全县以果促粮、粮果双丰收先进典型，李家堡子村被评为苹果成龄树连年高产稳产先进典型。

天马山周边地区地

建于1979年的白家堡子大队部楼，现为村民中心　2017年11月17日摄

处著名葡萄酒黄金纬度线（南北纬35°～45°）上。2013年，天马山周边列入全县酒葡萄产业园区发展规划，酒葡萄基地达到2000亩。

天马山周边地区鲜果主要有苹果、梨、桃、杏、李子、柿子、山楂、葡萄、花红、沙果、香槟、樱桃、猕猴桃、藤枣等。苹果为主栽树种，传统品种有金冠、国光、红星、印度、红玉、黄香蕉、红香蕉、鸡冠等，后又相继引进红富士、乔纳金等，尤其是红富士，因其果型大、口味好，发展迅速，成为主栽品种。梨基本以本地传统品种为主，主要有山梨、蜜梨、安梨、白梨、鸭梨、红梨、玻梨、巴梨、雪花梨、苹果梨、花盖梨、白花罐梨、红花罐梨、黄花罐梨、鸡蛋罐梨、糖梨等，后又引进栽植京白梨、皇冠梨、爱宕梨、水晶梨等。桃主要有大久保、春白、桔早生、岗山白、庆丰、红玉、京玉、绿化9号、北京晚蜜、中华寿桃和油桃系列、蟠桃系列等。酒葡萄主要有赤霞珠、蛇霞珠、品丽珠等品种。鲜食葡萄主要有玫瑰香、巨峰，还有龙眼、先锋、红提、康拜尔、美人指等品种。干果主要有板栗、核桃、核桃楸、枣、黑枣、花椒、榛子等。大宗果品为以富士、国光、黄香蕉为主的苹果，以久保为主的桃，板栗，核桃等。

随着二、三产业的发展，加之果品市场竞争日趋激烈，果品生产收益率相对较低，出外营业、打工成为年轻村民的首选，非农和劳务收入成为村民收入的主要来源，果品产业呈收缩趋势。2017年，天马山下的白家堡子、李家堡子、曹家堡子、湾子、大山头、小山头等6个村共有苹果面积602亩，产量1505.3

家门口卖水果　2017年11月6日摄

吨；核桃面积380亩，产量570吨；板栗面积374亩，产量374吨。其中，李家堡子村有苹果149亩，产量372.8吨，核桃面积30亩，产量45吨，板栗100亩，产量100吨；曹家堡子村有苹果153亩，产量382.5吨，板栗24亩，产量24吨；白家堡子村有苹果300亩，产量750吨；大山头村有核桃面积300亩，产量450吨，板栗面积200亩，产量200吨；湾子村有核桃面积50亩，产量75吨，板栗面积50亩，产量50吨。

当地还有自制桃罐头的习惯，以自食为主，兼作礼品赠人，一般可吃到下年桃熟。

养殖产品　　养殖业变化较大。农业生产合作社之前，以家庭养殖为主。猪、鸡为一般家庭都养殖的畜禽。条件较好家庭饲养马、骡、驴等役用牲畜。牛、羊一般为大户集中饲养。人民公社时期，马、骡、驴、牛、羊等由生产队集体饲养，猪、鸡等家庭饲养。实行家庭联产承包责任制后，养殖业回归家庭，多数家庭饲养猪、鸡，牛、羊等集中大户饲养，马、骡、驴等役用功能逐步被替代，很少有人饲养。90年代后，养殖业呈弱化趋势。天马山周边地区养殖业主要有猪、牛、羊、鸡等品种，主要是家庭养殖。受市场价格起伏波动影响，养殖户数和养殖规模年度间变化较大。养猪户约占农户总户数的50%～80%，多者年出栏五六头，少者一二头，春节、端午节、中秋节屠宰的较多，平时也有宰杀。村民普遍认识到长期储存不仅会影响口味，而且影响营养成分，宰杀后除留少部分自食外，大部分出售，基本改变了过去长期储存自食的习惯。消费者普遍认为自养的比猪场大规模快速育肥的猪口味更香，因此这些猪很受欢迎，价格也高一些。有的也作为礼品赠送亲朋好友。牛、羊主要集中在部分户，各村之间因条件不同，饲养户数差距较大。牛既有肉牛，也有奶牛，从几头到十几头规模不等。羊主要是肉用，少者十几只，多者几十只。鸡主要是蛋鸡，以自食为主，规模不大。

田间觅食　2018年4月16日摄

白家堡子村民蔡开润家养的牛　2017年11月17日摄

　　2017年年底，天马山下的白家堡子、李家堡子、曹家堡子、湾子、大山头、小山头等6个村生猪存栏3328头，肉牛存栏111头，羊存栏1204只，鸡存栏3587只。其中，李家堡子村生猪存栏535头，肉牛存栏7头，羊存栏343只，鸡存栏358只；曹家堡子村生猪存栏67头，肉牛存栏62头，羊存栏150只，鸡存栏522只；白家堡子村生猪存栏50头，羊存栏2只，鸡存栏403只；大山头村生猪存栏263头，肉牛存栏11头，羊存栏270只，鸡存栏734只；小山头村生猪存栏346头，羊存栏87只，鸡存栏797只；湾子村生猪存栏2067头，肉牛存栏31头，羊存栏352只，鸡存栏773只。

饮食菜肴

天马山周边地区临近县城，山下老台头营为京东商贸重镇，广大乡村为农产品丰富的传统农业区，几方面因素使该地区食品、菜肴、小吃十分丰富。

在家庭联产承包责任制实行之前，饮食最大的职能是充饥度日，人们平时生活以粗粮稀饭为主，主粮为高粱米、小米、甘薯，多数家庭日常菜品为大葱蘸酱，大宗蔬菜为白菜、萝卜，细粮细菜肉蛋很少，偶尔粗粮细作改善一下生活。过节、兴工、办事、待客时才尽力做菜摆席。出于对美好生活的向往和祈盼，形成丰富的节令特色食俗。如元宵节吃元宵，二月二吃春饼、煎饼，清明节吃枣糕，端午节吃粽子，中秋节吃月饼，冬至吃饺子，腊八吃腊八粥，春节的餐桌更是倾尽所能、异常丰富。每逢集日、庙会，特别是老台头营时期，城内酒店饭铺内各种美味佳肴、山珍海味俱全，市上各种点心、小吃应有尽有。尤其是年前几个集日和天齐庙会期间，大人、孩子们赶集赴会成为一大盛事，除买东西、看热闹外，能买点吃的，打打牙祭亦为主要乐事。老年人谈起当年的盛况仍然津津乐道。

责任制后，农产品日益丰富，尤其是温室大棚使人们四季都能吃到新鲜的蔬菜，许多食品实现工业化生产，产销实现大市场、大流通。市场上、超市里，粮食有粗有细，品种齐全；蔬菜、果品不仅当地产的应有尽有，而且南北各地、进口的都常年有售；肉、蛋、奶类品种丰富，价廉物足；各种方便食品、包装食品、酒水饮料等琳琅满目。细粮、大鱼大肉不再是稀罕品，而是已走上百姓日常餐桌，多数家庭做到了想吃什么就能吃到什么。人们在饮食方面追求的目标由吃饱到吃好，再到吃健康，开始讲究营养搭配、绿色生态，日常饮食还是以家常便饭为主。昔日时令性节日食品在食材、口味上更加丰富，并且走向常年化，也成为许多酒店主打的特色饮食、菜品。在此，载录部分地方特色比较突出、影响较大的饮食、菜肴。

台营烧锅酒 台营烧锅酒以高粱等粮食为原料，铁锅、甑桶汽蒸，人工上水，锡锅冷却，大缸、酒篓盛装，土法发酵，酒味浓香。2013年9月，台营烧锅酒酿造技艺列入河北省第五批省级非物质文化遗产名录。2015年2月，传承人张有昌被评为河北省第四批省级非物质文化遗产项目代表性传承人。

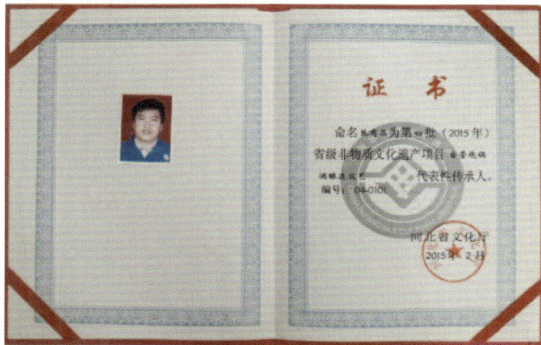

张有昌的非物质文化遗产项目代表性传承人证书

　　明万历年间创建营房后，台头营城形成规模，人口迅速增多，商贸开始繁荣。驻军将领招募匠人筹建酒坊。在青山口工段服役修筑长城、在家曾从事酿酒的山东禹城民工许大营应募，又从山东、河南等地招募有酿酒技艺的工匠100人，建起酿酒作坊。十几年后，许大营的儿子许久成、许香成接班。第三代传承人为许守业、许敬业、许宏业、许伟业兄弟四人。明万历后期酒坊开始萧条，坎坎坷坷维持延续。清乾隆年间，传至第八代许永泉、许聚泉、许隆泉，取每人姓名的中间字"永聚隆"为字号，改进传统工艺，吸纳其他字号合作，台营烧锅重新兴隆起来。民国年间，"永聚隆"烧锅传至第十三代传人许秀升（绰号许老秀）。1935年，台营有永聚隆和义发源两家烧酒坊。1947年10月，冀东十二地区行署税务局与抚宁县政府合资在台营创办公营"公益泉"烧锅，后改名酒厂，日产白酒120斤，1948年11月停办。1958年，在县城城关东街建抚宁县联合加工厂，沿用传统烧锅工艺生产白酒，为天马酒业有限公司前身。

天马湖野生鱼系列 天马湖水面广阔，鱼类资源丰富。野生鱼类主要有鲤鱼、鲶鱼、草鱼、迟鱼、鳝鱼、嘎鱼、白脸鱼、红翅鳞、泥鳅、黑鱼、嘛嘴鱼、沙里钻等。放养鱼类主要有白鲢鳙（胖头）、面条鱼、尼罗非鱼等。还有野生的乌龟、河蚌、河虾等。大的鱼有几十斤、百余斤，十几斤、二十几斤的鱼经常能捕到。鱼的做法很多，主要有清炖、家常炖、红烧、蒜烧、干烧、酱焖、辣焖、清蒸、干炸、鱼锅、锅仔、铁板、水煮、熘、煎、烤、氽丸子、做馅等。附近酒店、饭店、农家饭庄均有十几、二十几种特色拿手鱼类菜肴。天马湖景区内的黄楼酒家、景区门外的天马湖农家鱼馆具有代表性。

　　天马湖农家鱼馆的鱼类菜肴有红烧鲤鱼、清炖鲤鱼、烧汁鲤鱼、家常炖胖头鱼、家常炖草鱼、草鱼活鱼锅、鲶鱼烧茄子、鲶鱼活鱼锅、蒜烧鲶鱼、干炸小白鱼、酱焖小白鱼、鲫鱼炖豆腐、酱焖鲫鱼、干烧鲫鱼、熘黑鱼、酱焖迟鱼、干炸迟鱼、家常炖罗非鱼、红烧罗非鱼、红烧嘎鱼、清蒸嘎鱼、清炖嘎鱼、麻辣烤鱼、酸汤湖鱼片、家常炖甲鱼、甲鱼炖山鸡、乌鸡炖甲鱼、干炸小鱼、农家水煮鱼、农家河虾等。主食有鱼肉蒸饺。

黄楼酒家的鱼类菜肴有鱼头炖豆腐粉条、鱼头泡饼、香煎噘嘴鱼、水煮草鱼、红烧草鱼、家常炖草鱼、烤草鱼、蒜烧鲶鱼、红烧嘎鱼、酱焖嘎鱼、酱焖小白鱼、香炸小白鱼、干煸迟鱼、酱焖迟鱼、香炸迟鱼、香炸银鱼、银鱼萝卜丝汤、熘黑鱼片、铁板黑鱼片、红烧鲫鱼、酱焖鲫鱼、香椿炖鲫鱼、汆鱼肉丸子等。主食有鱼肉饺子。家常招牌菜有大胖头鱼三吃、干烧草鱼、鲫鱼炖豆腐、飘香嘎鱼、鲶鱼烧茄子、鱼鳞冻、酱焖噘嘴、醋焖迟鱼、炸河虾等。

大胖头鱼三吃：选取5千克以上胖头鱼，分别做鱼头、鱼丸子汤、葱油鱼片三道菜。鱼头做法：铁锅下架木柴将油烧热，加入花椒、大料、姜、葱、蒜、盐等配料，放入准备好的鱼头，加大骨汤大火烧开，细火炖2小时左右汤汁浓稠出锅装盘。特点是鱼大肉肥，文火细炖入味，味道香浓，肉质鲜嫩。鱼丸子汤做法：鱼肉去骨去皮、剁碎，加入料酒、葱、姜、蒜、胡椒粉、盐，朝一个方向搅拌均匀，将熬制好的大骨高汤放

鱼丸子汤

入锅中烧开，汆入鱼丸，小火烧5分钟左右，加入香菜、香油调味，出锅装入汤盆。特点是鱼丸洁白、鲜香、滑嫩且有弹性，汤水清亮、清香、清淡爽口。葱油鱼片做法：鱼肉切片，加入姜汁、盐、味精、胡椒粉腌制入味，入锅蒸7分钟左右装盘，鱼片上加葱丝、木耳，将植物油烧开均匀浇在鱼片上即可。特点是清淡素雅，软嫩滑爽，咸香微辣，伴有淡淡葱香，色香味俱全。

干烧草鱼：将鱼改刀，加料酒、姜、葱、蒜腌制10分钟，用六成热植物油炸至外焦里嫩。另起锅将猪五花肉炒香，放入八角、花椒、葱、姜、蒜、干辣椒炒出香味，再放入番茄酱、蚝油、辣妹子、糖、醋，加入熬制好的高汤，将炸好的鱼放入锅中，小火炖20分钟，起锅装盘。特点是色泽红亮，甜

咸酸辣，味道浓郁，鲜嫩可口。

鲫鱼炖豆腐：锅中放少许油，将鲫鱼下锅，放入少许白醋和葱、姜、白芷、高汤，大火烧开，小火慢炖，至汤汁乳白色时加入豆腐炖几分钟即可。特点是鱼肉鲜嫩，豆腐清香，汤汁洁白鲜美，清淡可口。

飘香嘎鱼：将植物油入锅烧热，加入葱、姜、蒜、辣椒段、麻椒炒出香味加入高汤，将嘎鱼下锅炖至入味放入锅仔。另起锅放入植物油烧至六七成热，将油浇在鱼身上，点燃酒精加热。特点是肉细嫩韧，麻辣鲜香，味道浓郁。

鲫鱼炖豆腐

鲶鱼烧茄子：将鲶鱼切段，放入少许淀粉，入油锅微炸起锅。锅内放入葱、姜、蒜、辣妹子、番茄酱、老抽翻炒加入高汤，将鱼放入，小火慢炖10分钟后加入茄子，大火收汁放入蒜末即可。特点是鱼肉细嫩滑爽，茄子软烂鲜美，菜品红润发亮，香味浓郁。

鱼鳞冻：将鱼鳞洗干净，清水泡3小时，捞出放入锅中，加清水大火煮开，小火慢熬3小时，捞出过滤到容器中，放入冰箱冷藏成胶冻，切片拌入佐料。冻片呈象牙白色，晶莹剔透，入口清香，柔韧耐嚼，爽滑不腻。

鱼鳞冻

酱焖噘嘴鱼：将鱼挂少许面粉，炸至外表金黄，锅内放入少许植物油，加葱、姜、蒜炒香，放入自制大酱、料酒、白糖、高汤，小火慢炖10分钟左右至汤汁浓稠即成。特点是酱香浓郁，味道鲜美，色泽红润，光亮诱人。

醋焖迟鱼：将油烧热，放入葱、姜、蒜，再将迟鱼下锅，加白醋烹制几分钟，加

酱焖噘嘴鱼

入高汤，小火慢炖10分钟即成。特点是鱼肉酸软可口，汤汁酸爽开胃。

炸河虾：用盐、十三香、葱、姜、蒜将河虾腌制入味，放入油温六七成热的油锅里炸熟即可。特点是色泽红黄诱人，外焦里嫩，酥脆鲜香。

豆腐系列 豆腐是当地传统食品，因其直接衍生出的菜品多达十几种，间接衍生出的菜品多达几十种甚至上百种，人们过年过节、婚丧嫁娶、用工、待客等较大活动往往要做豆腐。当地有句俗语"二十五做豆腐"，准备过年时，家家要专门拿出一天用来做豆腐。豆腐是待客和自家改善生活的常用重要菜品，在人们生活当中影响很大。

炸河虾

豆腐按原料不同可分为大豆腐、小豆腐。大豆腐常用原料为大豆。小豆腐常用主料为大豆、黑豆、花生等，配料为杏仁、麻子、苏子、芝麻等。主料为花生的称为花生小豆腐，大豆或黑豆配杏仁的称为杏仁小豆腐，配麻子的称为麻子小豆腐，配苏子的称为苏子小豆腐，配芝麻的称为芝麻小豆腐。小豆腐磨成豆浆后不滤渣，加入蔬菜熬着吃，一般即做即食。

大豆腐可做出系列菜品。大豆磨成生豆浆，滤渣，大锅烧熟即为豆浆，豆浆结皮起出即为豆皮，豆浆用石膏点的为豆腐脑，即做即食，用卤水点的为水豆腐。豆皮是过去农村重要的营养品，哪家有怀孕的，婆家、娘家、亲属都要准备一些豆皮，留作产妇坐月子时食用，也是探望病人常用的礼品。水

小豆腐

豆腐可盛浅儿滤浆，佐以熟卤、咸菜丁、辣椒、蒜泥、韭菜花、香菜、芝麻等，俗称水豆腐，是大众喜欢的一种菜肴。水豆腐又可制成干豆腐、豆腐块、豆腐丝，豆腐块又可制成冻豆腐、豆腐干，豆腐干、豆腐丝又可配以不同的作料制成不同的口味。豆腐皮、豆腐块、干豆腐、冻豆腐、豆腐干、豆腐丝等既耐储可常年有备，又百搭可与多数食材相配，煎、炒、烹、炸、炖、

丰富物产

天马山志

涮、熘、拌均可做出可口菜肴。

农家猪肉菜 养猪在当地具有悠久的传统。过去，有条件的家庭几乎家家养猪，有没有年猪、年猪杀多少曾是村中人们年前议论的一个重要话题，猪肉自然成为人们的主要肉食。尽管后来养猪走向规模养殖，养年猪的越来越少，猪肉在人们的肉食消费中占比有所下降，但仍居主要地位。家常吃法主要有：将熟拆骨肉、蹄、肘、耳、舌、肝、心等切成片、丝配以佐料，肉皮熬成皮冻，作为凉菜。炖菜有炖五花肉、走油肉、排骨、猪头肉、猪蹄、肘

蒸扣肉

子肉等，还常与粉条、焖子、豆腐、冻豆腐、豆角、白菜等搭配混炖。炒菜最为丰富，猪肉和多数蔬菜均可搭配，传统炒菜主要有白菜炒肉、酸菜炒瘦肉、酸菜炒大肠、酸菜炒腰花、酸菜炒肺等。常见做法还有蒸扣肉、酸菜氽白肉、灌血肠、蒸血、血豆腐等。炖肉曾是农村宴席的必备菜品，肉块大小是席面好坏的重要标志。

白腐乳 抚宁白腐乳以优质黄豆为原料，按传统的工艺流程自然发酵制作而成，颜色白中略带微黄，质地细嫩，松软可口，闻之香气扑鼻，食之回味无穷，既是下饭佳肴，又是烧汤做菜的上佳作料。2010年12月，抚宁白腐乳制作技艺被列入秦皇岛市第二批非物质文化遗产名录。2013年9月，列入河北省第五批省级非物质文化遗产名录，主要传承人为陈清远。

抚宁白腐乳创始人为左经达，祖籍乐亭县，祖辈以制腐乳为业。1950年前后，到抚宁县城用祖传秘方制作腐乳。后左经达将秘方传给县供销社副食品公司食品厂。食品厂停产后，1994年，原食品厂职工张利民和

白腐乳坯

县通用机械厂职工陈福祥合伙开起抚宁腐乳制造厂。1999年，张利民退股，陈家独家制作经营，改名天马调味品厂，又开发生产出红腐乳、臭豆腐。2004年，注册"好祥"商标。2007年进行扩建，年销量达到百吨。

老髦肉　　老髦肉的创始人王符，生于1821年，原籍高阳县。1871年，在抚宁县城南街单家大院做起煮猪头、猪下水的小本生意，因熟得透、味道好、收拾得干净，生意越做越好。他每天用木箱盛着熟肉背到城中鼓楼下叫卖，操着保定府的口音喊着："烧肠，烧肉喔！"　当地人听不清字音，

老髦肉

听为"髦肉喔！"天长日久，人们便叫他"老髦"，因此他做的肉得名"老髦肉"。王符1886年病故后，1910年王增继承祖父遗业，由其父王巨贤管内务，仍在原址开设"真正老髦肉铺"，通过改进技艺，味道更加适口，特色更加突出，生意日益兴隆。老髦肉以色鲜、味香、洁净、防腐而闻名于冀东，成为抚宁著名的地方熟食。奉系大帅张作霖曾数次派人专程到抚宁购买老髦肉，老髦肉由此名噪一时。

老髦肉铺于1953年停业，但老髦肉制作技艺仍在家族内传承。80年代，刘国荣从母亲手中学得老髦肉制作技艺，在抚宁镇东街开办一家老髦肉熟食店，熏制各种熟食并灌制火腿，一直经营，生意较好。

杨家切糕　　清末民初，台头营西关杨家始做切糕生意，并很快凭信誉赢得市场。杨家切糕以大黄米（黍子去皮）和白爬豆为原料，制作时把磨细的黄米面拌入煮好的白豆，层层撒入蒸屉内，边蒸边撒，逢年过节时还要在顶端加上一层大红枣，直至撒满蒸透为止。蒸出的切糕黏而不粘，吃起来又香又面。杨家切糕不仅做法独特，而且运、卖方法也别具一格。运送用头顶，上市用独轮推车推，以方盘代案板，卖时用四指宽、尺把长的铜刀（类似西瓜刀）一片片切着卖。无论顾客购买多少，讲究只切一刀，称时不多不少，赢得"杨一刀""一刀准"的美称。

杨家切糕代代相传，四五十年代以杨老大（杨玉清）为主，继而二弟杨玉利、次子杨瑞相继承业。杨家的第四代传人杨付廷继续在台营市场经营切糕生意，还开发出用黏秫米（黏高粱米）做的切糕。

鲍家油炸糕　台头营小南门外的鲍老八和后来两个儿子鲍珍、鲍坤经营油炸糕名扬四乡。油炸糕以大黄米面为主料，以红小豆加红糖做馅，做成圆饼状的糕坯，放入油锅炸熟便成。吃起来外焦里糯，又甜又香。卖时常常与杨家切糕相伴为邻，食用者习惯把炸糕裹在切糕里卷着吃，酥软香甜，别具风味。台头营流传有"切糕裹炸糕，吃后忘姥姥"的民谣。

汪家叉子火烧和大饼裹肉　汪家祖籍昌黎县汪家湾。清末时期，汪振有（1936年生）的祖父汪二爷身怀厨技和煮肉手艺到台头营谋生，由于手艺高超，为人和气，又善于经营，以别具特色的"炉子肉"（熏肉）创开牌子，站住脚跟。不久，他的三位弟兄也相继投奔而来，先后分别在四街开起小饭馆和煮肉铺，创出叉子火烧、大饼裹肉两种地方特色食品。20世纪中叶，台头营的汪家馆和肉铺有五家，有东街的汪学明（老三），西石桥的汪学儒（老八），小南街的汪振东，狮子口的汪振廷，最有名气的是汪老八的叉子火烧、蛤蟆吞墨（俗读mì）。汪家的大饼裹肉传承至今，仍很受欢迎。

年糕　天马山周边地区有过春节吃年糕的食俗。过去农历小年晚上，人们将年糕作为送灶王爷、灶王奶上天时的供品，意为用年糕粘住他们的嘴，使其驾返天宫后不要向玉皇大帝奏本说坏话。年糕也称年年糕，寓意人们的工作和生活一年比一年高，因用黏性大的米或米粉蒸成又叫黏糕。年糕的主要原料为黏性较大的大黄米、小黄米、黏秫米（黏高粱米）、黏玉米、江米等，将米磨成面，用温水和好，摊在屉上蒸熟即成。可用一种米粉蒸制，也可用两种或多种米粉蒸制，还可掺入其他米粉、豆粉，加入大枣、花生、栗仁、豆粒、豆瓣等共同蒸制。黄米金黄，秫米泛红，江米白得晶莹剔透，根据喜好搭配食材用料，调整黏糯、口味、形状，或绵软、或劲道，或块、或片、或球形，形成色、香、味丰富的年糕系列品种。年糕一般蘸白糖、红糖食用，香甜黏糯是其突出特点。

年豆包　年豆包亦称黏豆包、黏饽饽，是天马山周边地区冬季家常食品，因多在进入腊月大冷时节制作，有迎接新年之意，故称年豆包。年豆包一般用黄米面做皮，红小豆、白小豆、白豆等煮熟加糖做馅，做成比鸡蛋小一点的圆球形饽饽，上屉蒸熟即成。当地做年豆包还有左邻右舍或

年豆包

亲戚好友相互帮忙的习俗，东家准备好面和馅，大家聚在一起，边做边说说笑笑，其乐融融。蒸熟后冷冻装缸封严，置于闲屋或户外背阴处保存。随吃随取，蒸透即可食用，一般可储到二月二龙抬头。年豆包黏糯香甜，食用方便，既是家常食品，亦是赠送亲朋好友的佳品。

元宵　　元宵也叫圆宵、汤圆，其作为正月十五元宵节传统时令食品，取团圆之意，象征全家人团团圆圆、和睦幸福，人们也以此怀念离别的亲人，寄托对未来生活的美好愿望。天马山周边地区传统的元宵以白糖、红糖、玫瑰、熟芝麻、熟花生仁、核桃仁、果仁、豆沙、黄桂、枣泥等搭配做馅，用江米、黄米、黏秫米等碾成或磨成的黏米面做皮。传统的做法有包元宵、摇元宵两种。包元宵先将黏面和好，配好馅料，然后包制而成。摇元宵先将馅料配好，加入熟面粉糊，揉匀压实成型切成小块，将馅块沾水放入盛着黏面的簸箕、筐、箩中，反复摇动，使馅块沾附的面粉越来越厚而成球状即成。元宵因面、馅用料不同，呈各种不同口味。元宵可炸、可煮。炸元宵外焦里糯，香甜味浓。煮元宵皮糯馅甜，清香爽口。

春饼和煎饼　　天马山周边地区很早就有龙头节（农历二月初二）前后吃春饼、煎饼的习俗，名曰"咬春""吃龙鳞"，表达人们对"一年之计在于春"、开春开好头的美好愿望。

春饼为用白面烙成的碗口大小的薄饼，裹入炒菜或酱肘丝、鸡丝、肚丝、熟肉等，卷而食之，寓意为"春到人间一卷之"，企望五谷丰收，六畜兴旺。配春饼的家常炒菜通常为肉丝炒韭芽、肉丝炒菠菜、醋烹绿豆芽、素炒粉丝、摊鸡蛋、和菜（将韭黄、粉丝、菠菜切丝稍炒拌和在一起）等，再佐以细葱丝、淋上香油的黄酱。饼柔软劲道、麦香四溢，配菜清爽鲜香、口味各异。吃春饼还讲究包起来从头吃到尾，意为"有头有尾"。

春饼

煎饼是将五谷杂粮磨成面糊，倒入煎饼鏊子或平底锅，用煎饼筢子或锅铲摊平烙制而成。煎饼种类较多，按用料

煎饼饸子

有小米面煎饼、豆面煎饼、玉米面煎饼、高粱面煎饼、白薯面煎饼、杂面煎饼等；按口味有咸煎饼、酸煎饼、甜煎饼、五香煎饼等。煎饼一般圆形，疏松多孔，可厚可薄，具有方便叠层、口感劲道、食后耐饥饿、水分少、易保存的特点。煎饼可卷菜即食，配菜与春饼类同，煎饼裹豆腐为较普遍吃法。煎饼还可裹馅烙煎饼饸子，摊上鸡蛋、刷上酱料，配以香肠、葱花、香菜等做成煎饼果子。煎饼用料灵活、味道多样，配菜随意搭配、口味随心所欲，搭配起来营养丰富、风味各异。

梓椤叶饼　梓椤叶饼，又称梓椤夹，是用梓椤叶包裹的有皮有馅的一种食品，外形和蒸饺相似。2009年1月，梓椤叶饼制作工艺列入秦皇岛市第一批非物质文化遗产名录。

梓椤叶饼

相传当年戚家军戍边时，每年五月，为改善士兵生活，将高粱米面等不易做皮的粗粮面粉和成糊状，摊抹在采集来的鲜嫩梓椤叶上，加馅对折合起别好上屉蒸熟，制成梓椤叶饼，成为当地粗粮细做的特色食品之一。后来，人们在端午节前后采摘梓椤叶，可即采即用，也可阴干储起，用时温水浸泡。面、馅日益讲究，用高粱、小米、甘薯、玉米、小麦、燕麦、荞麦及各种豆类的淀粉灵活搭配做饼皮，用各种蔬菜、野菜、肉类、鸡蛋、虾皮等做馅料，调出不同的口味，配出不同的营养。蒸熟后的梓椤叶饼饼皮晶莹剔透，软糯醇香，饼馅可荤可素，鲜香适口，再加上梓椤叶香味，备受人们的欢迎。近年开发出十几种品种，并加工成速冻食品，在超市出售，批量远销。

焖子　焖子制作在天马山地区已有几百年的历史。焖子有蒸焖子、熬焖子等不同的做法。主料为甘薯淀粉，配料为五花肉末、荤油、大骨头汤、葱、姜、蒜、酱油、香油、味精等。熬焖子一般为炝汤烧开，加入淀粉糊，不停搅动，直至凝结熟透。熬焖子即做即食，软糯鲜香。蒸焖子一般为主料淀粉加好

煎焖子

配料，和成面糊，上屉蒸熟后切成块，可较长时间储存，曾是民间婚丧嫁娶、过年过节必备菜肴。食用时切成片或小块，可凉吃，可煎炒，可配以蔬菜、肉类炖、烩、炒、涮，猪肉炖焖子曾是农村宴席必上菜品。

粉饹子　粉饹子是当地传统食品，亦为农家过年过节常备食材。一般以杂豆为主料，直接加水磨成豆面糊，或磨成豆面再加水和成面糊，加少量姜黄调色，用铁锅摊成薄饼即成，色泽金黄，入口清香。可即食也可晾干储存。家常吃法有卷上馅炸千子、做春卷，用菠菜、白菜、韭菜、油菜等蔬菜直接汤烩，或先将粉饹子过油然后再加蔬菜烹炒、焦熘。

菠菜炒粉饹子

炸千子　炸千子是当地农家办事、待客、过节常见菜肴。当地千子多用以绿豆为主要原料制成的粉饹子或豆腐皮做皮，肉泥、豆腐等调馅，卷成卷，切成段，用鸡蛋面粉糊封口，下油锅炸熟即成。千子馅可根据喜欢的口味自由调配，可荤可素，可甜可咸，特点是皮酥脆、馅鲜香。

炸千子

卷七

·特色风情·

【161/192】

天马
山志

综述

　　天马山距形成于秦汉时期的抚宁县城仅10千米，山上有香火兴旺数百年的玄真观，山旁有冀东名镇台头营。优越的地理位置使天马山及周边区域经济社会发展比较快，同外地交流较多，居民生活水平较高，民间文化积淀深厚。

　　天马山庙会历史悠久，影响较大。1993年6月，天马山旅游景区开业，举办玄真观重建后的首届庙会，赴会人数约10万人次。2009年1月，天马山庙会列入秦皇岛市第一批非物质文化遗产名录。到2018年先后举办十一届，参加庙会人数多的年份达到十几万人。

　　天马山周边地区民俗特色突出。春节、龙抬头、清明、端午、中秋等较大传统节日与其他地区相同，但在具体习俗方面地方特色比较突出。生育、婚嫁、做寿、丧葬等人生礼仪方面讲究更多，特别是婚嫁、丧葬有许多程式化的仪式，大的环节基本相同，细节上非常复杂，村与村之间甚至一个村内部均存在差异。每个村一般都有对习俗比较熟悉的人，村民遇有婚丧嫁娶之事，会请他们操持帮忙，牵头主持之人称为知客、知宾。60年代前，民俗传承比较稳定。60年代后期，受"破四旧"运动影响，很多传统习俗一度停止。70年代后期开始恢复。90年代后，随着经济社会发展，人们思想观念、生活方式的变化，许多传统习俗逐渐弱化乃至消失，新习俗逐渐形成，总的趋势为形式趋于简化，消费开支大幅提高。各村多成立红白理事会，帮助村民操办。

　　天马山地区民间艺术丰富。老台头营时期，春节、庙会期间各种文艺表演丰富多彩，主要有皮影、评剧等戏曲，秧歌、吹歌、太平鼓、舞龙灯、跑旱船、耍狮子、抬皇杠、霸王鞭、跑驴、推车、钟幡、倭官、大脑袋会等音乐舞蹈。八九十年代春节后自发组织走村串户秧歌拜年比较盛行，后多在政府组织汇演、节庆、广场健身等场合表演。吹歌、太平鼓、抬皇杠列入国家、省级非物质文化遗产名录。

　　在长期的生产、生活中，天马山周边地区居民总结出大量的谚语、歇后语，与生产生活联系紧密，语言精练，鲜明生动，也存在大量具有地方特色的方言。随着教育水平的提高、生产生活的变化，很多谚语、歇后语、方言已经或正在失去传承，仅在年岁较大的人群中还偶尔使用。

· 庙会 ·

天马山道观于金世宗大定二十三年（1183）十二月兴建，名为重阳观。元太祖十六年（1224）改为玄真观。元世祖至元十八年（1281），佛道庭辩，道教失利，天马山道教活动陷于低迷。明永乐年间，玄真观重修，道教活动再度兴盛，香客云集，香火鼎盛。清末民初，玄真观达到鼎盛。自玄真观初建时始，每年农历三月初三为天马山庙会，远近闻名。民国时期，庙会前几天各方面就开始准备，玄真观到山下请人上山帮忙，商贩购置商品、抢占摊位。当天凌晨起香客即络绎不绝，天不亮商贩即摆摊到位，主要以卖食品和日用百货为主，摊位沿山路排开达百余米。玄真观整日香烟缭绕，人声鼎沸，直至深夜人才尽散，赴会民众达几万人。1966年秋，在"破四旧"运动中玄真观被拆毁，庙会随之取缔。

1993年6月20日（农历五月初一），天马山旅游开发一期工程完工，举办天马山旅游景区开业典礼暨玄真观首届庙会。庙会历时5天，举办了商贸、旅游观光、文艺表演等群众文化活动，约10万人次参加。从1994年起，庙会恢复传统庙会日期，每年农历三月初三举办。

2009年1月，天马山庙会列入秦皇岛市第一批非物质文化遗产名录。随着景区的进一步开发，特别是2011年后玄真观的扩建、龙王庙景区的新建及交通等基础设施的进一步完善，接待能力逐步增强，参加庙会人数多的年份达到十几万人。

2018年4月18日（农历三月初三）是天马山第十一届庙会。抚宁区政府和天马山景区做了充分周密的准备，区政府制定了安全防范工作方案，景区管理处对景区景点、道路、停车场、供

1993年6月天马山首届庙会 周有银、李胜才提供

电、供水等基础设施进行改造维修，组织开展鼓乐、舞狮、舞龙、舞幡、武术、卡拉OK等民俗表演，邀请道长做法事，搭彩虹门、插旗帜、亮灯光渲染气氛。全天接待香客、游客5.6万人，庙会在安全、祥和、热闹的氛围中圆满成功。

区政府成立庙会应急指挥部，全面负责庙会期间安全防范及紧急救援工作。指挥部由区长焦大伟任总指挥，区委常委、常务副区长关金一任常务副总指挥，副总指挥有区委常委、区委办公室主任史东杰，副区长李志明（执行）、王佐琴、杨为民、朱志伟，副区长兼公安分局局长赵秀光，区检察院检察长温明卓，成员有区政府办公室、文化旅游局、安监局、林业局、城管局、卫计局、市场监管局、交通局、气象局、公安分局、交警大队、消防大队、民宗办、田各庄管理区、大新寨镇、台营镇、榆关镇、区供电分公司、移动分公司、联通分公司、天马集团等21家部门、单位负责人。指挥部下设办公室，设在天马山景区管理处会议室，办公室主任由区文化旅游局局长刘永柱担任。指挥部从区直及乡镇抽调机关干部及专业人员419名，天马山景区组织工作人员86名，组建12个工作组，其中景区外围4个

玄真观香客游客云集　　2018年4月18日摄

组，分别为交通疏导组、交通管制组、景区周边防火卡点组、市场监管组；景区内部7个组，分别为景区协调组、安全巡视组、森林防火巡查组、安全防范组、反恐维稳组、应急处置组、资料留存组；后勤保障组，负责总的后勤保障工作。工作组组长由有关部门负责人担任，根据工作需要，每个工作组下设若干小组，其中交通疏导组下设11个小组，安全防范组下设17个小组。各工作组、小组定位、定岗、定责。4月15日17时前，各工作组、小组、点位工作人员落实到具体名单。4月16日14时30分前，各单位组织本部门工作人员到天马山南天门广场集中演练。

庙会自4月17日即开始预热。早8时景区上班，组织人员检查设施、打扫

卫生，此时已有香客上山进香。下午，各方面工作人员陆续上山。15时前，各单位按照分工深入现场排查问题隐患。16时，指挥部有关领导、各工作组工作人员到位上岗。傍晚，通往玄真观、龙王庙的路灯和玄真观的彩灯亮起，香客、游客渐多，庙会气氛渐浓。22时，香客显著增多。23时进入子时，形成第一个进香高峰。

4月18日清早，游客、香客陆续进山。车辆停在山下停车场，停车场和进山路旁间有商贩摆摊设点，售卖香烛、小吃、玩具及水果、干果等土特产。人员从鹰场"天马山"牌楼前的石阶步游道上山。"天马山"牌楼广场设有鼓乐、武术、舞龙、舞狮、舞幡、卡拉OK等民俗表演，引无数上山、下山游客、香客驻足围观，并不时爆发出叫好声，场面欢乐热闹。广场北侧石阶步游道前立两道彩虹门，均上书"第十一届天马山'三月三'民俗庙会"。沿石阶步游道而上，南天门广场前景区公

山门广场鼓乐队表演　2018年4月18日摄

路两侧设算卦、抽签摊点。南天门广场为公务车、备勤车停车场。南天门前设售票处和安检、检票口。游客和香客均需购票入山，票价10元。为防止火灾发生，严禁携带火种上山，严禁在上下山沿路台阶通道、道观内外等地点吸烟，禁止香客自带燃香上山，可凭门票获赠定制环保香一束。主要进香点为玄真观、龙王庙、慈航普渡，殿内有道长接待拜祭，殿外有景区工作人员引导上香和维持秩序。在慈航普渡旁上山步游道口设卡口，调控到玄真观香客、游客人数。10时至14时为高峰时期。景区道路人流如潮，川流不息。各个景点、亭台人气集聚，观光休憩，拍照留念，往来不绝。各个进香点更是摩肩接踵，人声鼎沸，香烟缭绕，热闹非凡，特别是殿宇门前处处拥挤，扎堆等候拜祭。17时，庙会进入尾声，留部分工作人员值守，大部分撤离，至晚间香客方陆续离去。

·传统节日·

传统节日主要有春节、元宵节、添仓、龙抬头、清明节、端午节、七夕节（农历七月初七）、中元节（农历七月十五）、中秋节、重阳节（农历九月初九）、寒衣节（农历十月初一，又称十一儿）、腊八、小年等。在生产落后、物资贫乏、生活比较困难的时代，人们为了祈求风调雨顺、富足幸福，设定节日，赋予节日各自的内涵，至时祭祀天地神灵、祖宗先人。节日不仅寄托着人们美好的愿望，而且在长期辛苦劳作、粗茶淡饭之后，可以通过节日放松一下身心、改善一下生活。春节、端午、中秋还有走亲访友、孝老敬亲习俗。那时，人们对节日非常重视并充满期待。随着物资的丰富、生活水平的提高、观念的进步，人们对节日的重视程度、节日的气氛总体上呈逐步弱化的趋势，春节、清明、端午、中秋等节日依然传承，但习俗发生很大变化，形式趋于简单，其他节日多存在于人们的言谈话语中，传统的习俗多已淡出人们的生活。

龙抬头　农历二月初二，亦称二月二。据说，潜伏一冬的龙在这天开始抬头，要行云降雨，农民要及时备耕。天马山周边地区有祭龙神、剃龙头、吃饺子、吃春饼、吃煎饼等习俗。祭龙神祈求风调雨顺、五谷丰登。剃龙头即理发，在万物开始复苏之际理发，寓意剔秽迎福。龙抬头作为节日已淡出人们的生活，但二月二前后吃春饼、煎饼的习俗一直在延续。

清明节　清明节为国家法定假日，有扫墓、踏青、插柳、寒食禁火等习俗。插柳、寒食禁火已很少有人传承。扫墓成为清明节最重要的习俗，在节日的前十天、后十天，人们纷纷到祖宗和亲人坟墓上祭扫、添土，表达对先人的哀思和缅怀，在外不能亲自到墓地祭扫的人有的会在所在地十字路口焚化纸钱祭祀，近年还出现了互联网祭祀。清明节也是爱国主义教育的日子，学校均要开展祭扫烈士墓、主题活动等，缅怀先烈，进行革命传统教育。天马山曾是人们踏青春游的好去处，自2012年开始施行森林防火期封山后，春游活动即停止。

端午节　端午节为国家法定节日和重要传统节日，日期为农历五月初五，又称当五、五月节、端阳节、重五节等，源于纪念屈原。端午节有吃粽子、门上挂艾蒿桃条葫芦、水

清明节在天马山为马骥扫墓　2015年4月5日　李利峰摄

缸里插柳条等习俗。特别是小孩和妇女，进入五月后小孩会在胸前佩戴小扫帚、小荷包，手腕系五色线，节日那天扔到村外，象征病魔已从身上除掉；节日当天，孩子还要洗澡，叫作洗病；妇女头上戴柳枝，到大街或野外走一走谓"走百病"。端午是入夏后第一个节日，气温上升，正是疾病多发的时期，多数习俗寓有避瘟、避邪、祛病之意，已很少见，吃粽子作为最重要的习俗一直传承。天马山地区传统粽子的做法是将浸泡发胀的黏米（糯米、黏秫米、黄米等）用芦苇叶包成四角状，煮熟，蘸糖食用。自90年代后期始，自做的越来越少，多从商店、超市、市场购买，粽子口味众多，品种多样，并常年有售。

中秋节　中秋节为国家法定假日和重要传统节日，在农历八月十五，亦称八月节。中秋节最大的习俗是吃月饼、送月饼。圆圆的月饼应和圆圆的月亮，反映人们期盼团团圆圆的美好愿望。节日当天，在外人员一般赶回，分家另过的合到一起，举家团聚，中午聚餐过节，晚上赏月吃月饼。节日前后亲朋之间互赠月饼，表达祝福，增进感情。80年代前，月饼属中秋时令食品，为稀罕之物，亲朋往来送1斤或2斤即可。90年代后，月饼包装越来越豪华，品种越来越丰富，成为日常食品。中秋吃月饼的习俗仍在，但在很多人心目中成为过节应景，作为礼品馈赠及愿望寄托的功能已经弱化。

春节　春节俗称过年，是国家法定假日，也是一年中最大的传统节日。在生活比较困难时期，人们平时普遍忙碌、节俭，只有到了春节才能彻底地

改善一下生活、放松一下身心，同时也通过一系列祭祀、庆祝活动告别过去的一年，祈盼新的一年日子更好。传统的过年，从腊八即开始准备年货，小年进入筹备过年高峰，除夕过年的气氛达到顶峰，到了初五过年的各种禁忌解除，恢复正常生活，但祝寿、走亲访友、文艺表演等活动继续进行，到了元宵节又把节日气氛推向高潮。

进入腊月，村中就会时而听到年猪被杀的叫声，有条件的开始买布做衣服，年开始走进人们的心里。腊八节是过年的首次预热，家家要吃腊八粥。腊八粥是用多种粮食熬成，提醒人们要精打细算过日子，不要浪费，并预祝来年五谷丰登。

腊八过后，年气渐浓。杀年猪、扫房、备年货，到小年（农历腊月二十三）筹备过年进入高潮。小年这天中午要做"接年饭"，半熟时捞出几碗用布盖好，供奉在祖宗和"灶王爷"等处，祈求保佑来年丰衣足食。晚上还要祭灶，摆上供菜，烧香祷告，在灶膛口粘上糖瓜子（大麦熬制的糖饴），意思是粘住灶王爷的嘴，使其嘴甜着点，上天后多讲好听话。然后揭下旧灶王爷烧掉，换上新的，并贴上"上天言好事，下界降吉祥"对联，横批是"一家之主"。

当地俗语"二十三祭灶天，二十四写大字，二十五做豆腐，二十六煮年肉，二十七宰年鸡，二十八蒸炒炸，二十九备年酒，三十儿过大年"反映了当时筹备过年的井然有序和喜庆热闹景象。筹备过年主要包括：整创喜庆环境，家家户户都要进行一次彻底的大扫除，更新用品，贴年画、春联、窗花。购制新衣，经济条件好的给全家，差一点的仅给孩子，无条件的也要将旧衣服清洗干净。走亲访友，年前年后均可，年后走访的年前也要把礼品准备好。逛集市，不仅是购买年货的一种方式，而且成为庆祝过年的一种习俗，老台头营是冀东重要商贸集散地，年前更是热闹非凡。上坟，年前都要到逝去亲人的坟墓祭祀。备年货，主要是各种食品、祭祀用品、鞭炮等。最复杂的是准备食品，自家人粗茶淡饭一年了要改善，亲朋来访要待客，家家户户均尽其所能精心准备，力求丰富。

大年三十（大年农历三十，小年二十九）是过年的正日子。家家都要早起，打扫卫生，张贴春联、门神、"福"字。在院内正中向阳处搭起天棚，供奉天神，供桌上摆放供品、米斗，插上香烛、纸码，一日三次烧香礼拜，直到初五，祈祷来年风调雨顺、合家平安。中午合家欢聚吃年饭。饭前要给祖宗、神仙上供。年饭可以说是一年中最丰盛的饭菜，席间互敬互让，相互祝福。

除夕之夜，天还没全黑就把各个房间的灯全部点上，满屋亮亮堂堂，直到午夜守岁结束才熄。有人走街串户送财神，就是将画有财神爷的画送到各家，主人要给喜钱。除夕夜还有搬油罐子的习俗，急于解决婚姻大事的青年男女悄悄地搬动荤油（猪油）坛子，祈求来年动婚（荤）。晚上九点以后，晚辈要向长辈拜年，表达祝福，长辈要给晚辈压岁钱。燃放烟花爆竹是过年的重要习俗，从大清早开始就响起鞭炮声，入夜后鞭炮声增多，发纸时达到高潮。发纸就是将天棚、灶王爷、祖宗牌位、牲畜棚圈等处供奉的财、喜等神的偶像纸（俗称码子）在天棚处焚化，也叫接神。发纸在子时进行，各家鞭炮齐鸣，迎接自家诸位神仙的到来。发纸后吃年夜饺子。在包饺子时将一枚硬币包在饺子里，谁吃到预示着新的一年交好运。在煮饺子时还要放一些挂面，意为金丝串元宝。煮饺子要烧芝麻秸，预祝新一年的日子像芝麻开花——节节高。在炕席两头放一些芝麻秸和钱币，叫压炕钱，在院子各处放些芝麻秸，叫压院，还要留一些用于初一早上蒸饺子再烧。在煮完饺子后，要在锅、盆、瓢等处放上钱币，预祝来年金钱满贯。吃过饺子，继续守岁，直到新的一年到来。

大年初一人人要早起，家家吃蒸饺，在鞭炮声中开启新的一年，意为初一早一年早，新一年的日子从热气腾腾、红红火火开始。吃过早饭，男人和孩子们穿上新衣服外出，在亲朋之间互相拜年。女人不外出串门。初二，有新媳妇的由婆婆领着逐户给长辈拜年，长辈要给赏钱。走亲访友、祝寿及扭秧歌等文娱活动次第开始。

老台头营是个大城镇，人口集中，平时就较繁华，新年更是热闹，张灯结彩，游人如织。最吸引人的要数搭的过街牌楼和扯的吊达（过街旗）。由各商户操办，在各个街口用木杆和松枝搭建牌楼，高为一丈八尺左右，宽为两丈五尺，牌楼和两侧做成形似门框的空心，内部扎成两面透亮的红绿纸灯，灯上书"欢度新春佳节""举国欢庆""欢度新年"等横幅，顺联一般写"风调雨顺五谷丰登""国泰民安万民同庆"或"共贺新春万象更新""瑞雪丰年春回大地"等等。吊达是以细绳沾挂一块块长方形色纸组成的单字贺词，挂在大街面对面的房檐椽头上，将街道装扮成彩色的走廊，随风飘扬，煞是好看。

为了讨取吉利，回避不顺，过年期间民间有许多忌讳。例如，不许说不吉利的话，即使出现状况，也要坏话好说，如煮饺子煮破了，不许说"破""坏"，而要说"挣了"；不慎打碎餐具等物，不许说

"碎""打"，而要说"岁岁好""岁岁平安""金银满贯"等等。已结婚的姑娘在小年之前必须回婆家，不许再住在娘家，否则要穷娘家。正月不许借钱，借给别人钱和向别人借钱都被视为受穷之兆。初一到初五不许妇女串门，认为女人是不洁之身，恐冲撞了别人家的拜神、祭祖、祈祀等活动；不许妇女做针线活，否则是寡妇、绝户之兆。从除夕到初五，泼水要低泼，以防冲撞神仙，被神仙怪罪。正月初一到初五所有碾子、磨都不许动，因其为青龙、白虎神，动用就视为不尊重，会引起神怒，将会没有五谷可碾可磨。过年期间的禁忌在正月初五解除，故正月初五也称破五。清早要燃放鞭炮，中午要摆酒宴过节。

过了初五，过年基本结束，人们的生产生活转入正轨，但文艺活动仍在继续。文艺活动是春节活动的一道靓丽风景，主要有高跷秧歌、地秧歌、跑旱船、跑毛驴儿、舞狮子、耍龙灯、耍钟幡、大脑袋会和灯官、倭官等。每年老台头营周围都有十几个村组织文艺队伍，并有到城里踩灯、拜年的习俗。尤其是初五以后，集日转入正常，商号开始营业。每逢集日，许多队伍前往表演竞技、祝福拜年，周围百姓前往逛大街、看热闹，商家

舞狮　2018年4月18日摄

铺户更是使出浑身解数吆喝推销、迎来送往。街上，锣鼓声、唢呐声连成一片，鞭炮声、喝彩声此起彼伏。只有一平方公里的小城，最多时一天就到过近四十来拨文艺队伍。

元宵节除吃元宵的习俗外，老台头营的元宵灯会更是远近闻名。灯会一般为正月十四、十五、十六三天。台头营的灯会以规模大、品种多著称。灯展主要在东大街、小南街、大南街、东关，最热闹的是东大街。由东城门口至西石桥约二百多米，大街上空扎满了五彩缤纷的彩旗，两旁全是店铺，每间门市房前一般都挂两盏灯，照得鲜红的对联光彩夺目。灯的种类繁多，有

走马灯、大宫灯、纱灯，有大有小、有方有长、有圆有扁，有神话故事、有戏剧人物、有动物造型，可谓是五花八门，绚丽多彩。猜灯谜、看表演亦是灯会的亮点。尤其是踩灯的文艺队，不仅吸引了台头营镇各村，而且大新寨的南屯、狮子庄、北寨、董各庄、峪门口、王汉沟等村也都争相参加，文艺节目丰富多彩，比较有名的有台头营北街的钟幡和倭官、北关的大脑袋会、七村和三村的舞龙灯，垫各庄的跑旱船，毛各庄的耍狮子，南屯的踩高跷等。灯会从正月十四晚上开始，正月十六结束。每天晚五点开始，大约第二天凌晨一点多钟收场。期间，灯光与月华交辉，表演者与观赏者互动，鞭炮声、锣鼓声、唢呐声、喝彩声相互交织，欢声笑语，热闹非凡。

舞幡 2018年4月18日摄

　　随着经济社会的发展、人们生活状况的变化，许多传统的习俗已经或正在消失，新的习俗正在形成。总的趋势是简化，以致许多人说起过年感觉没什么意思。进入21世纪后，商场、超市、集市中商品琳琅满目，猪、鸡等已很少有人养，衣服不用自己做，居住条件大为改善，平时想吃什么吃什么、想穿什么穿什么，许多过去需要自己动手准备的年货都转为购买，筹备过年的忙碌、兴奋、热闹成为历史。祭祀、祈福、忌讳、扭秧歌等习俗弱化或已消失。贴春联、吃年饭、守岁、吃饺子、吃元宵、放鞭炮等习俗继续传承，祝寿、玩牌、打麻将等习俗盛行，看春晚成为春节热门，电话拜年、短信拜年、微信拜年、微信发红包、微信抢红包风行一时。

人生礼仪·

人生的一生要经历出生、入学、升学、参加工作、婚嫁、生儿育女、娶儿媳、嫁闺女、有病有灾、人情来往、调动升迁、为老人做寿、自己做寿、死亡等一系列事情，每项事情均有一定的礼仪习俗。有的影响较小，习俗相对比较灵活，讲究较少，如入学、升学、探病、调动升迁等。有的影响较大，习俗相对稳定且为人们普遍接受，亦即人生较大的礼仪习俗，主要有生育、婚嫁、做寿、丧葬等。

生育　人类繁衍生息，家庭传宗接代，新生命的诞生和顺利成长，是每个家庭的一件大事。多子多福曾是每个家庭的期望和追求。因未能生子，女人在婆家受气的现象比较常见。实行计划生育后，有些家庭宁可违反政策受到处罚也要生一个男孩。随着经济社会的发展，人们的生育观念发生较大变化，男孩女孩都一样的观点被人们普遍接受。生育习俗总的趋势为生育观念由多子多福转变为少生优生，对生育的重视程度更加提高，在形式上传统的礼仪禁忌逐步减少，程序性的讲究趋于简单化，更加突出喜庆气氛。

结婚后双方父母最关心的是女儿或儿媳何时怀孕，如长时间无孕，就求神拜佛、寻医问药。怀孕后，孕妇在家中的地位、身价也会随之提高，行为和饮食会受到很多限制，生活中有许多禁忌。随着科技进步和普及，没有科学道理的习俗和禁忌被摒弃，注意营养等有益的做法传承下来，科学合理搭配膳食、定期进行孕期检查成为常态。在生活比较困难的时期，自知道怀孕之日起，就开始攒鸡蛋、豆皮、红糖等营养品，准备婴儿的衣帽鞋袜、被褥尿布等生活用品，多用旧料自己制作。随着生活水平的提高，时下生活用品多在预产期前集中购买，不但用料新而且品质越来越高，食品讲究新鲜、营养、健康。

婴儿快要出生，俗称觉病。婴儿降生，俗称临盆、添喜、添丁。过去，孕妇大多在家分娩，觉病后请接生婆到家接生。接生婆多为村中有经验的妇女，既无助产设备和技术，又缺乏相关专业知识，遇有难产，唯有求神拜佛、祈求护佑，母子遇险并不罕见。自90年代起，孕妇多到县、乡医院分娩，确保了母婴安全。

婴儿出生后，新妈妈要休养一个月，俗称坐月子，要有人护理，称为伺候月子，产妇住的房屋称为月房屋。婴儿出生后，姑爷要到岳父家报喜。第五天，娘家人要带着小被、小褥和一些营养品前来探望，到时先把小被盖在婴儿身上，名曰捂风。

婴儿出生后最大的庆祝活动是送面。一般是出生后七天、九天或十二天进行。届时，添丁人家大办酒席，邀请亲朋好友，受邀者要带着贺礼前往祝贺。早期贺礼为面粉，故称送面。贺礼由几斤逐步增加到十几斤，娘家要送整袋的面，后来发展成为礼金。

出生一个月，产妇坐月子期满俗称满月，出生100天俗称百岁，婴儿一周岁俗称生日，通常都要庆祝，俗称做满月、做百岁、做生日。做满月、百岁、生日一般限于至亲，如婴儿的姥、姑、姨家等，带着礼物前往祝贺。主家要设酒席庆祝。

婚嫁　婚嫁是人生大事，历来为人们所重视。婚嫁分娶媳妇和招女婿，两者风俗基本相似。婚嫁礼仪习俗讲究最多、程序复杂、时间跨度较长。80年代之前传承稳定，变化不大。之后变化较大，有的风俗已经或正在消失，呈程序礼仪逐渐简单、花钱越来越多的趋势，经济上已经造成男方父母的沉重负担。婚嫁的主要环节为订婚和结婚。

订婚。过去，婚姻主要是"父母之命，媒妁之言"，讲究八字相合、门当户对，男方到女方下聘礼后婚姻即订下来。新中国成立后，实行婚姻自主。或经媒人介绍，或自由恋爱，双方互相了解，认为时机比较成熟时，就讲定条件，履行订婚程序。订婚一般是女方及女方亲属到男方家，在男方家举行。根据男方宴请亲朋好友的范围，订婚规模有大有小。参加的亲朋要赠送礼金给女方，俗称"看钱"，男方还要下订亲礼，有四下礼、六下礼、八下礼（一下礼为一样礼品）不等，后多一包在内给多少钱。然后由女方定时间，请男方到女家作客。男女双方第一次登对方门槛时，还要赠给准姑爷、准儿媳"踩金门"钱。

结婚。在举行结婚仪式前，要做好包括择日子、过彩礼、结婚登记、置办家具、布置新房、购买衣服、邀请亲朋好友等各项准备工作。结婚仪式多在男方家里举行，过去一般三天。

第一天落桌，即做准备。帮忙的人员到位，由知客（亦称知宾）负总责，其他人员分工负责，做好各项准备工作。院门、房门、室门张贴喜字和对联，井口、下水道等处贴红纸条。部分亲朋好友到贺，设正席招待。

第二天娶亲。男方安排人员，带着礼物去女方家迎娶，女方家安排人员送亲。交通工具由抬轿、马车、拖拉机、汽车发展到车队，交通工具成为体现面子的重要方面。新人吉时下轿下车，红毡铺地，童男童女相搀，拜天地，入洞房。后多省去拜天地环节，新人下车后迎进新房。女方一般选定新娘的弟弟或侄儿一人为新房挂门帘子，俗称挂门帘，男方要给挂门帘钱。新娘坐在铺在炕上的被子上，称为坐福。男方要待女方客人为贵宾，不但要送红包，还要先摆干碟，即各种水果糕点等，并安排专人全程陪伴，称为陪新亲。临近中午，设立账桌，开始上礼。中午设正席招待宾客，客人多的分批吃酒席，一批称为一席，长辈、贵客要在第一席。第一席散女方客人回。晚上，新郎、新娘要吃子孙饺子、长寿面，家人和亲属共同分享。"新婚三天没大小"，大家可以尽情说笑，有的还要闹洞房。睡前，由童男、童女为新人铺炕，新郎、新娘吃大枣、花生、桂圆和栗子，含"早生贵子"之意。

第三天回门。新郎要陪新娘回娘家，俗称"回门"。女方家及准备将来与男方上门成为亲戚的亲属到男方家贺喜。中午男方再设正席，招待贺喜人员和亲朋。席罢，结婚仪式结束，亲朋各回，新郎陪新娘随贺喜人员回娘家。女方家摆酒席，宴请亲朋，到者上礼，称为添箱。

90年代后，结婚仪式趋于简化，多一天完成，俗称"一天乐"。有的在家，有的在酒店，男方的称为结婚，女方的称为旋门，还有的在酒店男女双方同时举办。由知客主持，或聘请主持人，燃放鞭炮，播放音乐，一般包括新人介绍，证婚人证婚，长辈发言，新郎、新娘喝交杯酒等程序。之后，酒宴开席，新郎、新娘及其父母在司仪陪同下逐桌敬酒拜谢。置新房成为姑娘谈婚论嫁的重要条件，在城里买楼房成为常态，致使男方父母不堪重负。

做寿　人诞生的那一天为生日，生日是人生旅途的起点，是人生一个很重要的日子，人们习惯于在生日这一天举行庆贺活动，是谓过生日，50岁以后亦称作做寿、庆寿、祝寿。过生日相对简单，一般是买个蛋糕、做几个菜、煮几个鸡蛋、做些面条，一家人坐在一起庆祝一下。做寿相对复杂，均在正月初二至初十期间举办，分为大寿和坎寿。大寿为50、60、70、80、

90、100虚岁，大寿日以老人年龄的十位数定日期，分别为初五、六、七、八、九、十日。坎寿为52、55、66、73、84虚岁，坎寿以年龄个位数定日期，分别为正月初二、五、六、三、四日。做寿一般不需邀请，亲朋好友主动到贺。分不做、小做、大做，不做是直系亲属小聚庆祝，小做是接待亲朋的范围有一定的控制，大做是有来往的亲朋好友均接待。做与不做，大做还是小做，由寿者及其子女商定，事先亲朋之间一般有所沟通。一般惯例为岁数小时一般不做，自66岁始一般小做或大做，80岁以上一般都大做。寿宴过去多在家里举办，后到酒店举办的越来越多。寿礼过去为糕点、酒、面粉、挂面等，后演变为礼金。

丧葬 丧葬习俗传承久远，历来视为大事，程序复杂，葬品讲究，穷富差距很大。60年代后期，丧葬习俗被列入"破四旧"的重要方面，传统一度停止。70年代后期，传统习俗开始恢复。1990年施行殡葬改革，尸体实行火化，但传统习俗仍在延续，人们竞相攀比，大操大办普遍。

民间丧事有喜丧和哀丧之分，逝者80岁以上为喜丧，80岁以下为哀丧。哀丧气氛悲伤，禁忌较多，人们行为举止比较拘谨。喜丧相对松快一些。正常死亡和意外死亡的丧事办理也有所区别，意外死亡禁忌相对多一些。丧事办理多为三天。丧事一般请知客，成立红白理事会的由红白理事会主持料理。

停灵。人临终前要换上装老衣服，即寿衣，原为缝制，后多到商店购买。要为死者擦净手脸，手塞饽饽，枕上寿枕，戴上寿帽，盖上寿单，停在过堂屋的灵床上，头前摆上供品，烧上香，点燃一盏油灯，俗称长明灯。头前地上放个瓦盆，民间俗称瓦盆子，用作来人吊唁时烧纸用。

报丧和吊唁。大门口挂樟头纸，安排人员分头负责向亲友报丧。亲属按辈分披麻戴孝，也有的臂戴黑纱、胸戴白花。亲朋好友、乡里乡亲在停灵期间要到灵前祭吊，有哭吊、叩拜、鞠躬等形式，一般由司仪引领，孝子孝妇灵侧陪吊，并对来宾表达谢意。吹鼓手到位后吊唁要伴奏。请吹鼓手，也称请喇叭匠，搭建乐棚，一般请一组，有的请两组，称对棚鼓手，有的还带唱歌哭灵的，近年来用音响代替鼓手的越来越多。灵前要安排人昼夜轮流值守，不能离人，称为守灵。由晚辈人穿孝服，手提灯笼、托盘，每天按早、午、晚三次到村边小庙送倒头纸。丧事是人们人情来往的重要事项之一。亲朋好友、乡里乡亲要随礼。直系亲属、好友还要送花圈、挽幛，闺女有的还要承担部分纸扎钱。丧事期间，主人摆酒席接待客人，酒席标准一般不如喜事讲究。

纸扎。一般是根据家属的意见到纸扎铺定做。传统品种有花圈、童男、童女、牛、马、车、库、摇钱树、聚宝盆、九莲灯等。近年电视、电脑、轿车、楼房、沙发、自行车、电冰箱、洗衣机等现代化生活用品也纳入纸扎祭品范围。多数纸扎在送行时祭烧，少部分出殡时在坟上祭烧。

　　打墓。要在老坟场或新选的坟茔地挖墓穴，俗称打墓子，或到陵园选墓穴。打墓穴通常是4个人，墓打不完不能回家。帮忙的人将酒、菜、点心送到墓地，打墓的人在墓地吃喝，喝不完的酒倒在坟地，不能带回家。

　　入殓、领魂、送行、摆祭。入殓前要将棺材内裱糊，棺底铺棉花。棺木多为松、杨、柳木，漆黑、红色，棺头写有"寿"字，左右一般书有"金童前引路""玉女送西方"，横批为"极乐世界""自在堂"等。入殓多在出殡前一天黄昏时进行，避日月星光，一般由死者儿子抱遗体头部，与其他直系亲属将遗体抬入棺中，后放入随葬品。盖棺时，亲属跪于棺前哭喊"躲钉"。然后，吹鼓手吹奏，亲友和帮忙的人们拿着纸扎，孝子孝妇抬着樟头纸，亲属随行，缓缓行走，到村边小庙将亡者灵魂领回，称为领魂，也称拉魂。回来后再快速到村西将部分纸扎烧掉，跪地大哭，称为送行。返回后，吹鼓手奏乐，亲属要依次摆祭行礼。男性一般行跪拜礼，女性亲属要进行坐夜，也称观花。夜间亲人守灵。

　　出殡，亦称出灵。在鼓乐声中，排行较大的儿子扛着灵幡，其他儿子、儿媳、闺女、姑爷在其两侧，跪在棺前，哭祭后起立，摔碎丧盆子起灵。大家抬起棺材，扛灵幡的儿子在人们搀扶下，哭着在棺前倒退行走一段路程后转身在前引领，把棺材抬到墓地下葬。出殡期间，灵柩要停放三次，意在惜别故去的亲人。到了墓地，扛幡者先从墓穴四周抓少许土包好之后先带回家。然后在墓穴四角撒一点五谷粮，把棺材下入墓穴，调正后引魂幡插在棺顶正中，填土埋好。

　　祭祀、守孝。葬后第二天，子女和亲属要给坟头培土，俗称"圆坟"，并用秸秆在坟顶为逝者盖新房。以后每七天为一期，一、三、五、七、十等五个期日和百日、周年均为祭日，子女到坟墓祭祀。子女守孝百天，百天内禁办喜事。也有守孝一年或三年的。周年祭祀后，下一年则转入清明、"十一儿"、春节祭祀。

·民间艺术·

天马山地区民间艺术形式主要有皮影、评剧等戏曲和吹歌、太平鼓、秧歌、舞龙灯、跑旱船、耍狮子、抬皇杠、霸王鞭、跑驴、推车、钟幡、倭官、大脑袋会等音乐舞蹈，这些舞蹈多随秧歌队一起表演。吹歌、太平鼓、抬皇杠等地域特色突出，分别被列入第一批国家级非物质文化遗产名录、河北省第一批非物质文化遗产名录、河北省第三批非物质文化遗产名录。

吹歌　抚宁吹歌又称鼓吹乐，以唢呐（喇叭）为主，加鼓、钹等乐器配合，一般在民间婚丧、年节、迎送和庆典等场合演奏。历史悠久，曲目丰富，在冀东和东北地区久负盛名。2006年2月，抚宁县被命名为中国吹歌之乡、中国吹歌研究基地。是年5月，抚宁吹歌被列入第一批国家级非物质文化遗产名录。是年6月，被列入河北省第一批非物质文化遗产名录。2009年1月，被列入秦皇岛市第一批非物质文化遗产名录。

抚宁鼓吹乐乐曲分大牌子曲类、秧歌曲类、汉吹曲类和杂曲类。其400多首乐曲曲名古老有序，母曲可与古谱互相参照，具有一定的文物性质。现有的200多首演奏曲，首首均有母曲。任启瑞、崔占春于1985年演奏的35调《句句双》和《旗幡招》国内尚无人能连续演奏。抚宁唢呐（喇叭）

鼓吹乐　网络

的特点是形体大，声音洪亮，穿透力强。根据形制、尺寸、音域及演奏方法可分为15种类型，常用的有海笛子、三机子、二唢呐、大唢呐、双唢呐、三节唢呐、鼻吹唢呐等。全国其他地区的唢呐均为8度超吹，抚宁唢呐融8度、9度、10度超吹于一体，演奏方法独特。著名艺人有：齐海春、倪士宽、张秉云、赵会、任启瑞、孙俊元、倪士然、崔占春、戴文治、赵柏青、李春生、石凤祥等。

　　太平鼓　太平鼓为一种民间舞蹈形式，因舞者手执的道具鼓面书有"天下太平"字样而得名。传说为唐太宗李世民东征高句丽往返驻军于抚宁时传入，流传于县城附近和东部地区。2006年6月，以其浓郁的地域特色入选为河北省第一批非物质文化遗产名录。2009年1月，被列入秦皇岛市第一批非物质文化遗产名录。

　　太平鼓形似芭蕉扇，用一根长方形铁条围制成鼓框和鼓柄，鼓框上蒙生羊皮或牛皮，鼓皮中央绘阴阳鱼、蝙蝠、花草等吉祥图案，图案四周常书写"天下太平"四字，鼓柄下重叠大小铁圈两至三个，或扁椭圆形，或圆形，均拧成麻花状，每个铁

太平鼓表演　网络

圈上各套有数个小铁环，可自由晃动发出响声。鼓槌有竹制、木制、藤制，击鼓一端圆滑，另端系着彩带。太平鼓适宜女性表演，场地不受限制，可作为表演项目，亦可日常健身。表演形式有独舞、对舞、轮舞、群舞等。舞步有踏步、虚步、碎步、进退步、横挪步、别腿步、交叉步、十字步等30余种。队形变化有夹寨子、串门子、龙摆尾、四季平安、四面斗、八面风等20余种。鼓点曲牌有《平鼓点》《磕边鼓点》《弹棉花》等40余种。舞动时，彩带飘飘，铁环作响，鼓点声声，配以舞步、队形的变化，韵律优美，活泼喜庆。

　　抬皇（黄）杠　皇杠又称颠杠、劫皇杠、抬花杠、抬杠箱等，是一项在民间广泛流行的民俗活动。2009年1月，抚宁县抬皇（黄）杠被列入秦皇岛市第

一批非物质文化遗产名录。是年6月，被列入河北省第三批非物质文化遗产名录。

　　杠为古代一种运输工具，其组成队伍称为纲。皇杠为贡品，抬皇杠、劫皇杠表现运送皇杠和打劫皇杠后的欢快喜悦场面。抬皇杠表演的道具是一个瓶形木箱，箱身蒙以颜色艳丽的花布，箱口插花簇、四角插四面龙凤黄旗，木杠从箱上部中间的孔中穿过并固定，木杠长约3～4米，用黄布包裹。表演时，两人抬一杠箱为一架，十二架为一套。抬杠的进退颠扭，施展换杠、顶杠、驼杠等高难技巧，一套或几套杠排成长龙，一条线、单出头、穿十字、走连环、五福捧寿、八仙过海，不断变换队形，另有四名"护纲衙役"护拥一

皇杠　《秦皇岛市非物质文化遗产图录》

名身系串铃、手扬马鞭的"压纲官"在杠间穿梭，鼓、钹的伴奏和着箱环有节奏地拍击杠箱的"啪啪"声，使场面喜庆、热闹、壮观。

清朝和民国时期，台头营为京东主要的商业贸易和货物转运中心之一，与京、津、唐往来密切，南达广州、上海，北通蒙古、辽沈，商贾集聚，景象繁荣，曾有"京东第一镇"之称。人员频繁往来交流，使当地语言既兼容并蓄，又具地方特色，形成丰富的谚语、方言、歇后语等。随着生产生活的发展变化，特别是义务教育的普及，许多地方特色较强的语言有的已经淡出人们的生活，有的仅在年岁较大的人群中还在使用，表现比较突出的是方言，其次是谚语。方言、歇后语收集到的基本载录，对谚语进行一定的选择，将地方特色较强的予以载录。

谚　　语

夏至冬至，日夜相等，春分秋分，昼夜平分。

腊七腊八，冻死鹅鸭。

十雾九晴。

乌云满天跑，风雨小不了。

早霞阴，晚霞晴。

云回头，晴不留。

日晕风，月晕雨。

云接云，雹成群。

风是雨的头。

早晨下大雾，白天好晒布。

先下牛毛没大雨，后下牛毛不晴天。

老云接驾，不阴就下。

雷雨三后晌。

雪打高山霜打洼。

雹打一条线，年年旧道串。

起早知了叫，大雨就来到。

燕子来到谷雨前，没雨也不难。

蛇盘道，老牛叫，燕子低飞，山戴帽。

蚂蚁搬家蛇过道，水缸穿裙山戴帽，不过三日雨来到。

春不种，秋不收。

春天一刻值千金，时令节气不饶人。

一遍苗，二遍草，三遍浅锄顺地跑。

人误地一时，地误人一年。

人靠地来养，苗靠肥来长。

人是铁，饭是钢，地里没粪庄稼荒。

人养地，地养人，锄头底下出黄金。

干耪土，湿耪沙，不湿不干耪下洼。

干锄棉花湿锄谷，高粱根下一堆土。

高垄萝卜低垄菜。

八月葱，九月空。

早耪菜，晚浇园。

水灾一条线，旱灾一大片。

头伏有雨二伏旱，三伏有雨吃饱饭。

头伏萝卜二伏菜，三伏里边种荞麦。

头水深，二水浅，三水四水洗个脸。（指浇麦）

头水晚，二水赶，三水四水紧相连。（指浇麦）

阴土换阳土，一亩顶两亩。

好种出好苗，优种产量高。

麦到夏至谷到秋，寒露才把白薯收。

栗花香，种瓜秧；栗花臭，种杂豆。

母猪好，好一个；公猪好，好一窝。

养鸡养鹅，零钱最活。

养猪养羊，有肉有粮。

家种一分园，顶种一亩田。

桃三杏四梨五年，枣树当年就还钱。

山区林是宝，无林富不了。

山上多栽树，等于修水库。

山区要想富，多多栽果树。

果树生长有特性，剪枝要按品种定。

房前屋后多栽树，丰衣足食有出路。

靠山吃山，吃山养山。

不怕不识货，就怕货比货。

好货不便宜，便宜没好货。

买卖好做，伙计难搭。

买卖不成仁义在。

货卖一层皮。

货到地头死。

漫天要价，就地还钱。

要想生意好，得把窍门找。

要想生意活，得把行情摸。

家有贤妻，男人不做横事。

一日夫妻百日恩，百日夫妻比海深。

宁嫁老头，不嫁小猴。

夫妻同床睡，人心隔肚皮。

穿坏是衣，临死是妻。

家常便饭粗布衣，知冷知热是夫妻。

家花没有野花香，野花没有家花长。

满堂儿女不如半路夫妻。

娇养无义儿，棍棒出孝子。

生儿不教，纯属胡闹。

儿大不由爷，女大不由娘。

久病床前无孝子。

女大不中留，留了结冤仇。

一代好媳妇，三代好儿孙。

会当媳妇两头瞒，不会当的两头传。

孩不嫌娘丑，狗不嫌家贫。

有好儿子，不如有好儿媳妇；有好闺女，不如有好姑爷。

儿行千里母担忧，母行千里儿不愁。

小孩拿哭吓唬人，老人拿死吓唬人。

家有一老，强似活宝。

老马识路途，老人通世故。

娘勤女不懒，爹懒子好闲。

爹养儿小，儿养爹老。

一辈传一辈儿，辈辈更加劲儿。

儿大分家，树大分叉。

不是一家人，不入一家门。

不当家不知柴米贵，不养儿不知父母恩。

粗茶淡饭，百吃不厌。

老婆管汉子，金银满罐子。

靠亲戚吃饭饿死，靠朋友穿衣冻死。

宁住耗子窟，不住对过屋。

穷不扎根，富不长苗。

爹有娘有，不如己有。

家有千口，主事一人。

长兄如父，老嫂比母。

爱哭的孩子吃奶多。

猫恋食，狗恋家，小孩恋妈妈。

细水长流，吃穿不愁。

家家都有八出戏。

饥荒多不愁，虱子多不咬。

有钱不花，丢了白搭。

有啥别有病，没啥别没钱。

有福不用忙，没福跑断肠。

穷死不做贼，冤死不告状。

干干净净，一生没病。

不干不净，容易生病。

病从口入，以防为主。

随地吐痰，百病之源。

有病早治，省钱省事。

名医难治心头病。

得病容易去病难。

三分吃药，七分调养。

千补万补，不如食补。

不怕年老，就怕躺倒。

牙疼不算病，疼起来真要命。

强身之道，锻炼为妙。

春捂秋冻，到老没病。

人过三十，日过中午。

笑一笑，十年少；愁一愁，白了头。

人过留名，雁过留声。

奉承你是害你，指教你是爱你。

胸无大志，枉活一世。

有志不在年高，无志空活百岁。

能人背后有能人。

艺多不压身。

目不识丁，枉费一生。

刀不磨要生锈，人不学要落后。

书到用时方恨少，到老方悔读书迟。

读不完的书，走不完的路。

铁杵磨成针，功到自然成。

师傅领进门，修行在个人。

君子惧失义，小人惧失利。

人争一口气，佛争一炷香。

知足者常乐，能忍者自安。

积恶成灾，积善成德。

富之不媚，贫之不嫌。

不怕人不敬，就怕己不正。

不听老人言，吃亏在眼前。

不吃苦中苦，难得甜上甜。

心宽不怕屋子窄。

从小看大，三岁看老。

老不舍心，少不舍力。

嘴巴没毛，办事不牢。

宁叫钱吃亏，不叫人吃亏。

宁看贼挨打，不看贼吃饭。

衣不如新，人不如故。

谁人背后不讲人，谁人背后无人讲。

年年岁岁花相似，岁岁年年人不同。

人无千日好，花无百日红。

知理不怪人，怪人不知理。

人嘴两层皮，说东又说西。

宁说悬话，少说闲话。

宁吃过头饭，不说过头话。

好话说三遍，狗都不愿听。

吃菜吃心儿，听话听音儿。

是非只为多开口，烦恼皆因强出头。

静坐常思自己过，闲谈莫论他人非。

人奸没饭吃，狗奸没屎吃。

人心换人心，八两换半斤。

人心隔肚皮，看人看行为。

吃人嘴短，拿人手短。

与人方便，与己方便。

劝赌不劝嫖，劝嫖两不交。

打狗看主人，骂孩子看大人。

宁伤君子，不伤小人。

宁穿朋友衣，不染朋友妻。

交人交心，浇花浇根。

人怕见面，树怕扒皮。

平时不烧香，临时抱佛脚。

酒肉朋友，难得长久。

喝酒喝厚了，要钱要薄了。

三个女的一台戏。

三十年前望父敬子，三十年后望子敬父。

好鸡不跟狗逗，好男不跟女斗。

是狗改不了吃屎，是狼改不了吃肉。

骨头连筋，十指连心。

是亲必顾，是邻必护。

你敬我一尺，我敬你一丈。

明人不做暗事。

害人如害己。

穿衣戴帽，各好一道。

敲锣卖糖，各干一行。

一个篱笆三个桩，一个汉子三个帮。

朋友千个少，冤家一个多。

一人不喝酒，二人不耍钱。

人屙屎，狗当家。

受人点水之恩，当以涌泉相报。

一人难唱一台戏。

借人一驴，还人一马。

家鼓家擂，家梦家圆。

脚上泡，自己走的。

墙头草，两边倒。

好事不出门，坏事传千里。

好事有人夸，坏事有人抓。

好花不常开，好景不常在。

好种出好苗，好葫芦开好瓢。

杀鸡给猴看，打骡子马也惊。

顺着好吃，横着难咽。

贼咬一口，入骨三分。

真人不露相，露相不真人。

不为吃包子，为争这口气。

不怕没好事，就怕没好人。

兔子急了也咬手。

恶人自有恶人降。

一人传虚，百人传实。

一条臭鱼搅和一锅腥。

人比人得死，货比货得扔。

气大伤身不养财。

宁给好汉拉马，不给赖汉做爷。

瓜子不饱是人心。

忍得一时之气，免得百日之忧。

听人劝，吃饱饭。

贪小便宜吃大亏。

好借好还，再借不难。

勤来勤去搬倒山。

慢工出巧匠。

力大不如办法巧。

路在人走，事在人为。

使唤嘴不如使唤腿。

看花容易绣花难。

眼愁手不愁。

磨刀不误砍柴工。

付不出千斤力，打不回百斤鱼。

不怕走得慢，就怕站一站。

老将出马，一个顶俩。

干活不由东，累死也无功。

没有金刚钻，少揽瓷器活。

强将手下无弱兵，名师手下出高徒。

行家一伸手，便知有没有。

行家看门道，利巴看热闹。

远道没轻载。

好记性不如烂笔头。

临阵磨枪，不快也光。

一方水土养活一方人。

人不亲土亲，河不亲水亲。

穷家难舍，故土难离。

美不美，家乡水；亲不亲，故乡人。

没有家鬼，难引外鬼进门。

狗嘴里吐不出象牙来。

人随王法草随风。

人对眼不论丑俊，瓜好吃不论老嫩。

刀口药虽好，不如不拉口子。

上山容易下山难。

包子有肉不在褶上。

宁走十步远，不走一步险。

萝卜快了不洗泥。

骑驴不知赶脚苦，饱汉不知饿汉饥。

常在河边绕，哪能不湿鞋。

事以少为奇，物以稀为贵。

纸里包不住火，雪里包不住炭。

是真假不了，是假真不了。

一回上当，二回心亮。

口说无凭，事实为证。

月有圆有缺，人有聚有别。

无巧不成书，无古不成今。

不经一事，不长一智。

不当和尚，不知头凉。

买不尽便宜，上不尽当。

会说的不如会听的，会听的不如会做的。

在家千般好，出门事事难。

背着抱着一般沉。

隔山不算远，隔河不算近。

好死不如赖活着。

好了疮疤忘了疼。

一俊遮百丑，一正压百邪。

十个指头不一般齐。

十个和尚夹个秃子。

无风不起浪，无缝不下蛆。

汗从病人身上出。

老王卖瓜，自卖自夸。

有钱难买后悔药。

私凭文书官凭印。

姜是老的辣，茶是后来酽。

真金不怕火炼，好货不怕试验。

红花还得绿叶配。

好汉不挣有数钱。

好汉架不住赖汉多。

成人不自在，自在不成人。

十事九不周。

车动铃铛响。

丢了西瓜拣芝麻。

好钢使在刀刃上。

孩子哭了交给他妈。

谁的孩子谁抱着。

懒汉子和稀泥。

雷声大，雨点稀。

满瓶不摇，半瓶晃荡。

三句话不离本行。

打开窗户说亮话。

会说的不如会听的。

当面锣，对面鼓。

没病不怕冷膏药。

没有端午的粽子，换不来中秋的月饼。

贪别人个花，误自己个家。

赌博出盗贼，奸淫出人命。

丑妻近地家中宝。

看菜吃饭，量体裁衣。

趁水好和泥。

三八赶集，四六不懂。

人有人言，兽有兽语。

丑媳妇懒见公婆。

肉烂在锅里。

好吃不如赖得意。

远应日子近还钱。

便宜没出当家。

方　言

不嘎咕——不错。

不连缕——不利索。

上赶着——主动的。

汗褟子——汗衫。

作哄——打闹。

快溜的——快点。

那可不——可不是吗。

今个儿——今天。

明个儿——明天。

夜个儿——昨天。

捉鳖子——为难。

抓彩——出洋相。

够呛——危险。

熬糟——发愁。

皮噜巴几——不要脸。

佝偻巴腔——驼背。

瘦拉巴几——不胖。

胖古伦敦——肥胖。

稀里巴嘟——马马虎虎。

缩里缩气——吝啬，不大方。

尖头稍脑——奸诈。

气堵份——嫉妒。

没缝儿下蛆——无故找茬。

脓脓腔腔——不健康。

抠抠扎扎——慢，不痛快。

可惜了的——可惜。

歇　后　语

裤兜里放屁——两叉了。

外甥打灯笼——照舅（旧）。

坐飞机吹喇叭——名声高。

对窗户吹喇叭——名声在外。

老妈子抱孩子——人家的。

蹲墙根儿屙屎——面朝外。

黄鼠狼烤火——光爪儿。

王八钻灶膛——憋气窝火。

瞎子戴眼镜——多一层。

罗锅子上山——前紧（钱紧）。

肉包子砸狗——一去不回。

拿棒子叫狗——越叫越远。

茅房的石头——又臭又硬。

兔子尾巴——长不了。

秋后蚂蚱——蹦扎不了几天。

狗拿耗子——多管闲事。

吊死鬼搽胭粉——死不要脸。

亲家母借黑豆——没话凑话。

秋后兔子——发愣。

和尚脑袋——光秃。

冰窖失火——该着。

丈二和尚——摸不着头脑。

王八吃秤砣——铁心。

王八炮蹶子——后松。

门缝里瞧人——把人看扁了。

王母娘娘的纺车——神绕。

懒婆娘裹脚布——又臭又长。

一张纸画个鼻子——好大脸。

大伯子背兄弟媳妇——挨压不够人，挨累不讨好。

小葱子拌豆腐——一清二白。

耗子拉木锨——大头在后。

狗咬吕洞宾——不识好人心。

小鸡吃黄豆——够呛。

小鸡不撒尿——各有各的道。

关上门打狗——死挨揍。

灶王爷上天——好话多说，坏话少说。

浆豆腐上盘——不好拌（办）。

土地佬儿放屁——神气。

上鞋不用锥子——针（真）好。

一个鼻眼流脓带——单漏。

大水冲走龙王庙——一家人不认一家人。

乌鸦落在猪身上——看别人黑看不到自己黑。

碟子里扎猛子——不知深浅。

哑巴吃黄连——有苦说不出。

黄连树上吹笛子——苦中作乐。

秃子头上虱子——明摆着。

纸糊的老虎——一戳就破。

抱元宝跳井——舍命不舍财。

骑驴看唱本——走着瞧。

姜太公钓鱼——愿者上钩。

高射炮眼睛——往上看。

做梦娶媳妇——净想美事。

猪八戒照镜子——里外不是人。

剃头的挑子——一头热。

医生摆手——没治了。

铁路警察——各管一段。

瞎子过河——趟着来。

老皇历——看不得。

瞎子点灯——白费蜡。

麻秆打狼——两头害怕。

墙头草——哪面风硬哪面倒。

· 碑记艺文 ·

碑文

台头营创建营房记

　　永平东北七十里为台头营，旧额比伍军三百余人，抚镇岁委材管长部之曰管一方，则燕河守将也。隆庆改元，北虏逼界岭关，守者不戒，遂使阑入百余里，虔我人民□□疢怀，乃议以永平游兵三千改屯兹地，增参将一员，衰界岭、青山二提调属之。守□□墅不足以蓄众，先任谢君惟能请于诸当事者，辟地为卜筑计，不二载，兴屋舍千□□以事去，范阳张君爵代之。念惟谢君先事之劳，已居什五，复踵其基，绪而缔构，无中□五骈延如栉生，聚日底繁衍。余赴张君期来舍，此君间邀余视营舍，且指点谓余曰："□侪虽执经营审役，顾而曲台势，程□物，量事期，实主帅公监司使者总览之，余侪□□门频年经略，首之垣，次城□，再次则营舍也。故谈者谓营舍□□急似矣。"乃不知士若从，召募之众多背乡井而充壁垒，曾不得聚庐而托处焉，奈何不逃徙者日相寻也。□雉无悬殊职，此故耳，然上之有计谋则下必当，只□始之有，今缮则终必贵程功，故□劳焉。张君又谓余曰："兹役不但已，年来士卒安堵，俨然新丰向孑然一身者，今有□孙矣。以是人日多，舍日不足，将奉当事者檄，更欲增凝度焉。"余曰："朝廷有道，边境谧宁，及兹时为桑土之计，俾戍卒，林林总总，乐土重迁，毋乃仗地利，□（余）诺之。"

　　万历七年岁在己卯孟冬吉

　　（赐）进士第、中宪大夫、陕西等处提刑按察副使、前奉整饬固原靖虏等处兵备兼理粮饷都人刘效祖撰

　　（钦）差分守台头营等处地方参将、都指挥佥事范阳张爵创建

　　台头营创建营房记碑原镶在柳各庄村东500米的庙岭路旁石壁上，60年代因扩展路面取碑存于柳各庄村柳虎春家，现存于区档案馆。碑身高95厘米，

宽67.6厘米，厚12厘米，无碑首、碑座，以青石为料。据查此碑原在台头营，民国二十三年（1934）为纪念汪铁松筑路用其碑阴铭文记事迁至庙岭。一碑两面刻字，内容各异。

刘效祖，字仲修，号念庵，原籍滨州（今山东惠民），寄居北京，故又称宛平人，明代散曲作家。嘉靖二十九年（1550）进士，历任卫辉府推官、户部主事，官至陕西按察副使。因负才不偶，与时龃龉，因故罢官。于是退隐林泉，寄情词曲，以抒其悒郁愤懑的愁思。著有《都邑繁华》《四镇三关志》《刘效祖诗稿》等。万历四年应蓟辽总督杨兆之邀，编纂《四镇三关志》。

管一方，安东中屯卫人，万历十九年至二十一年任燕河路参将，二十一年至二十六年任石门寨参将。万历二十九年三月己酉，署都督佥事、总兵官，镇守陕西。

谢惟能，开平卫人，万历元年至三年任建昌路参将（驻扎台头营）。

张爵，忠义中卫人，万历元年至四年任燕河路参将，四年至八年任建昌路参将（因驻扎台头营故称台头守）。万历十一年六月以蓟镇中路副总兵署都督佥事保定总兵官。十二年九月移镇山西。十三年十二月，军政考察罢官。

台头营新创天马雄飞楼记

［明］　刘景耀

蓟镇东四协，而台头介其中，东控辽海，西引滦江，南凭碣石，北倚长城，边塞重地也。己巳冬，北敌深入，郡邑不守，而台头以弹丸之地，保燕河，扼抚宁，为关门犄角，撑持东北半壁。岂不以区区之城，可恃无恐也哉？城三面俱有楼，而南门独缺，于所谓台头者义殊不协。张君时杰以武进士总此地兵，毅然捐资为诸将士倡，不日而成此楼。中丞文弱杨公题其额曰"天马雄飞"，取映马头岩而名也。癸酉秋景耀备兵北平，获登斯楼，望茶芽之晚翠，披芦荂之惊风，洋河横郭而潺湲，界岭插天而隆嵷，居然塞上大观也。楼凡三间，足避风雨霜雪，并贮弓矢器具，盖不徒侈壮观也。老媪六月而制寒衣，邻妇过而笑之。迨金风转，气乍肃，手则缩，口则呵，始知制衣者之深谋远虑，而临期补缝晚矣。大将之治边，犹老媪之治家也。若谓如庾亮南楼兴复不浅，则未会建楼之意也夫。

原载光绪《抚宁县志》。

刘景耀，洛阳人，曾任右佥都御史。一说号嵩曙，河南登封县人，明天启二年进士，崇祯六年（1633）为永平兵备。赋性正直，不轻言笑。谒疏揭凡七上，时称敢言。察边阅操，例兵备伺陪，以属礼见。永镇各边将士得免横索凌铄，皆公力也。后升山东巡抚。

张时杰，宣镇人，崇祯八年至九年任山海镇总兵。

杨公，杨嗣昌，字文弱，湖广武陵人，万历进士，崇祯三年至七年任山石道，崇祯六年（1633）晋山海巡抚。后拜兵部右侍郎，总督宣大山西军务。

台头营三角楼记

[明]　刘景耀

总镇张公守台头时，于城南门建楼，复起奎楼于东南以应之，信形胜哉。寻擢京营，以去协守。王公继之，于三角各起一楼，巍然鼎峙。盖欲壮百二之关河，而卫亿万之生命，功亦巨矣。张公秉钺关门，过台头，睹三楼而欣然曰："此予所有志未逮者，何匝岁而竟成也！"王公谢曰："应晖因公之功而竟此绪余也。"夫何功？先是登南楼曰"天马雄飞"，大观在是。今登三楼者曰"海鳖涌现"，众美悉备。二公之有造于台头者，用心密而垂虑周，宜遗爱俱永也。繇是金汤永固，以战以守，屹然北门坐镇矣。乃敬为之铭曰："台头山苍苍翠屏，台头水悠悠寒汀。于焉峙楼蠹霄干星，壮哉藩篱以治以宁，地久天长水绿山青。"

原载光绪《抚宁县志》。

王公，王维城，字镇河，山西偏头关人，天启年间任南京小敦场副总兵、都督佥事，因不附阉党魏忠贤而被夺职。崇祯改元，提补蓟镇东协副总兵，驻扎台头营。崇祯三年正月，清兵入永平，王维城守台头营，城赖以完。后奉督师孙承宗之命，收复建昌、迁安等城。

马骥墓铭文

原中央军委装甲兵司令部顾问、正军职离休干部马骥同志，因病医治无效，于2002年6月5日18时35分，在北京逝世，享年89岁。

马骥同志1913年1月生于北京市。1939年7月投身革命，1940年4月加入中国共产党。马骥同志在长期的革命生涯中历任京西三十七团通讯排长、冀东十二团一连连长、冀东第七地区队区队长、冀东第四十八团团长、东北二十四旅旅长、东北辽吉第二军分区司令员、东北骑兵纵队第三师师长、沈阳空军第三工厂第二厂长、华北装甲兵司令部参谋长、华东装甲兵司令部技术部长、第二坦克学校校长、装甲兵技术学校校长、装甲兵技术学院院长、装甲兵司令部顾问等职。

马骥同志在革命战争中，能征善战，赤胆忠心，参加并指挥了数百次大小战斗，重挫敌兵，战功卓著。抗日战争时期，率领冀东十二团一营深入敌后，武装开辟滦河以东九个区县的抗日游击区，坚持武装斗争，是插入敌人心脏的一把尖刀，为中国人民的解放事业做出了积极的贡献。1944年初荣获冀热辽特委及十三军分区坚持中坚奖章；1955年荣获中华人民共和国二级独立奖章、二级解放勋章；1988年荣获二级独立功勋荣誉章。

马骥墓铭文　2017年11月6日摄

在抚宁这片热土上，组织发动抗日救国、驱逐日寇、恢复国土，立下汗马功劳。离休后，仍关心抚宁的各项工业的发展，赢得了全县五十余万人的爱戴。根据同志生前遗愿，将其骨灰安葬于此，以慰战友先灵，激励后人。

马骥同志永远活在抚宁人民心中！

中 共 抚 宁 县 委

抚宁县人民政府

天马集团有限公司

二〇一五年四月五日

马骥同志铭文刻于天马山马骥墓墓碑之上，阴刻正楷字体。墓碑由抚宁县委、县政府、天马集团有限公司于二○一五年清明节立。

福 缘 善 庆

巍巍天马，千古灵山。纳天地祥雾，聚神凡紫烟；集五岳得道仙石，汲三山度化灵泉。道家云游，视其为超然物外逍遥境；众生揽胜，视其为释怀养生快乐园。

元末明初，顺天应民，山中始建玄真观，由此道众云集，钟磬声声，教法兴隆，善信骛趋，祈语切切，香火连绵。

然光阴流转，政候变迁，"文革"一炬，观毁钟残。时俟一九九二年，田各庄乡政府旅游开发，沿旧缮新，香火始燃。

福缘善庆功德墙　2017年11月7日摄

今欣逢盛世，政通人和，国泰民安，故光大传统，弘扬文礼，重责在肩。秦皇岛天马集团饮其泉而报其恩，冠其名而续其缘，鼎力开发天马灵山。先后兴建五殿（龙王庙、魁星阁、娘娘殿、三星殿、麻姑殿），凿井潭，筑路雕栏，向世人彰显应有神姿，昭示深邃内涵。然距心意甚远，愧于虔诚，为之重谋拓展之新路，构想未来之发展，重新规划天马山之儒、释、道文化旅游，休闲养生区域和爱国主义教育基地建设。此举声播千里，情系乡贤。倡导者，谋略者，言赞者，更有慷慨解囊者，其懿行善举，感地动天。今特立此碑，铭其功，彰其德，显其志，扬其名，以其流芳百年。天马有灵，赐福平安。

秦皇岛天马集团董事长　罗兴平

撰文人　渔　夫

二○一二年十月一日

"福缘善庆"碑文刻于龙王庙景区功德墙正面右侧，为阴刻黄色字体。

玄真古观重辉记

道可道，非常道。老子五千言，妙论玄机，即风传于世。天马山玄真观肇于古而盛于今，溯其远也。

金世宗大定二十三年（公元一一八三年），全真道马钰弟子刘真一道长于此建观，供奉真武大帝神像，阐扬道法，道风洪畅。明永乐年间，道教复兴，玄真观重振，香火续延。清末以来，国势衰弱，玄真观香火难继，渐次衰落。至二十世纪六十年代中期，观毁钟残。

公元一九九二年，田各庄乡政府于原址重建玄真观，枣树有灵，枯木复苏，干涸古井，再度涌泉。

二〇〇八年四月，天马集团承接景区管理，斥资修缮，逐年更新改造，增建神殿，新塑三清、麻姑、福禄寿三星、魁星、斗母、六十太岁甲子星神、龙王、娘娘、月老等诸位神像，重塑真武、慈航、吕祖、龙王神像金身，举行开光大典，盛况空前。又新建守一、抱冲、三清诸亭，敬立慈航、老子圣像。每年三月初三，真武诞辰之日，庙会如期，信众如潮，香火鼎盛。

嗟乎！天马玄真古观重辉。远眺祥云，近瞻圣山，阴阳燮理，感知道法玄机。天人合一，神通道悦。

天马集团

二〇一六年六月六日

玄真古观重辉记碑　2017年11月6日摄

"玄真古观重辉记"碑立于天马山南天门前台阶左侧，为灰色大理石材质，赑屃座，顶为两龙相盘护卫太极图浮雕。碑文为阴刻黄色字体。

天马景观盛记

洪荒开辟，亿万年造化之功，成此地脉雄奇，山峦俊秀。古人目睹斯峰巉岩突兀，状若马首，谓之马头崖。山以天马著称，肇始于明。隆庆初年，戚继光奉诏统领蓟镇军务，曾在此休养撰书，慨然挥笔赐名天马山。今人斯地敬建戚公亭，恭立将军像，旨在循履追踪，缅怀纪念。抗战烽火燃，英雄马骥，金戈铁马，旌卷峥嵘岁月，精忠铭史代代传。而今松风洗耳，犹闻当年马啸声声。后人拜谒，瞻其英姿更瞻其功业。二十一世纪初，天马集团择天时而起，倚地利而兴，历经十余年，建庙修殿，筑路凿潭，阐释儒释道文化妙义，书写康养、旅游宏篇，助推经济，造福民间，当称德雨润春山。

天马景观盛记碑　2017年11月6日摄

而今天马寰内，红描绿抹，气象万千。无水不诗，无岩不画。燕子翻身，马头积雪。将军威武，圣像庄严。海天在目，山河一览，摩崖石刻百丈悬。山下明湖，一泓镜幻，十里鱼香。游人纷至沓来，四眺围胜，惊喜湖光远山色；祈福访道，感慨今朝胜昔时。傲然天马，地蕴精华。天生祥瑞，壮哉天马。骊城图腾，民心所向。天马行空，大业辉煌。

愿偕湖潭峰峦共证。是为记。

天马集团

二〇一六年六月六日

"天马景观盛记"碑立于天马山南天门前台阶右侧，为灰色大理石材质，赑屃座，顶为两龙相盘护卫太极图浮雕。碑文为阴刻黄色字体。

登 天 马 山

［明］　解一清

倚剑登天马，泠然御远风。

乾坤双眼外，今古一杯中。

怪石悬疑坠，晴涛望若空。

风烟清万里，白日海云红。

题台头（营）演武台松树

［明］　傅光宅

细柳环金甲，孤高见此松。

名应留汗将，爵不受秦封。

云影来归鹤，风涛起卧龙。

清霜十月尽，苍翠照千峰。

天　马　山

［明］　谢鹏南

峻嶒天马怯于登，颠岩积雪夏亦凝。
日射昆岗千嶂蔽，风吹瀚海一壶冰。
山荫舟楫何时至，霸水楼台此际凭。
琼瑢满目观不尽，朱明天气爽无蒸。

西　阳　晚　渡

［明］　谢鹏南

发源界岭势潺潺，人海流经自此旋。
桥建旧梁三径晚，雨生新涨四垂天。
朝来车马争前渡，日暮渔樵逐尽船。
善政便民通利涉，乘舆小惠信徒然。

谢鹏南：明万历年间抚宁县教谕，万历十九年《抚宁县志》主笔。

登　天　马　山

［明］　安所止

胜日登天马，东风海上多。
物华春已暮，尘鞅鬓将皤。
意适看云起，身轻羡鸟过。
禅关此阒寂，徒倚欲投戈。

安所止：明山海关通判。

天 马 山

［清］ 宋 赫

为有悬崖迹，因传天马名。
譬诸磊落士，一望气峥嵘。
生死谁堪托，羁栖自不平。
至今风雨夕，振鬣欲长鸣。

宋赫，字东野，抚宁人，清乾隆三十三年举人，著有《东野诗草》。

台头营紫极宫晚眺

［清］ 蔺士元

荒城四面低，让出清虚府。
筑台有百梯，拓地只数武。
捷足试先登，翩然疑化羽。
水浅沙碛平，山缺松林补。
眼底万千家，比邻纷可数。
晚爨起炊烟，白云互吞吐。
铃声语佛楼，神风动廊庑。
翻思上一层，余勇犹能贾。
金锁涩难开，松扉隔琳宇。
老僧期不来，日落洋河浦。

蔺士元，字胪三，清光绪年间临榆县廪生。工书能诗，著有《梨园馆诗草》。

晚过抚宁北口（外）望台头营

［清］ 蔺士元

万松高锁白云窠，行尽烟萝异境多。
山合四周包谷堞，岩分两界纳洋河。
断霞落日春鸿杳，淡月寒沙匹马过。
旧是南塘飞檄处，只今惟有野樵歌。

巡　边

［清］ 游智开

马头日日傍边城，向晚城头月又明。
关塞万重天万里，西风何处雁飞声。

　　游智开，字子代，湖南新化人，咸丰元年（1851）进士，同治十一年（1872）擢升永平府知府。

天马山牌楼 天马山牌楼方柱斗拱庑殿顶，六柱五门，中门、侧门、稍门依次高低错落。中门、侧门门柱阴刻黄字匾额楹联，撰联均为薛庆会、李景林。

中门两面匾额均为"天马山"，摹自天马山摩崖石刻戚继光书。

正面楹联：上联为"俯仰有尊奇峦林立天开景"，下联为"纵横无画胜境重光马啸风"。落款为"郎岗峰书"。

背面楹联：上联为"阅一册精华进去乃游仙界"，下联为"撷几分祥瑞出来仍在画中"。落款为"李书和"。

中门匾额

中门楹联

侧门正面刻匾额，背面无匾额。左侧门匾额为"山河一览"，摹自天马山摩崖石刻黄孝感书。右侧门匾额为"海天在目"，摹自天马山摩崖石刻张臣书。

正面楹联：上联为"天地人风云际会"，下联为"儒释道日月同辉"。落款为"李继昌书"。

背面楹联：上联为"炫目湖山千顷秀"，下联为"醉心花木四时佳"。落款为"怡然题"。

郎岗峰，男，1954年生。祖籍河北清河县，中共党员，1972年12月入伍，曾任中共秦皇岛市委常委、军分区政委，大校军衔。中国书法家协会第六届理事，省书协副主席，市书协主席，解放军书法美术创作艺委会委员。被中国美术馆、国家博物馆、中央电视台、中华英才杂志评选为当代百名书画艺术英才，作品先后30余次入展全国全军书法大展并获奖。

李继昌，男，字惠川，号真如。1953年生，河北省玉田县人，毕业于河北大学中文系，居秦皇岛市。书艺五体兼擅，尤以隶书见长。中国老年书画家协会会员，中国现代书画家协会副秘书长，省书法家协会会员，省毛体书

侧门正面匾额

侧门楹联

法研究会理事，省毛体书法研究会秦皇岛分会副主席。

蔡守怡，男，笔名怡然，1959年生，满族，毕业于河北师范大学汉语言文学专业。曾任青龙满族自治县教育局局长等职，曾兼任市书法家协会副主席。中国书法家协会会员，省书法家协会理事。秦皇岛市专业技术拔尖人才，2005年被评为河北省有突出贡献的中青年专家，享受省政府专家津贴。

天马圣景牌楼　天马圣景牌楼俗称南天门，牌楼为四柱三门。原匾额为"天马山"，摹天马山摩崖石刻戚继光字体。中门两柱楹联上联为"天马行空载一代风流豪迈"，下联为"玄真济世扶万般品类隆兴"。后匾额为"天马圣景"，落款为"邹家华"，无楹联。

南天门原楹联

南天门原匾额

南天门匾额

栖霞牌楼 栖霞牌楼四柱三门，中门两面均阴刻黄字匾额、楹联。

正面匾额："栖霞"，落款为"甲午岁碣阳书"，碣阳撰文。

正面楹联：上联为"圣观晨香腾紫气气盈马首"，下联为"仙泉暮瀑落丹霞霞染龙裳"。落款为"李景林并题"，李景林撰联。

背面匾额："留云"，落款为"甲午岁碣阳书"，碣阳撰文。

背面楹联：上联为"生烟起雾隐现皆循道法"，下联为"处事为人往来莫羡浮云"。 落款为"郭万海"，马国华撰联。

正面匾额楹联

背面匾额楹联

龙王庙　匾额："龙王庙"，落款为"碣阳书"。

楹联：上联为"追风逐浪金为色"，下联为"布雨兴云水有声"。落款为"癸巳孟冬仰止斋若水书"，撰联马国华。

财神殿　匾额："财神殿"，落款为"岁次丙申秋月张忠海题"。

楹联：上联为"道虽难进此门便沾财气"，下联为"德若厚行歧路也育福田"。撰联蔡志民，书写周沙。

周沙（1935—2015），男，原名郭树泉，字周沙，号半文老人、云泊居主。生于抚宁县留守营镇张各前村。省书法家协会会员，市书法家协会常务理事，县书法家协会主席、顾问。

佑护神殿　匾额："佑护神殿"。落款为"癸巳孟冬仰止斋若水书"。

楹联：上联为"通地气风调雨顺行坦"，下联为"合天德土沃山灵人杰"。落款为"癸巳冬月杨大海书"，撰联马国华。

乔海光，男，字若水，1966年生，祖籍江苏省徐州，生于山海关，二级美术师。中国书法家协会会员，中国书画收藏家协会理事，中国书法家协会秦皇岛华文创作培训基地副主任，省书法家协会理事，市书法家协会副主席兼秘书长，开明书画院院长，市文联海韵书画交流中心主任。市文联画院画师，市政协委员，民进市委委员，市专业技术拔尖人才。获第八届全国书法篆刻展提名奖。

龙王庙楹联匾额

财神殿、佑护神殿楹联匾额

太和宫　匾额："太和宫"，吴环露书。楹联上联为"真武做师兴立天马玄门"，下联为"老君为祖开辟道德圣教"。1993年玄真观落成时版。

匾额："太和宫"，落款为"碣阳书"。楹联上联为"老君为主鸿开道德圣教"，下联为"真武作师兴立天马玄门"。落款为"碣阳书"。2012年修改版。

太和宫原匾额楹联

太和宫匾额楹联

二仙阁　匾额："二仙阁"，落款为"碣阳书"。

楹联：上联为"镜水屏山明慧眼"，下联为"苍天净土蕴奇香"。落款为"西楚左翁"，撰联薛庆会。

陈跃，号西楚左翁，1948年生，江苏宿迁人。中国书法家协会会员，江苏省宿迁市书法家顾问，江苏省宿迁市中老年书画家协会主席，江苏省汉韵吉祥书画院院长。

二仙阁匾额和楹联

　　财神殿　匾额："财神殿"。落款为"碣阳书"。

　　楹联：上联为"利聚千金凭道守"，下联为"财招四海靠德行"。落款为"癸巳孟冬仰止斋若水书"，撰联蔡志民。

　　三星殿　匾额："三星殿"，落款为"碣阳书"。

　　楹联：上联为"福禄寿诚为大愿"，下联为"言行思当效三星"。落款为"癸巳孟冬仰止斋若水书"，撰联马国华。

　　药王殿　匾额："药王殿"，落款为"碣阳书"。

　　楹联：上联为"一匙成药功千载"，下联为"百草回春惠九洲"。落款为"癸巳年冬赵亮"，撰联马国华。

　　赵亮，男，字梵行，二级美术师。中国书法家协会会员，省书法家协会行书委员会委员，山海关书法家协会副主席兼秘书长。山海关区文联书画艺术创作中心主任。曾获首届山谷杯全国书法大赛金奖、中国书协培训教学成果三等奖、首届北京电视书法大赛三等奖。

财神殿、三星殿、药王殿匾额楹联

娘娘殿　匾额："娘娘殿"，落款为"碣阳书"。

楹联：上联为"如意牵情生生长久"，下联为"吉祥送子世世绵延"。书联李杰，撰联马国华。

马国华，男，笔名骊夫。1965年生于抚宁县农村。1987年开始文学创作，省作协会员，出版小说集《背景在背面》，发表长篇小说《大道岭》《篱笆围城》等。

麻姑殿　匾额："麻姑殿"，落款为"碣阳书"。

楹联：上联为"积德当有无量寿"，下联为"行善必得不朽名"。落款为"渔夫并题"，撰联李景林。

魁星阁　匾额："魁星阁"，落款为"碣阳书"。

楹联：上联为"星照十方试问谁登金榜"，下联为"魁封一阁但求汝筑银篇"。落款为"癸巳冬月刘树静书"，撰联马国华。

刘树静，男，笔名无风。1964年生于秦皇岛。就职于区税务局，中国书法家协会会员，省书法家协会行书专业委员会委员，区书法家协会主席，秦皇岛云从书院院长。

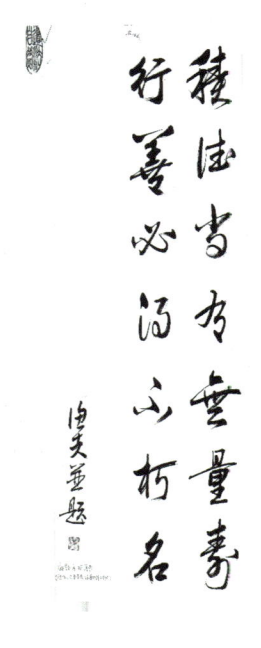

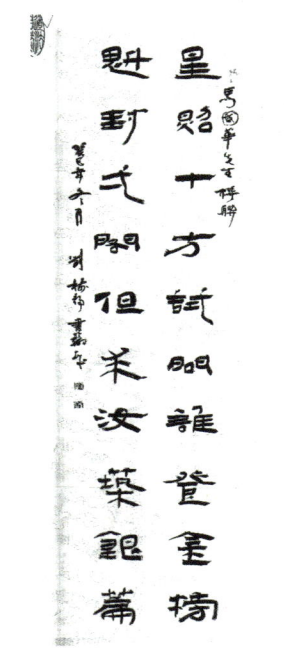

娘娘殿、麻姑殿、魁星阁匾额楹联

月老殿　匾额："月老殿"，落款"甲午年大海"。

玄真观东门　匾额："玄真观"，落款"张凤林"。

张凤林，男，祖籍江苏苏州，生于1962年。1984年入道教正一派。中国道教协会副会长兼秘书长。

三清殿　匾额："三清殿"，落款"爱群书"。

赵爱群，男，1964年生，抚宁县人。1983年参加工作，原区招商局局长。中国电力书法家协会会员，省书法家协会会员，省毛体研究会理事。

匾　额

元辰殿　匾额："元辰殿"，落款为"刘荣升"。

刘荣升，男，1954年生于山东省宁津县。作家，省委讲师团教授。

戚公亭　匾额："戚公亭"，落款为"壬辰年秋吴环露题"。

归德亭　匾额："归德亭"，落款为"清水居主人"。

陈职宏，男，笔名帜红、耘夫、宁人、清水居主人。1940年生于河北抚宁。现为秦皇岛市作家协会会员、民间艺术家协会会员、美术家协会会员，县文联常务理事。曾任抚宁县作家协会副主席、抚宁诗词学会顾问、《抚宁文艺》《业余作者园地》编辑。

守一亭　匾额："守一亭"，落款为"渔夫"。

求仙亭　匾额："求仙亭"，落款"爱群书"。

祈福亭　匾额："祈福亭"，落款为"红喜"。

抱冲亭　匾额："抱冲亭"，落款"壬辰年秋吴环露题"。

三清亭匾额

三清亭 匾额："三清亭"，落款"渔夫"。

李景林，男，号渔夫。1955年生于抚宁县留守营镇新立庄村，毕业于河北师范大学汉语言文学专业，曾任县文联主席兼文化局副局长，2016年退休。省美术家协会会员，省书法家协会会员，中国诗词学会会员，省作家协会会员，市第七批专业技术拔尖人才，市博士专家联谊会成员。中国民间艺术最高奖"山花奖"获得者。

胡仙洞府 匾额："胡仙洞府"，落款"王大铭"。

楹联：上联为"在天庭成仙得道"，下联为"到人间普度众生"。落款为"渔夫题"。

黄大仙洞府 匾额："黄大仙洞府"，落款为"王大铭"。

楹联：上联为"在深山修真养性"，下联为"出古洞得道成仙"。落款为"王大铭"，撰联马国华。

王大铭，男，曾用名王书民，笔名林叶、雪枫。1966年生于黑龙江省大庆市肇州县，1993年迁居秦皇岛，2011年旅居北京。中国书法家协会会员，中国书法研究院研究员，中国楹联学会书画艺术委员会委员，中华诗词学会会员，市书法家协会副主席。作品有诗集《贴近的脚印》、画集《王大铭艺术丛书》。作品曾获第二届全国屈原杯诗歌大奖赛一等奖、冰雪杯全国新诗大赛一等奖。

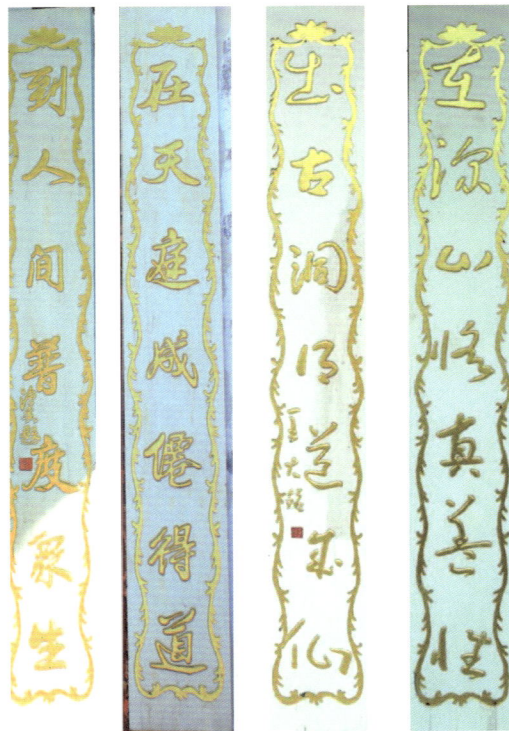

胡仙洞府、黄大仙洞府匾额楹联

卷八

·碑记艺文·

龙门　龙门为中国传统五门牌楼样式。中门为重楼庑殿顶，下楼檐下镶碣阳所书"龙门"。左右侧门单楼庑殿顶，面潭面门额左门镶"雅逸生辉"，落款"向应"；右门镶"心旷神怡"，落款"渔夫"。背潭面门额左门镶无风所书"超群物外"，右门镶"山水佳园"，落款"大海"。2018年4月，背潭面改造，顶下建灰框、红色、黄丁拱形饰门，门额撤去。

龙门门额

福缘善庆　镶贴于龙王庙景区"福缘善庆"功德墙背面，巨幅红字，为中国书法家协会原副主席米南阳书，面向龙潭，与龙门东西呼应。

福缘善庆

· 传说 ·

天马山的由来

孙悟空闹龙宫、搅地府，玉皇大帝采纳太白金星之计，招安孙悟空封为弼马温。孙悟空初喜不自胜，后听属下说弼马温只是一个小小的马夫头儿，顿时性起，砸毁御马监，冲出南天门，重回花果山。群马受惊，四散奔逃。

有一匹孙悟空经常骑坐的天马，有恋主之情。见孙悟空返下九天，随后跟了下来。孙悟空一个筋斗云十万八千里，天马哪能跟得上？转眼之间主人无影无踪，急得天马在空中东奔西跑，不知所往。正着急之时，忽见一个马头透出云际。遂一声长嘶飞奔至前，却是一座山峰。只见此峰山势高耸，松青柏翠，峰下水美田肥，草嫩花香。天马心想，既然找不见旧主，就在此地栖身，倒也自由自在。它山前山后转了转，见后山悬崖处有一洞府，心中大喜。来到近前，只见洞门紧闭，就扬起后蹄敲打洞门。

原来洞中住着一只黑虎，很有些神通，久占此山，自封山神，

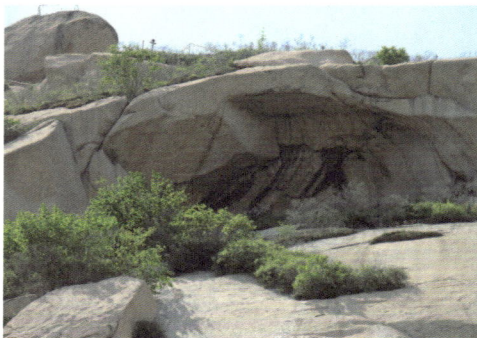

马棚、马影　2018年5月6日摄

天马山后山虎头石　2018年5月6日摄

称霸一方。黑虎正在洞内休息，忽听敲门声，不由大怒。开洞门一看，见是一匹红马，膘肥体壮。不禁心中大喜，正腹中饥饿，就有美餐送上门来！遂狂吼一声扑向天马。天马不由一惊，抖身飞下悬崖。黑虎一招扑空，紧跟而至。两者在山下大战起来。黑虎虽凶，却不过是凡间猛兽，不但咬不到天马半点毫毛，反被踢得遍体鳞伤，终于气力不支逃回，紧闭洞门。天马紧追不舍，尾随而至，一头撞开洞门，黑虎使劲抵住，将马头夹在门缝之中，疼得天马左摇右摆，在石壁上留下深深的印记，遂留下"马影"奇观。"马影"四肢齐全，独无马首。

神马急了，运起神力撞开石门，由于用力过猛失蹄跌倒。等它站起来，黑虎已不见。原来此洞直通山前，另有洞口，就是玄真观东南角崖上的老虎洞。黑虎见敌不过天马，就堵塞通道，藏在后洞安身。黑虎不甘心领地被占，总想伺机夺回，到后山偷窥，几次对神马进行偷袭，惹得天马性起，把黑虎叼起来，一扬头甩到洋河西岸。黑虎死有不甘，整天面对天马山虎视眈眈，化成一座山峰，就是天马湖西坝头"虎头岩"。

天马在山中住了下来，并留下许多传说，此山故以天马命名。

天马山与战马王的传说

戚继光率领戚家军在东南沿海抗击倭寇，保境安民，万民拥戴。当地百姓赠送他一匹战马，此马身长过丈，满身通红，油光闪亮，能日行千里，可谓宝马良驹。它伴随着主人冲锋陷阵，立下赫赫战功。戚继光调任蓟镇总兵后，它又驮着主人巡视营地，督修长城。终因劳累过度，亡于天马山下。戚继光失去良骥，如伤战友，含悲将它埋在山中。当地百姓在夜间常见到山中葬马处红光冲天。

鞑靼骑兵进犯董家口，戚继光戒备森严，挥师堵截，双方展开一场激战。敌兵酋长落马被活捉，余者伤亡大半，逃之夭夭。敌酋所乘之骑，通身雪白，奔跑如飞，亦是宝马。主人被捉，此马落荒而逃，在天马山东北一个小村庄，被当地一个王姓老汉牵回家喂养。几天过后王老汉发现此马夜夜溜缰，天亮前却又自己回来，通身是汗，伤痕累累。王老汉百思不得其解，决定看个究竟。晚上，王老汉躲在暗处，监视马的行踪。约近半夜，只见此马扬头后坐，缰绳立断，嘶叫一声跃过院墙，直奔天马山而去。王老汉紧紧追随，只听天马山脚下"神泉"边，一声长嘶，飞落一匹高大的红马。二马视同仇敌，见面就相互撕咬，难解难分。王老汉见自家的白马长鬃盈尺，缨毛遮目，累累吃亏，心中十分着急。不知过了多长时间，忽听山下村庄一声鸡叫，天已渐晓。两匹马突然分开，白马顺路返回，红马腾空而起，转眼不见。

王老汉回家后，就将白马鬃缨剪短，刷洗干净，细草精料，仔细喂养。他心想："不再有长鬃遮眼，今晚我的战马一定能打败那匹野马。"本打算再跟随战马观阵，岂料昨晚他一宿没睡，又忙活一天，一觉醒来，白马早已脱缰而去。等他气喘吁吁赶到"神泉"边，只见那匹红马已经将白马踢翻在地，骑在白马背上撕咬脖颈。王老汉急得大喊大叫，红马一闻人声，腾空而起，只听一声炸雷，半山裂出一个石洞，借着闪电光亮，只见红马钻入洞内，停立不动。天明细看，不见红马，却是一幅马影。

王老汉见自己心爱的白马死了，非常伤心，就将村子取名"战马亡"，年代久了，人们忌讳这个死"亡"的亡字改叫"战马王"。

一日，戚继光早起散步，来到后山，忽见眼前红光一闪，一匹马掩入密林之中，传来三声马嘶，极其耳熟。"啊！是我的枣红马！"戚继光联想到百姓的传说，感慨万分，匆匆回到住所，挥毫写下"天马山"三个大字，由台头营镇总兵张爵刻于玄真观门外巨石上。从此，人们就把马头崖改名为天马山。

旱　船

传说，真武大帝和东海龙王交情深厚，亦与其天真聪明的三公主小龙女情同父女。龙王将小龙女许配给北海龙王的太子为妻。小龙女久闻北海龙王生性残暴，龙太子凶蛮刁顽，终日哭闹抗婚。为防

旱船　　2018年4月18日摄

夜长梦多，东海龙王择日定于五月十三日午时完婚。在父亲的威逼、母亲的劝说下，小龙女被拥入彩船，老龙王亲自押送，前往北海。天马山是送亲必经之地，真武大帝在观前等候。将近巳时，鼓乐祥云由远而近，真武大帝向天空一揖，高呼："龙君嫁女，途经小观，特备薄酒三杯，为侄女饯行。"老龙王碍于情面，只好下令停舟。小龙女一见到慈祥的大帝，情不自禁地大放悲声，天马山四周顿时大雨倾盆。大帝虽心有不忍，却也只能良言相劝，执酒相待。老龙王恐误了时辰，起身告辞。大帝笑道："已近午时，恐误吉期，莫如停舟在此，改乘我的天马，须臾可到。"龙王大悦，谢过老朋友，弃舟乘马飞向北海。自此彩船留在天马山。小龙女成亲后，备受欺凌虐待，终日以泪洗面。北海龙王每年只准小龙女五月十三日回家探亲一次，小龙女也只能在这一日路过天马山时才有机会向真武大帝哭诉委屈。小龙女一流泪天必降雨，因而在当地留下了"大旱不过五月十三"的农谚。

猴 头 石

相传，齐天大圣孙悟空搅乱蟠桃大会，大闹天宫。玉皇大帝派遣托塔天王李靖带领十万天兵，布下天罗地网，围攻花果山，被孙悟空打得大败。玉帝采纳观音菩萨建议，急调二郎显圣真君杨戬即赴花果山助剿。正当二郎真君率梅山六兄弟与孙悟空艰苦鏖战、不分胜负之际，太上老君抛下护身法宝"金刚套"助战。孙悟空只

猴头石　　2018年4月17日摄

顾苦战七圣，被天降神器打中天灵跌倒，被七圣擒住，押上天庭。玉帝传旨，将其斩首。孙悟空被押到斩妖台，绑在降妖柱上。刽子手举起大刀对准猴颈恶狠狠砍下，骨碌一声猴头滚落，可一眨眼工夫，脖腔里又长出一个，还龇牙咧嘴地对着刽子手嘻嘻地笑着。又是一刀，还没等砍下的猴头落地又长出一个。一连十几刀砍掉十几个猴头，孙悟空依然调皮地笑着。孙悟空后又打翻太上老

君的八卦炉，被如来佛祖降伏压在五指山下。被砍下的十几个猴头从天上落下来，风吹云摆，大多不知落到哪里，有一颗正好落在马头崖山中，久化为石。

试 刀 石

相传明万历初年，鞑靼酋长董狐狸兵犯董家口，蓟镇总兵的戚继光率部大败敌军，将领长秃被擒。董狐狸扬言要调集人马报仇雪恨，明廷议和派占据上风，责成戚继光与董狐狸拟议合约。董狐狸看明廷软弱，虽兵败在谈判桌上却很强硬。期

试刀石　2016年9月6日　周雪峰摄

间，戚继光和董狐狸到天马山游猎。董狐狸自恃蛮力无穷，瞧不起戚继光，见一巨石横卧路旁，就说："戚帅，今天我们就凭武力定协约，如果我一刀将巨石劈开，你就得听我的，将长秃放回，赔偿我们损失。"戚继光冷冷问道："如果劈不开呢？"董狐狸把嘴一撇，道："就依戚帅，我退兵永不犯境。"大将张臣见敌酋狂妄的样子，虎目圆睁，怒喝道："你输定了！"抡刀劈下，只听"咔叽"一声，离巨石左边一尺远近齐刷刷裂开，随从将校齐声喝彩。董狐狸也暗吃一惊，但仍双眼上翻傲慢地说："张将军年轻有为，果然不同凡响，可我是和戚帅打赌，与你何干？"董狐狸抽出刀来，挽了挽袖子，摆好架势，运足了劲，向巨石中间猛然砍去，石头亦应声而裂。他面带得意："戚帅请吧！"戚继光拔刀在手说了一声："献丑了！"手起刀落，巨石右边的部分应声而开，周围响起一片赞叹之声。董狐狸奸笑一声："彼此彼此！"戚继光看了他一眼，轻声道："君子一言，驷马难追。希望阁下遵守诺言，立即退兵，永不犯界。"董狐狸说："胜负未分，何出此言？"戚继光讥讽地说："亏你为北国上将，连听声辨器的耳力都没有，你仔细看看，你那一刀石头真的断了吗？"董狐狸俯身一看，石头左右两刀切

·碑记艺文·

面齐整，断然分开，中间一刀却石缝紧闭，上断下连，他原本黝黑的脸膛变得铁青，当即退兵并放回劫掠的百姓，发誓不再犯境。

饮　马　海

天马山主峰东南有一峰与之隔谷相望，名为饮马海。峰顶岩石上有一洼水，方圆不过三尺，水深只没脚面，却遇雨不溢、遇旱不涸。传说为东海龙王作法造就。

真武大帝在山中修炼，见天马山既无深潭，亦无瀑布，山险水乏，有煞风景，就请求老朋友东海龙王帮忙。龙王说："天马山

饮马海　　2018年4月13日摄

乃是二郎神赶太阳时担的山，只因另一头挑豁了鼻形成兔耳山，这一头就溜落于此，顶峰的贯洞就是二郎神用扁担插的'眼儿'。山体溜落时被撒散，难以存水，你看山中哪一处是板结的呢？这可叫我为难了。"真武大帝说："蒙老朋友恩赐，山中井水常满，雨顺风调，草木茂盛。只可惜有山青而无水秀，就求龙君想想办法吧！"说罢，连连作揖。大帝一个劲地请求，龙王真的有点急了，半嗔半笑地说："你呀你呀，真拿你没办法！难道还想让我把四海都搬到你的天马山不成？"大帝闻言，喜上眉梢。心想海中有山，非岛即礁，并不稀奇，山中有海，旷古绝无。当即长揖谢道："多谢龙君厚恩！"老龙王哭笑不得："小龙乃玩笑之谈，大帝何须多礼？"大帝正色道："君无戏言，大王坐镇龙宫，代管四海，岂能戏谈？"老龙王无奈，只好作起法来，在天马山四周山顶上造了东、南、西、北四个小海。此为四海之一，山上天马专饮此水，故名"饮马海"。

聚 仙 洞

聚仙洞位于天马山旧寺南坡。传说天马山自古山川葱郁秀灵，洞穴众多清幽，既是鸟兽栖居之乐园，亦是灵炼仙修之佳地。众修炼者中，有的至诚向道，潜心清修，有的却兽性不退，走邪术异道，在周边村中缠男迷女，搅得村村不宁、家家不安。受害家庭求医无治，纷纷到玄真观烧香

聚仙洞　2008年9月23日　周雪峰摄

祷告，乞求真武大帝显灵，保佑黎民平安。真武大帝受天命司察三界善恶，专能伏魔斩妖，听说在自己行宫辖境竟有妖邪惑众，立即写下敕旨，令侍卫神将把山中狐黄柏柳各大地仙拘来，申斥后命龟、蛇二将将他们囚禁于东坡石洞。这些灵兽修行几百年，已具神威，且逍遥惯了，怎肯服羁，遂聚在一起，合力作法，欲一举冲出洞门。龟、蛇二将随大帝降上界妖魔无数，岂容小小地妖逞凶。众妖冲破洞门之际，蛇将张开巨口，喷出一团真火封住洞口，霎时烈焰飞腾，只烧得群妖鬼哭狼嚎，纷纷向洞深处逃窜。龟将随即取出一道灵符，"啪"的一声贴于洞口，喝道："咎由自取，休想迈出洞门半步！"从此，百姓们不再受妖邪祟惑。人们感念真武大帝恩德，就把那个山洞叫作拘仙洞。后来叫白了，改叫聚仙洞。

薛 鼎 坟

传说，唐朝初年，唐太宗李世民东征高丽，路过抚宁。元帅薛礼帐下大将薛鼎率部驻扎在马头崖下。听说山中有猛虎时常伤人，决心为民除害。这天天不亮，薛鼎就腰悬利刃、身背弓箭，进山寻虎。日已过午，薛鼎早已筋疲力尽，饥肠辘辘，还未见虎踪。刚想坐下休息一会儿，忽听远处传来呼救之声。他精神一振，寻声奔上岭崖。只见一个樵夫喊叫着迎面狂奔而来，一

只斑斓猛虎尾追其后。薛鼎大喝一声，让过樵夫，拈弓搭箭向猛虎射去。老虎蹿起丈高躲过利箭，张牙舞爪，低吼着扑向薛鼎。薛鼎更不怠慢，连发三箭，竟全被躲过。刹那间，老虎狂吼着扑到眼前。薛鼎弃弓抽刀，闪身躲过虎头，摆刀剁向虎背。一扑落空之际，老虎摆尾猛扫，正中薛鼎右臂，

薛鼎坟　2017年11月8日摄

薛鼎惊叫一声，利刃脱手。薛鼎临危不惧，展开肉搏。他虽勇猛，怎奈腹中空空，多处负伤，渐渐不支。一个闪躲不及被虎尾扫中腰际，飞出很远，仰面摔在石崖边。猛虎带着风声紧跟着扑倒，薛鼎迅即抽出靴内匕首，凝集最后一口真气，对准直扑而下的老虎咽喉使尽全身力气刺入。老虎脖颈喷血，呼啸着栽下石崖。薛鼎也因气力用尽，再也没有起来。虎口余生的樵夫向乡亲们讲述了事情经过。乡亲们把打虎英雄葬在马头崖岭上，建成了"薛鼎坟"。

铜　井

铜井位于玄真观财神殿后，紧靠山崖，深约7米，井壁为精工细磨的条石砌成，厚薄一致，缝隙严紧，井口上方有石刻滴水龙头，为玄真观后排水通沟。不管暴雨倾盆还是阴雨绵绵，井内滴水不存，向井内投物会发出清脆的金属回声，故称"铜井"。

传说此井原为观中道士日常饮用水源，清凉甘甜。自建观时始，观中道士全凭化斋为生。有一个小道士觉得下山化斋十分辛苦劳累，且化来的大多为残汤剩饭。见每天游人香

铜井　2017年11月22日摄

客很多，上山后都累得气喘吁吁，争到井边饮水消渴，就想："以水换钱，用钱买米、买菜，岂不美哉？"于是就守在井边，一小罐水收取一文钱，每天能收一两吊钱，除了吃用稍有盈余。师父瞧见了也睁一只眼闭一只眼，小道士就越来越贪心。起初自己打水给游客，老弱残病者不收钱，后来干脆往井旁一坐，不管什么人，谁想喝水就交钱后自己提。稍不顺心还骂骂咧咧，甚至收起瓦罐不卖了，弄得游人香客怨声载道。

有一天，随着几个游客进来一个道士，穿戴又脏又破，弯腰驼背，一脸皱纹，满面灰尘，几根花白的胡子上鼻涕唾沫挂成串儿。老道见别人打水喝，也哆哆嗦嗦来到井边："我也喝口水。"说完操起瓦罐就要提水。小道士跳到井边，把手一伸："拿一文钱来！"老道瞅了他一眼，叨咕一句："喝口凉水还要钱？真是没听说过。"伸手在怀里摸了半天摸出一个大钱来："出家人化点钱不容易，小道友你拿住了！"说罢递了过去。小道士伸手一接，竟重如磨盘，手臂一沉，钱"咚"的一声掉到井里。小道士恼羞成怒："再拿一文来！"老道士把双手一摊："没有了！"小道士跳过去夺过瓦罐："没钱你就别喝，渴着！"老道士摇了摇头，转身下了井台，口里叨叨咕咕地说："不喝，都别喝，渴着都渴着。"摇摇摆摆走出观门。小道士憋了一肚子闷气，想喝口凉水压压火，提起瓦罐下到井里，只听"啪啦"一声，瓦罐碰上井底撞个粉碎，井干了。小道士大吃一惊，飞跑进殿告诉师父。师父来到井边，捡起一粒石子，向井里一投，只听"叮咚"一声，如击铜板，急忙问明情由，再找那老道已踪迹皆无，只见门外石壁上粘着一个纸贴，上面写着"出家人慈悲为怀，指井卖水太不应该。修真养性莫敛钱财，断水为戒福自勤来"。

此后，观中道士只得每日到北山脚下担水。后来人们纷纷向井内投铜钱硬币，一来听那悦耳的回声，二来不忘神仙"劝人为勤"的教诲。

仙 居 洞 府

传说，台头营城东门外的沙河子是块风水宝地。庙会或集日时，每天聚集四五万人，用水量很大。人们只要在沙滩上挖一个小坑，用柳条编的围子一圈，水就取之不尽。因此，人们把这里称为"万泉市"。后来一群金猪占了河滩，水变得又浑又臭，赶会或赶集的人越来越少，老百姓的日子也越来越难过。

一天，玄真观来了一位游方老道，跟着一个眉清目秀的小道童。观中住持热情接待，根据客人意愿安排他们住进院外的一个山洞。这二者正是慈航真人和吕洞宾。二仙日间打坐参修，半夜观察，很快掌握了金猪活动的规律。

仙居洞府　　2017年11月8日摄

这天晚上，伸手不见五指，二仙来到山头，只见金猪群在沙河滩上乱拱觅食。吕洞宾说："真人法力无边，请显神手吧。"慈航笑道："吾对一切生灵不忍下手，还请上仙施威吧。"吕洞宾说："如此献丑了。"说完一抖手，一道红光直冲那头母猪射出。这法宝状如红绳，只要缠住猪腿，就可捉住金猪。恰在此时，一声惊叫划破静夜，金猪挣断套在前腿的红绳逃掉。原来是一个道士出来解手，见红光冲起惊叫起来，冲破法术。金猪知道是遭到了高人暗算，就带着猪群躲到镇西。

一连多晚不见金猪踪影，吕洞宾就便装下山查访。一个黑胖的妇人引起他的注意，她三两天进城一次，总是在饭铺人少的时候，买上满满一篮子饽饽、饼子之类的食品，总是从西门出入。

连着多日的阴雨，又逢集日，憋了好久的人们一大早就从四面八方涌来。西城门外，路旁新搭起一个小饭铺，干净的桌案上摆着香喷喷的熟肉、灌肠，平锅上还烙着油黄的大饼，让人一看就馋涎欲滴。人们陆续进城，大路上逐渐冷清下来。这时，黑胖妇人领着两个胖小子路过饭铺前。小孩闻到香味儿，拽着妈妈不肯走。掌柜的向身后烙饼的女人递了个眼色，高喊："好香的大饼裹肉啊！"黑胖妇人迟疑一下想继续往前走，无奈两个孩子眼盯着肉饼不动地方。妇人四下看看，并无他人，就来到案子前，头也不抬，低声说："给我称十斤饼，二斤肉。"掌柜的微微一笑："大嫂，你称哪块肉？"妇人嘴一努："就那块"。掌柜的拿起砍刀说："这一块摞一块的，您到底要哪块啊？"那妇人伸出手向案子上一指，还没等她吐出一个字来，掌柜的手起刀落，一只右手掉在肉案上，上边还扎着一条红绳。一声惊叫、一溜火光，妇人和孩子都不见了。掌柜的从案子上拿起一个金灿灿的猪蹄，冷笑道："孽畜，伤你一足以示惩戒，如不远遁，定不轻饶。"烧火的女人则双手合十，口中念道："善哉，罪过。"料定金猪重伤后不敢再来，掌柜的和女人变回原形，原来是二仙。慈航把净瓶中的甘露在沙河子上滴了几滴，又摘下一根细柳枝插在沙滩上。从此沙河子上的水更加清凉，河滩边遍生柳丛，"万泉市"又恢复了往日的繁荣，大饼裹肉也成了地方风味小吃。

玄真观住持前去山洞探视，早已人去洞空，石床上放一书束，上写："住进人二口，同为一念慈。剑扫邪魔退，济世渡群迷。露润沙河水，遍生杨柳枝。救活万泉市，万民得乐居。"道长就把这个洞称为"仙居洞府"，还在大殿前修建了一个精致的小阁楼，供奉慈航真人和吕洞宾神像，称为"二仙阁"。

满 水 井

玄真观历经战乱和匪患，年久失修，破败不堪。住持马道长历尽千辛万苦，募化修缮。

开工后，用水成了大问题。因为院内水井成了铜井，北山脚下的泉水仅可供观中日常饮用。一下子增加上百工匠，加之施工用水，工程无法进行。马道长如坐针毡，只好焚香求告神灵。长跪三天三夜，水米未进，恍惚之中飘飘忽忽走出殿堂，山前山后，一路走来，总觉得有山水滴流之声。循声到了半山坡，只见一位白发老者坐在路旁乱石之上，似睡非睡。此时春意尚寒，马道长素来心慈，急忙口喧道号，作揖高呼："无量天尊，老施主远道而来，此非休憩之所，请到小观客室一息，免伤尊体。"老者猛醒抬头，拱手答礼："久闻道长善心度人，果然名不虚传，幸会幸会。道长露湿袍履，面带愁容，似有心事，能否相告？"马道长一见老者眼射精光，言谈不俗，躬身答道："小观年久失修，承蒙善士资助，欲待重建，怎奈山中水源不足，难动土石。老施主寿逾古稀，必定见多识广，恳请一展慧眼，指点龙脉，功德无量。"老者跳下坐石以杖拄地："天马圣地灵山，何言缺水，此处三尺之下便是龙口，何须烦恼？"眼前乱石滚滚，哪有半点有水的迹象？正待细问，老者飘然而去。马道长情急之下，起步追赶，跌倒惊醒，原来是南柯一梦。

回忆梦中情景，料知必为神灵指点，马道长急忙焚香叩拜，唤起徒众，各带工具，来到梦中所在之处。可是山石如故，地处半山，巨石罗列，无处可挖，不免心中焦躁。仔细查寻，只见老者杖点之处，一丛青草鲜嫩翠绿。马道长伸手夺下一个道徒的铁锹，顺着草丛一锹蹬下去，竟没锹而入，端起泥土一看，湿漉漉含水欲滴。马道长不由大喜过望，急忙吩咐："快挖！"说来也怪，在这半山石坡上仅方圆三尺可挖，而三尺之下，又是铜浇铁铸一般。待三尺见方石坑挖好，忽从坑底溢出清水，漫至井口，捧起一喝清凉甘甜。

砌就之后，小井虽然只可容桶，但任凭工匠们轮番挑水也用不完，工程顺利完工，玄真观辉煌再现。这口井也成为观中饮用水源，每天清晨小道士打上一桶水，水落一半，一只晶莹剔透的小黄蛤蟆在井壁石缝中一叫，随着那悦耳的蛙鸣声，井水又溢满井台。传说这只小蛤蟆乃龙宫珍宝"满金神蛙"，是真武大帝从龙宫借来的。从此以后，天马山上除一口供人赏玩的铜井，又有了一口供人饮用的"满水井"。

唤一声天马山

吴文良

总觉得你在飞奔
追逐着长风，追逐着流云
总觉得你在嘶鸣
一声声高亢，一声声雄浑
流连你朝霞里的英姿
流连你晚照中的神韵
动情时禁不住唤一声天马山呦
啊，满腔都是激昂
浑身都是振奋

总觉得你在身边
久别心不离，路远人更近
总觉得你在低吟
浓浓的乡情，甜甜的乡音
难忘你山花般的年华
难忘你春景似的追寻
睡梦中禁不住唤一声天马山呦
啊，声声那样雄浑
多像儿唤母亲

吴文良，男，1942年生，毕业于天津南开大学。曾任市文化局副局长、文联副主席、文联文学期刊《海岳》《浪淘沙》主编。中国音乐家协会会员、中国音乐文学学会会员、省音乐文学学会副会长、省作家协会会员。

天马湖　天马山

范　江

巍巍天马山耸立在湖边
清清天马湖把它映现
不知是天马有意来照影
还是湖水要留下这画卷
啊，清清的天马湖
巍巍的天马山
湖光山色情趣盎然

天马山有一个动人的佳话
天马湖有一个美丽的流传
佳话使天马山更加神奇
传说使天马湖惹人爱恋
啊，迷人的天马湖
神奇的天马山
像明珠闪耀在渤海岸边

范江，笔名玄水，男，1946年生，原籍卢龙，武汉大学中文系毕业。中国音乐家协会会员、中国音乐文学学会会员、中国寓言文学研究会理事、省作家协会会员。曾任市文联秘书长、市音协常务副主席、市音乐文学学会会长等。作品曾获中宣部"五个一工程"奖、文化部"文华奖""群星奖"等多项奖励，市拔尖人才。

天　马　吟

张义纯

大自然的神奇造型，
赋予你一个美丽的传说。
于是天马不胫而走，
赢得了名将倾心的讴歌。

叩问壁立的文字摩崖，
可是骊城之魂的寄托？
几千年的电光石火，
锻铸了你"行空"的执着。

跨越荒蛮与文明的门槛，
你腾飞在迷人的南戴河。
驾着名山胜水的彩车，
迎接四海观光的宾客！

　　张义纯，笔名艺春，男，1942年生于抚宁县驻操营镇，中学语文高级教师。中华诗词学会会员，省作家协会会员，市作家协会理事，抚宁县诗词学会原副会长。

天马山之歌

李景林

天马山，神奇的山，
巍然屹立几千年。
当年天马英姿展，
万里长空独往还。

戚将军骑它平倭寇，
雪雨风沙镇边关。
天马山，神奇的山
千秋万代英名传。

天马山，英雄的山，
天马腾飞看今天。
抚宁人民英雄多，
精神抖擞上征鞍。
改革开放建功业，
骊城一日千里远。
天马山，英雄的山，
天马奔驰永向前。

山 水 吟

奚学瑶

一

随风飘洒天地间，无牵无挂下人寰。
雨丝绕梦迷痴眼，似酒深情心陶然。
玉露清流浴细沙，白霭青纱漫天涯。
轻润玉枝吻翠叶，滴石穿土硬胜铁。
嬉游芳草入山林，九曲九旋下野径。
千钧无力压细流，尘垢怎污水盈盈！
潺潺低吟吟不歇，慷慨高歌结伴行。
山野纵是风光好，岂夺耿耿葵藿心！

二

岿然大坝叹人力，神工奋臂巧迂回。
奔龙腾虎来相会，千流万水汇库海。

霞染花浸春水盈，风静水滑琉璃凝。
翩翩银鸥裁云锦，烈烈肥鱼翻灯影。
月华泻水溢流光，思绪迢迢连浩茫。
星落山前飞金箭，晨诵诗书声琅琅。
思潮鼓荡风呼号，浪潮拍岸百丈高。
大风席卷潮流去，摇天撼地发狂潮！

三

千矢万簇发神弓，飞龙飞虎出幽洞；
挟风洒雨漫天雾，甩身摇尾凌空舞。
大呼高啸奋旗枪，跃马催鞭翼飞扬。
腾跃百丈银鳞翻，纵跳千尺触长天。
垒垒顽石败仓皇，碌碌残渣隐无颜。
积力应时奋雄威，飞流滔滔不复回。
雪浪怒放艳阳花，雾桥轻飘彩虹纱。
心阔胸敞唱浩歌，极目大洋融金晖！
噫——
万古悠悠多少事，长如细流汇沧海！

奚学瑶，男，1946年生，浙江天台人。1970年毕业于北京大学中文系。中国作家协会会员，一级作家。曾任市文联编辑部主任、创作院院长。主要作品有散文集《未名湖之偈》、论文集《散文的传统与现代化》、文集《心岛鸥声录》、传记《周培源传》。本诗1975年8月写于洋河水库。

天马山（外一首）

李守森

残垣颓井旧山门，捧诵余音似可闻。
避世人知陶处士，观崖我慕戚将军。

沧桑寒暑崖头字，风雨春秋岭下村。
天马升空如有日，人间留惠万民心。

天马腾飞　振兴抚宁

天高好御风，马势欲凌空。
腾跃南溟近，飞驰北厩穷。
振蹄知路远，兴业仗心雄。
抚掌笑钝驽，宁知骐骥情。

李守森（1954—2013），男，抚宁人。为《秦皇岛晚报》创始人之一。曾任秦皇岛日报社副总编、秦皇岛晚报社执行总编、省诗词协会副会长、市作家协会副主席、市国学研究会常务副会长、市诗词学会会长。主要作品有论文集《木铎春音》、诗词集《流年韵语》。

天马湖哟天马山

赵永红

云中游哟梦中现
神姿仙态天马山
天马行空乘长风
峥嵘秀丽入云端
矫健的勇士来攀援
豪情壮志满心间
多情的诗人来吟咏
美丽的佳话代代传

歌一样美呦梦一样甜

天马湖水起波澜

天马湖呦多柔媚

轻波细浪惹人怜

渔家姑娘撒银网

鱼美虾肥装满船

远来的画家挥彩笔

山清水秀入画帘

赵永红，女，1970年生，省作家协会会员，省音乐家协会会员，市音乐家协会副主席。作品有歌词集《给你的歌》、诗集《玫瑰依然红》、散文集《有一种情调叫浪漫》，歌词作品曾获湖南省"五个一工程奖"和河北省"五个一工程奖"）

天 马 放 歌

田国安

流云是你挣脱的缰绳，

林啸是你不驯的嘶鸣，

狂奔了千年万年，

还是舍不得离开抚宁。

家乡喜欢你的多情，

将天马赠为你的姓名。

松柏是你抖立的长鬃，

碧空是你遥远的路程，

为实现美丽的传说，

拉起家乡蹄又生风，

人们喜欢你的魄力，

把天马作为心中的歌声。

田国安，男，市群艺馆馆长，国家级词作家，中国音乐文学学会会员，中国音乐家协会会员，省舞蹈家协会会员，省音乐文学学会副会长，博士专家联谊会理事、艺术分会副会长，市音乐家协会副主席。

天 马 颂 赋

碣 阳

夫天马凌云，北望群峰，峻岭挺秀，衔长城万里，逶迤重岭，有千仞仙境，嗟叹！遥想戚公当年，骏骊飞驰，敌胡虏万众，平锦绣河山，利万民生息。耕农乐园，子妇安康，拯我百姓于水火。今战无烽烟，鼓无声寂，金退胡骑，还我宁远。望南海波浪滔天，山呼海应，无不致怀。

西眺洋河，平湖如镜，粼粼涟水，帆影楫樯，皆渔歌互答。湖光山色，波涌浪卷，润万顷良菽，吾辈饱腹乐道。更有山水之胜，游清湖之远，得徜徉之近，吞山吐雾，好不嗟赞也！

独闻暮鼓晨钟，晓雾尽漫，青松蔽日，作伴仙游。玄真万和，融天地一统，求阴阳之交，怀古今之喻。则有天昭日月，地阁方圆，殊胜于真武。钟醒山川，鼓震威岭，抚慰万众。于高堂远尘世，处清明抚黎庶。何以为真？乃丰衣足食也。

高香尽燃天地阔，磬鱼远听苍云浮。实唯此愿不和于俗，誓无以凡行。乃会当记作斯文，仅以志哉。

天 马 山 赋

王改正

抚宁名士景林有言：天马山具华山之险要，黄山之飘逸，泰山之雄伟，庐山之俊秀。吾侪神驰梦想，欲拜佳境久矣。乙丑立冬，幸随晨崧、德虎、一信、哲辉诸诗家登山览胜，赋以记之曰：

天马奔来此地，史称骊城；抚慰黎庶安泰，遂名抚宁。阴灵阳德，万象昭明。烈烈神威，远眺状如骏骥；棱棱脊骨，果然势若骁腾。信步山间，丛林满目；琪花烂漫，瑶草芳荣。微霜薄露，奇松劲柏；含烟滴翠，翳日吟风。山路崎岖而险仄，葛藤散漫而缠萦。磐石累积而雄峙，危崖陡峭而峥嵘。峻岭山高，皆向戚家军倾倒；莺歌燕舞，共与飞天马壮行。刃血兵戈，伴馥郁清凉世界；神通道脉，染炉中香篆仙灵。爽润山风，老聃拂尘魄动；深幽铜井，巢父洗耳心情。砥柱抚宁，电掣风雷之险；高标北国，卵危叠嶂之屏。

于是登极顶，望苍冥；感造化，涌诗情。背依长城，前瞰大海；左襟辽沈，右控燕京。带砺山河，卧龙脉而起舞；辉光星月，承玉宇而欢迎。峦黛千重，拥霄汉之伟烈；长风万里，助大野之葱茏。临天桥而目凝，山涌谷动；攀险隘以远眺，阡陌纵横。风起青萍成势，云助天马行空。坐坤轴于基础，摇大宇于恢弘。沐东来之紫气，洒烂锦之霓虹。凌绝顶而思河汉，履蒙茸而忘枯荣。持操守以游目，念天地之无穷。

已而夕阳欲堕，华彩涂红。流光霞蔚，暮霭云蒸，千岩锦缀，万壑风宁，天马湖水，一碧波平。汇琼浆之泉脉，鉴日月之光晶。乍豁然而开朗，忽慨叹于琼宫。玩周秦之明月，仰汉晋之奇峰。有诗家勃发之逸兴，无游子倦怠之愁容。欲逍遥矣沧浪滚滚，可安享其越水融融。诗礼典坟，闻吹歌矣心动；尧章舜乐，观鼓舞而神通。赞山河之壮伟，诵文化之朝宗。极神游之欢畅，举盛世之杯觥。随琴声以长啸，挥翰墨以抒情。乃引吭而歌：

昆仑奋鬣御雄风，天马飞来驻抚宁。骏骨嶙峋堆峭壁，鬃毛乱卷化青松。高天大海千年碧，霞彩长城万古红。姬满黄竹犹在耳，霜蹄汗血忆征程。

王改正，男，1951年生于河南省郾城县（现漯河市）。1969年参军，曾任总参办公厅保密局副局长，大校军衔。2006年退休。中华诗词学会秘书长。作品有诗词集《细柳营边草》《岁月歌吟》《霞落玉潭红》等。

天 马 赋

王应民

夫天马者，乃灵异之骐骥也。其肋生云翼，脚踏风神，头戴璎珞，尾荡星辰。朝而骎骎，夕而骙骙。远观其势，昭神奇于千古；近感其威，集雄武于一身。亦真亦幻，影摇山水；或急或缓，气撼乾坤。

适燕山脚下，物华天宝；渤海岸边，人杰地灵。秦皇求仙，驻跸之地；天马临凡，腾跃之空。维时至西汉，县置骊城；唐启武德，名曰抚宁。骊乃黑马也。其目光炯炯，骨骼铮铮，神采奕奕，步履匆匆。自古即今，度雨燕山，疾如飞矢；乘风渤海，迅若流星。送参商西转，迎日月东升。任烽烟漫地，犹羽翼凌空。越蛮荒之古塞，至文雅之新城。施四时之安抚，佑百姓之康宁。历代兴衰，尽存回眸之内；千重变换，皆在进步之中。

县城北有一山，曰天马山。是处巨石巍巍，如马首昂于天际；大风猎猎，似马鸣彻于云巅。岭着奇花异草，壑萦薄雾轻岚。青峰叠抱，绿水长环。钟鸣古寺，佛度奇缘。摩崖石刻，堪留史册；道观香火，犹续人间。定远元帅，大旗回荡忠魂屡屡；游击将军，长枪曾染热血殷殷。猴儿望海，渺渺兮虚实之际；燕子翻身，飘飘乎生死之间。若立于马头崖上，指点群峰，广堪惬意；眼望长城，渺亦开颜。林木葳蕤，漫透烽烟残照；莺雀徜徉，巧绘沟岭新颜。试刀石裂，当知军威赫赫；点将台高，愈觉帅气翩翩；拴马桩闲，唯余草势菁菁；晾甲台空，却见水渍斑斑。

山下之天马湖，长波泛彩，细漪翻光，一泓镜幻，十里鱼香。大堤巍峨，储纳天庭之水；平湖荡漾，润泽山野之乡。晨曦荡舟，晖光分橹；星夜撒网，笑语盈仓。浩渺晴波，好似蓬莱仙境；依稀雨景，亚赛桃源梦乡。山入波光而流彩，其龙如马，情注一水；云出石岫而欲雨，其马如龙，恩泽八方。

骊城，与天马结不解之缘。史入城典，时为县标。扬蹄奋驰骋之勇，振翅张飞翔之豪。试观今日之骊城，更若天马行空。越岭翻山，发之强势；凌波踏水，持之高操；拉朽摧枯，出之大略；携云带雨，卷之狂飙；蹑影逾辉，来之奇速；夺魁摘冠，奔之新标。嘶鸣阡陌，叱咤九霄；沐雨栉风，春秋为伴；奔雷掣电，星月堪超。征远何惧迢迢，频出佳绩；攀危不畏岌岌，再创新高。

嗟夫，天马之山，雄而秀矣，晴添豪迈，雨助婀娜；天马之湖，深而阔矣，朝浮潋滟，暮送平和；天马之城，古而新矣，广存浑朴，细取雕琢。天马之魂，乃骊城之魂也。感人者，昂扬之形象；诱人者，奇异之传说；励人者，恢弘之气势；催人者，铿锵之鸣歌。骊城发展，飞奔跨越；骊城变化，月异日新。天马，堪为敬矣。其驻则缱绻，行不蹉跎；千秋存志，四季鸣珂；尘中神动，云里缰脱；勇出渤海，敢跨银河；声惊宇宙，行动家国。鬃毛展开，千重抖擞；羽翼飞动，万里磅礴。

壮哉，壮哉！春秋之宝马，黎庶之良骓。振兴斯域，舍汝其谁？

王应民，男，1955年生，抚宁第九营村人。中学高级教师，中华诗词学会会员，抚宁区诗词学会副会长。

天　马　觅　踪

董宝瑞

不知别人怎么看，我总觉得，在中国古代能把英名与长城铸为一体的人，恐怕要首推明朝名将戚继光了。

早就得知抚宁县境内的天马山，遗有戚继光所题的镌刻，可惜多年来无缘一登。

去岁槐花飘香的时节，文友们聚会天马湖畔。不知怎么，没容我开口，就都同意抽出半天时间去天马山一游。

是日晴空万里，天马山似骏马欲飞的神姿显得异常夺目。山路崎岖，洒下我们一行人的欢声笑语。文友分外活跃，不时指点着山上的奇景妙观，话语中透着一种自豪感。我听得入神，望得眼酸，恨不得一步登上那巍然高耸的绝顶。可一踏上那通往山顶的级级石阶，我的步子却慢了下来。恍惚间，我仿佛听到了马蹄声声。

这声音那样清脆、那样悦耳，是戚继光和他的部将留下来的吗？

我仰视峰巅，绝壁陡峭，不可谓不险。可这山实在算不得很高。策马而上，几乎用不了抽一袋烟的工夫。那么戚继光为何看中了这座不起眼的山峰呢？这不能不说是一个谜。要知道，戚继光当年任蓟镇都督，率兵驻守长城十六载，几乎跑遍了山海关至八达岭的千里长城，何样的险崖峻岭没有涉足，那他为何独独对这样一座远距长城的小山寄托了悠悠深情呢……

我百思不解，寻着留下那雄健的马蹄声的山中石径，苦苦追踪。山回路转，愈近绝顶，石径似乎愈好踏足了。倏然间我发现迎面一堵峭壁横遮去路，上面豁然刻着"天马山"三个楷体大字，字大如斗，遒劲挺括，一看便知非凡人手笔。待看那落款，顿知果然为戚继光所题。我忙扑上前去，细细抚摸那四百年前一代英雄的手书，一时思绪萦萦。可没等我多想什么，一文友在上方喊："快，快上来呀！这儿有庙址……"顺音寻去，这摩崖刻石右侧上端有一石门，似在向我呼唤。我忙钻过那石门，去追那些先行一步的文友。果真，这摩崖之上，竟有一亩见方的平台。平台上，断壁残垣，依稀闪现着昔日建筑的雄姿。建筑遗址为两处，一为真武庙，一为二仙阁。相传戚继光将军曾在此处略养小疾。没容我察看仔细，早已爬上庙后陡壁悬崖的文友们又催促我别掉队，我只好追上去。没想到，上面又是别有洞天。顺峭壁西端在山岩上凿的石阶小心攀登，又来到一狭小平台，平台背依的又一堵峭壁上刻着"天马行空""山河一览"两行大字。字体刚劲，笔锋奔放。遗憾的是，并非戚继光之笔，而是傅光宅、黄孝感等题刻。峭壁上即为绝顶，仍须从西边绕行。西边峭壁上又有刻石，分别题的是"海天在目""带砺山河"，亦为他人所书。绕过"带砺山河"石屏，石阶几乎隐在悬崖上，稍不小心就有落崖之险。我手脚并用爬了上去，突然发现山顶巨岩下藏匿着一丁字形石洞，其中狭窄而幽雅，为登上峰巅必经之路。那路已很难称为路，实际是石缝，这可苦了我这个胖身子。我几乎是躺着，一步步挤上去的。上了峰顶，再无处可攀，似乎只手可以擎天了。举目四望，天马湖尽收眼底，南面是通向大海的丘陵、平原，间或有几个城镇。往北望，则是苍苍茫茫长城雄踞的高山了。在那高山脚下，有一个大的村落。文友告知，那是抚宁北境的名镇台头营。紧接，他又告诉我，现在的台头营是后建的，原来的台头营镇就在这山下的湖底，那里已成为水族嬉戏之境了。

听他这样一讲，我的目光一下被那波光潋滟之处吸引住了。哦，原来那里曾是长城防线上的军事重镇台头营呀！怪不得，这座土名"马头崖"的天马山能引得戚继光驻足，并留下戚继光等人的遗迹呀！这里，台头营只是近在咫尺呀……

我伫立在天马山顶，向远处忘情地倾洒自己的目光，思绪却飞到了四百多年前那个战火纷飞的年代。

嘉靖年间，戚继光在东南沿海训练出"戚家军"，成为抗倭名将。其时，北部边陲又告急，元朝残余势力不断跨过长城内犯，以致危及京城安全。隆庆年间，朝廷急调戚继光北上督统蓟城、昌平、保定三镇。从此，戚继光的英名与万里长城齐放异彩。他任职十六年间，修饬边备，训练强兵，使这一带长城真正成为一道不可逾越的天险，为九边之冠。那么，戚继光为何独独青睐这边关内处的小小马头崖呢？除有地利因素外，恐怕是因他太爱战马了。战马，在古代同现代的军车、坦克，将军离开战马，几乎寸步难行。相传，戚继光爱马如命，他在东南沿海抗倭时，当地人民送给他一匹叫"千里驹"的枣红马。他就是骑着这匹爱马跨沟越涧、督修长城、巡视营地，施展自己的才干的。将军爱马，爱屋及乌，对山形似马的峻峭怎会不多看几眼呢！也许，就在他骑着"千里驹"第一次巡视台头营时，便一下看中了马头崖吧！从那时起，这默默无闻的小山就不断留下将军的游踪。像在小马背上小憩一样，将军极喜在这似马的山上养神。戚继光是武将，却极有文才。"天马山"之称肯定为他所起。

不然，他为何只题了山名，其他美词妙句任部将去书写呢！说不定，将军还为天马山题过诗，只不过没有传世罢了……

我痴痴地遐想着，追寻着，直至到了山下也没有回过神来。

"天马"，这词太美了！不知是哪朝的武将想出这样一个词来，把骏马叫作"天马"，用"天马行空"来比喻战马的任意驰骋。

离开天马山越来越远了，我还忍不住频频回首。望着那如控马首于云际的奇妙山峰，我忽然觉得大地在抖动，那"天马"正在嘶鸣，驮着将军飞向那跃于众山之巅的长城。

啊，好一个天马山！你是将军的骄傲，你是祖国的骄傲！

董宝瑞（1949—2014），男，笔名东燕、洞箫、碣阳人等。祖籍卢龙，生于辽宁铁岭，自幼定居昌黎，1973年毕业于河北大学中文系，曾任昌黎县文联主席，国家二级作家，中国散文学会会员，中国民间文艺家协会会员，省作家协会会员，市作家协会名誉副主席，省李大钊研究会理事。主要作品有《李大钊与五峰山》《秦皇岛思绪》《快乐山人》《香山芳魂等》。

品读天马山

李鸿宾

天马行空峻峭的山峰，一幅多姿的几何线图，持一腔深情的渴望横卧在贫瘠的土地上，与荒芜的岁月一起披星戴月，走进天马山，用心去品读大山的灵魂，其实就是用最感性的方式去解读一段人生！

石 上 奇 松

这是怎样的一棵松啊！兀自立在龟裂的丑石上，摇曳多姿的风采，旗帜般猎猎，以孤傲的身影直刺苍穹。为了寻求一条生路，它以非凡的活力在石上扎根，那拳头般粗细的根，以伸入泥土的虔诚和融入热血的挚爱，唱响了一曲突破重围的生命之歌。我的眼前，跳跃着奇松在挺进中悄然无声的情韵；我的耳畔，回荡着奇松在伸展中石破天惊的呐喊。面对它，你不能不由衷地感到生命的坚韧与伟大！

山 上 奇 险

悬崖是驿站，沟壑为路径，不迷恋于山的秀丽，也不想在高险处成为纪念碑。风的轻薄，雷的暴戾，怎也挡不住它高飞的信念，这就是"燕子翻身"。它在石与石的缝隙间，以山巅的气势，连同洒脱与自由，蓬勃而出，恢宏的气势让高山发抖。它宁可力撑千钧，也要博得悲壮的永恒，坐落成一帧壮观的风景，挂在风口的这帘歌声，不就是它闪亮的宣言么？

山 底 峡 谷

沿着晒甲石的方向，走进了一条由高大苍翠的古树和青青藤萝挟持的羊肠小道，小径下边便是铺着嶙峋怪石的峡谷。间或几声空旷而辽远的鹰鸣，绕着戚将军脚下，似乎在昭示着大山的温柔与魅力。以谷底的心胸仰望，初春的山岭，翠绿一泼而开，苍天高远，如一翡翠深潭，几只猎食的苍鹰，列成天空中灵动的诗句，那比天鹅绒还要干爽的白云，一堆堆静泊在空中，高雅中透出凛然威严的光。山脊上，几株老树裸着黑色的肢体，故意作出稀奇古怪的姿态，以展示自己的阅历，夸张地诉说着这里千百年来的故事。

碧 水 青 湖

在崇山峻岭之间喘着粗气艰难跋涉的河水，到这里轻松如行云，演绎成一汪天马湖。湖水并未受山势限制，很随意地在开阔的河床上舒展妩媚的身姿。人到湖边，极目一望，碧水平阔，浩浩渺渺，隔岸林木漠漠，青山如黛，沐浴斜阳之中，这就是天马湖。这里碧水有声，绿影澄蒙，岸畔岩石如削，十分俊俏。红日西坠时，燃烧的晚霞投射湖面，波光潋滟，变幻多姿，美不胜收，奇山异水，堪称天马山一绝。而站在水库大坝上，回眸一望，唯见山水如画，轻舟一叶，出没于斜阳晚霞中……

夜读天马湖

王弘历

人们都喜欢观海，无风三尺浪，海鸥翔集，潮声震耳，给人以新奇和向上的劲头。我却喜欢在夜里独自静赏湖水的芳姿。

夜静更深，晚风吹拂天马湖，墨浪逐岸，暖风中透着寒意，使人感到湖水的存在。岸柳成行，树叶婆娑，蛙鸣声和鱼翻脊背声交织在一起，朦胧的月光映照在天马湖上，湖水泛着墨绿的光波。远山，近水，波澜不惊，极目处湖天一色。揉眼欲细看时，急切中竟怎么也看不清楚。

我坐在堤坝上，望着平如镜面的湖水，尽情享受晚春湖畔的静穆，无限情怀涌动无尽的心潮，丝丝缕缕，轻绕心头。环视湖岸，白日所见旖旎的美景隐在黑夜里，和湖水的冷漠交织在一起，别有一番滋味在心头。

天马湖像一部古朴的大书，记载了骊城人民的情怀和品格。天马湖畔，原是丘陵中的一个小平原，洋河从平原中穿行，著名的"京东第一镇"——台营，虎踞在洋河上游，山清水秀，美丽富饶。

五十年代，为了改变整个骊城的贫困面貌，台营人民携家带物，从祖先居住了千百年的富庶之乡，散居到了全县各地。洋河水库建成了，库水源源而流，浇灌了骊城境内的大片土地，成了振兴骊城的有功之臣。

洋河水库经过改建，以英姿勃勃的形象展现在人们眼前，被命名为天马湖。骊城境内，从南戴河旅游开发区，到天马湖、天马山、背牛顶，一条柏油马路给它们牵了红线，夏秋两季，游人熙攘，美丽的天马湖和燕塞湖、老龙头等游览胜地遥相辉映，成为镶嵌在骊城版图上的璀璨明珠，熠熠发光。

白日的天马湖，两岸清水洗过的草坪，历历在目，青翠欲滴，金黄欲流。湖面上，那往来穿梭的游船中，那渔歌互答的捕鱼图中，也有台营人的身姿，带着果树花的馨香和天马红鲤的鱼香，黑红的脸颊上，总带着湖边人的淳朴和新一代乡里人的豪气。

如今的天马湖成了聚宝盆，浇灌着农田和果园，用它酿造的美酒誉满冀东，用它浇灌的水果漂洋过海。来天马湖旅游的人们，在湖边的酒店里，品尝着刚从湖里网上的红鲤鱼，畅饮着天马美酒，兴致盎然，好不惬意。

看惯了湖畔阳光明媚，看惯了湖光潋滟、船鱼相错的缤纷美景，再看看时而黝黑如墨、时而白光泛起的湖面，和那远处时隐时现，迟迟不愿进入视野的、灰蒙蒙的山峦，使人在晚春的季节里，从心头漾起阵阵秋意。啊！天马湖，我愿融化在你香软的怀抱里，和红鲤一起，陪伴你度过这深沉羞涩的月夜。

月挂中天，由刚升起时的橘黄色，渐渐淡化成银白色，那如水的柔情里，斑斑点点的黑色种子，像天马湖一样纯洁，如镜的湖面悬在空中，使人有圆月欲滴之感。远在天际的浮云来回飘荡，间或和月亮平行，与灰蒙蒙的湖水交相辉映，随月光的闪烁，湖面上灰色渐渐褪去，换上古铜色春装，一亮一亮地耀人眼目，给人平添一种沁人心脾的、拥抱新春的激情。

借月光望去，天马山像一座黑色雕像，昂首挺立。看到这儿，我萌生一种意念，天马山不正是湖区人民自我牺牲精神的丰碑吗？倘若世间真有天马，它也会引颈长啸，为湖区人民放声高唱的。

天马湖在默默地思索，偶尔掀起的浪潮总是那样细微，几乎不被人们发现。但，正是这种细微的浪潮，与骊城人结下深深的情谊，与溟溟春月的潺潺小溪般的宣泄，形成鲜明的对照。天马湖，像一位慈祥的母亲，用自己甘甜的乳汁，哺育着骊城五十万人民。

厚厚的月亮，淡化成一枚薄薄的五分镍币。下半夜了，我断定月亮要黯淡了。但出乎我的意料，她虽然飘飘西下，光彩却不减当初，英气袭人。倒映在湖水的涟漪上，碎裂成点点滴滴的光斑，那湖中的红鲤，大概也是她喂饱的，要不，怎么会这般鲜美呢？

月亮留在天马湖里，明天，她还会跃出水面，一直跃到那遥远的天际！

啊！天马湖，一本应该永远拜读的百科全书！

王弘历，男，笔名弘历、少剑，1963年10月出生，曾任中国银行秦皇岛分行纪委常务副书记。市作家协会常务理事，区作家协会副主席。

雨谒玄真观

李贺文

六月中旬的一天，陪同商界朋友何君去天马山拜谒玄真观。走在蓊蓊郁郁的松林石径上，路旁红的、白的、黄的，不知名的野花在轻风中摇曳着身姿，招惹得蜂飞蝶舞，给这寂静的山谷带来了无限的生机与活力。松林中，布谷、山雀、黄鹂在枝头呼朋引伴，各自亮出婉转的歌喉。

走过戚公亭，登上点将台，俯视山下，但见莽莽苍苍的松林恰似一幅精美的图画。一场透雨过后，松林枝头绽出团团新叶，嫩嫩的，亮亮的，恰似一片墨绿的地毯上点缀着青黄色的花朵，氤氲着蓬勃的青春气息。

钻过一片密林，听得三声钟鸣。清越之音回荡在山谷之间，久久不绝于耳。抬头望去，那便是闻名遐迩的玄真观。庙宇的一角高高翘起，在云雾中若隐若现。

一条岩石砌成的崎岖小路飘带般地由山脚缠绕至山腰，刚跨上几十个台阶，一声炸雷在头顶响过，爆豆似的雨点便砸将下来。我们加快脚步，刚跑到玄真观的房檐下，狂风便裹挟着暴雨像头发怒的怪兽在山谷间东一头西一头地撞来撞去。

跨进道观，何君偕我一齐跪在真武大帝像前。平生几多畅恨事，尽在深深两拜中。

一位面容清癯的道长，发髻高挽，正端坐在桌前读《登真隐诀》（南朝陶弘景著），见我们起身，便放下书卷，指着面前的椅子让我们坐。

坐下后，我们便与道长攀谈起来。

何君递过一支烟，道：“我最近商场屡屡失手，请道长指点迷津！”

道长沉吟片刻，侃侃而谈：“南华真人曾言，庖丁解牛，恢恢乎游刃其间，循道而已。子牙太公垂钓渭水，太上老君骑牛西行，均遵道行事。如今商场即战场，只有循道而行，方可左右逢源，游刃有余！”

“谢道长指点。”何君说。

见道长健谈，我便问道：“听说贵教以道家哲学为理论基础，认为‘君法地，地法天，天法道，道法自然’，那么，贵教的社会功用是……”道长捋了捋长髯，慢条斯理地说：“小而言之，为人免灾祈福，享乐长生；大而言之，铸剑戟为锄犁，化干戈为玉帛。”

“妙哉，此言！”我由衷赞道。

此时，何君也从商场失利的烦恼中解脱出来，笑着调侃道：“请问道长，贵教为何不忌酒肉？得罪，得罪！”

道长瞟了他一眼：“道教只是有的教派不忌酒肉。老祖扶摇子隐居武当山二十多年，服气辟谷，每日只是饮酒数杯，寿一百六十岁。因而道士不大忌酒。”

“原来如此！”

我随手翻了翻桌上的书卷，问道：“道长，道家修持的‘三戒之法，曰简缘，无欲，静心’，这‘无欲’的意思是……”

“欲乃万恶之源，无欲则刚，无欲则善，无欲则美，无欲则远离灾祸。君不见，大千世界，芸芸众生，鸟入罗网而亡，鱼因吞钩而烹，人为财色而罹难。推其原委，一个字‘欲’！”

“精辟，真乃至理名言！”何君拍手赞道。

道长捋了把长须，接着说：“人生名利场，荣辱两相依。祸福弹指间，诸君谨慎行！”

“听君一席话，胜读十年书！”我由衷地说。

“不敢，不敢！”道长摆手笑道。

不知不觉，两个小时过去了，抬头望窗外，已是晚霞满天。走出观外俯视山下，苍翠的松林，烟缠雾绕。向西望去，天马湖浮光跃金，渔舟点点，一道彩虹横跨南北。

好一幅彩笔难绘的山水风景画啊！

李贺文，男，抚宁人，中学语文高级教师，省作家协会会员。作品有散文集《月涌大江流》《一蓑烟雨》《风雅之颂》等。

泛舟天马湖

舒　柱

"来，尝尝家乡的酒！"滴酒不沾的李校长和副县长高国祥不约而同地举起杯子来。

是"特制天马湖大曲"。我们放下杯子就说："好酒。"我那16岁的儿子磊磊忽然也脱口而出："好酒！"

国祥回过头笑着对磊磊说："你没有喝就知道酒好，真不愧是咱抚宁人的后生啊！明天请大家去天马湖看看吧。"

第二天清晨，我们随李校长来到位于抚宁县城北10公里处的天马湖。

天马湖就是25年前的洋河水库。我离开抚宁的时候，水库工程还没有最后竣工，记得那时，洋河在这里只有十几米宽。河床尽是大小不等的鹅卵石，傍晚的霞光把河谷两岸的房屋和树木涂上了薄薄一层金色。但是，当山洪下来时，河谷变成了奔腾咆哮的马群。而那时处在洋河下游靠渤海的我家一带就成了汪洋。25年后的今天，往日熟悉的河谷不见了，浩瀚的湖水在晨风中激滟……

此刻，我忘了身旁的这一汪碧水，目光已经滞留在湖旁的天马山上了。

我已经25年未见天马山了。过去的25年里，我常常回想抚宁，常常想起天马山，特别是在"文革"云翻雾罩的年月。因为林彪等人滥用过"天马行空"四个字，而这四个字是明代刻在天马山峭壁上的，它一直是抚宁人的骄傲之一。由此及彼，我曾为抚宁的命运担忧过，忧心抚宁受不住林彪一伙的践踏！

天马山是抚宁县的名山。不知从什么时候起，这里就流传着一匹黑色神马的故事。前汉年代，还在公元以前，抚宁被命名为"骊城"——黑马之城，大概与这座山、这些传说有关。明代隆庆六年，即1573年，民族英雄、平倭将军戚继光奉调镇北来到抚宁，登上天马山并题写了"天马山"三个大字，被人镌刻在山顶石壁上。此后，关于戚将军的一匹老死的黑色战马大败入侵敌酋的白马的神话流传开来。天马山成了抚宁的圣地，成了抚宁的象征。把洋河水库更名为天马湖实在是再合宜不过的。把两万亩荡漾的湖水与神奇的天马联结在一起的内涵将会引起人们多少遐思呢！

游艇依然在水面上轻盈地滑行。天马山的雄姿越来越高大了。山头，本身就像一匹骏马，高昂着鬃毛耸起的头颈，像在迎风长嘶，可以想象得出马的四蹄在怎样地飞腾！令人感到一种青春的、一往无前的气势。我忽然想到船头的李校长，觉得他就像一匹一直在飞腾的战马。

李振纲校长自24岁起就当中学校长，一直干了30余年。他的事业心，他的热情，他的品德，他的功绩在抚宁是有口皆碑的。为了给祖国培养人才，他曾呕心沥血，却在"文革"中吃尽了苦头。为了开放搞活抚宁，60岁的他离开贯注了一生心血的教育工作到县委、县政府工作，一身担任着好几个职务。他十几年如一日，不争名利不争待遇。提级的时候，他一让再让，分给他90平方米的房子，他要60平方米；学校想给他一个高级职称，他不要，说："留给别人吧，它对我没有意义。"而且对工作，他干着分内的，想着分外的。县里的文物发掘和保护工作，民间文学的搜集整理工作，对外联络工作，都浸着他的心血和汗水；每回到抚宁中学，他都依然是一位不在任却又实实在在的校长。30多年来，4万名学生现在分布在祖国各地，抚宁自然最多，无论走到哪里都会听到有人亲热地呼唤他。现今县委、县政府的各级干部，有几个人没有听过他的讲话和讲课呢？

当清晨我在环城公路上散步寻旧碰上正在长跑的李校长时，我的热泪不由得潸然而下。他虽然算是老骥了，却还没有伏枥，正像眼前的天马山雄姿，依然昂着头迎风飞奔……

孙书柱，男，笔名舒柱，1946年生，抚宁人。1968年毕业于北京大学，文化部《中外文化交流》杂志社社长。作品有散文集《宁静的伯恩》《走不出的咖啡馆》，诗集《莱茵河上的月亮》《乘着咖啡的芬芳》等。

卷九

·附记·

【247/270】

天马
山志

附记

朱德视察抚宁洋河水库

　　1972年8月26日，艳阳高照，到处是丰收的景象。这天，朱德委员长视察了抚宁县洋河水库。天马山脚下洋河水库碧水清清，风平浪静，青山倒映在水中，异常优美壮丽。

　　上午9点半，朱委员长乘车来了，早在这里等候的县领导强华、刘长柏、李开贵和我迎上前去，朱委员长同我们一一握手。他穿一身草绿色军装，戴着一顶军帽，没有佩戴帽徽和领章，脚穿一双棕红色皮鞋。虽已是87岁高龄，但仍然红光满面，精神矍铄。望着他和蔼慈祥的面容，我们连声说："您好，欢迎您，朱委员长！"围观的服务人员也热烈鼓掌欢迎。

　　随后，朱委员长走进楼内，和同志们一一地说起话来，并用手示意同志们坐下。听完介绍，朱委员长说："听说这里有个大水库，很想看看。"强华同志说："我们把水库情况向首长汇报一下吧。"李开贵同志汇报了洋河泛滥成灾的过去，"大跃进"时修建水库的情况，水库建成后的作用。朱委员长听得非常认真，频频点头，不时重复着一

1972年8月26日，朱德委员长在洋河水库视察　《回眸洋河》

些工程数字。当听到水库不仅能拦洪水、灌良田，而且可年产10万斤鱼时，关切地说："库底东西都要除掉了，不除掉了，鱼打不上来呀！"当听说水库建成后能浇地20万亩，全县发展了10多万亩水稻，年年获得丰收时，朱委

员长说："浇20万亩，这个县差不多了吧？"强华同志说："浇四分之一。水多还可以多浇一些。"朱委员长说："栽秧，栽稻子，增产多少？"强华同志说："水稻平均亩产800斤左右，比别的农作物多收三四百斤。"朱委员长说："有水，栽稻子可靠。水的来源有多远？依靠河沟？"李开贵回答说："水的来源有80多公里，在正北长城外的山区。"朱委员长点头说："啊！长城外，咱们北方、华北雨水不均匀、不充足，你们在上边修了坝没有？"当回答搞了一些小坝、小水库、鱼鳞坑后，朱委员长指示说："上游可以搞小水库、小坝，有的水库隔几里就修一道坝、小水库，水下来就缓了，这是个发展方向，主要是再下雨，别让水跑了，这个办法很适用，积少成多，主要是要把水的来源算好，7、8月的水不要跑了。社会主义建设是向前进的，有毛主席的领导，各项事业都在发展，水库的作用发挥了，人民的生活水平就提高了。"强华同志说："我们一定按首长指示的办。"

这时，秘书对朱委员长说："首长参观一下水库吧，看看打鱼。"朱委员长高兴地说："好啊！可以参观一下。"

然后，大家起身陪着朱委员长下楼乘车，来到大坝东上船，我们搀扶着朱委员长上了船，他同强华同志并肩坐在船的中央，我坐在他们对面的船板上。坐好后，船缓缓开动了，朱委员长对强华说："把抚宁的情况讲讲。"

强华同志首先汇报了全县的地理位置、总面积、人口、耕地等基本情况及上一年的农业生产情况和当年的生产情况。当汇报到当年因大旱粮食亩产仍可保持1971年516斤的水平时，朱委员长满意地说："那还不错呀！"当汇报全县种植物品种时，朱委员长掐着手指头重复着说："高粱、玉米、谷子、稻子……"汇报到全县地形北靠燕山、南临渤海时，朱委员长问："紧靠海边吗？"汇报到山区果树生产、盛产干鲜果品时，朱委员长说："水果很值钱。"汇报到全县产海鱼和淡水鱼时，又问："收后归哪卖呀？多少钱一斤？"还打听下海打鱼的有多少人，强华同志一一作了回答。当汇报到抚宁县山区多时，朱委员长说："啊，山区多！"关心地问："山区人民的生活怎样？有没有挖煤的？"强华同志回答："山区的群众生活有了很大提高，主要是搞农业，也有煤矿、石矿等。"朱委员长接着问："工业是什么？"强华同志说："有个小煤窑，有个化肥厂。"朱委员长问："一年搞多少？"强化同志说："年产化肥3000吨。"朱委员长说："那也不少哇！搞几年了？"强华同志说："搞5年了。我们还有个小水泥厂，耐火土矿。"朱委员长问："有玻璃石吗？"强华同志说："有玻璃石，供给秦皇岛。还有个小五金厂、陶瓷厂、炼铁厂、造纸厂。"朱委员长问："造纸厂出多少？"强华同志回答说："一天出十三四吨纸，供外贸出口，陶瓷厂烧大缸和盆。"强华同志接着汇报说："有个农机厂，连修带造，有个矿石厂、砖厂。"朱委员长高兴地说："啊！都发展了，别单独搞一种，搞工业很有前途嘛！搞渔业你们也有条件嘛！"接着问："渔业队归哪？"强华同志说："归大队，现在是三级所有，队为基础。"接着朱委员长询问了公社组织等情况，强华同志都作了回答。

这时，船已开到水库中心，开始起渔网了。朱委员长看到打上来一条10斤左右活蹦乱跳的大鱼时，高兴地笑了，并问："一年产多少？"强华答："几万斤，10多条就够100斤。"在观看打鱼的过程中，朱委员长一直兴致很高，笑容满面。

看完打鱼，在归途中，朱委员长问："鱼交哪里呀？水果交哪里呀？"强华回答后，他说："我们这个时代，什么都需要，都有用途，广东省有个地方出凉席，也很有用嘛！将来搞好了，慢慢地把地下矿藏都搞出来。"接着朱委员长问强华："你出身就是搞农业的吧？"强华答："出身是搞农业的，但按领导要求还差得远呢。"朱委员长满意地说："你们搞得不错嘛，农村生产提高了，生活就会一天比一天好。"当强华同志汇报全县有养老院、疗养院，孤寡老人和残疾军人生活有了保证时，朱委员长点点头笑了，并接着说："毛主席说自力更生嘛，干么！干起来就不困难了，社会主义是不会自己到来的。"朱委员长很关心上山下乡知识青年，他问："有下乡的吗？"强华答："有3000多人，天津的、唐山的、秦皇岛的。"朱委员长说："很好嘛！这是宝贵财富，这些人有文化嘛！要对知识青年加强教育，改造世界观。毛主席说要和工农群众结合嘛。将来我们办工厂、搞建设，都需要知识分子。"当强华同志汇报到现在教育事业发展，学生上学幸福时，朱委员长说："教育事业发展很快，学制改喽！"接着朱委员长望着远山近水讲起辩证法。他说："大自然哪，人哪，山哪，水呀，养鱼呀，怎么来的？过去都不懂，学了辩证法，唯物主义的认识论，有了马克思主义，我们就懂了，但还有些东西我们还没有认识，还要继续研究，把底下的、海里的东西都搞出来，这些东西就是钱，对社会主义建设有用，等是等不来的，我们的前途是好得很哪！"

这时，船已驶到岸边，靠岸后，大家搀扶着老人家下了船。朱委员长顺着水库台阶来到凉亭坐在藤椅上，靠南面北望着满库清水，稍稍休息后问：

"这山里有公路吧？这山很远很深吧？"强华同志作了回答，并汇报介绍这一带在抗日和解放战争中是革命老根据地和广大群众坚持革命斗争的英勇事迹。朱委员长边听边点头，感慨赞扬地说："这山真好看啊！""这河叫什么河？"刘长柏回答说："洋河，太平洋的洋。"朱委员长接着指示说："山沟里再修几道小坝、小水库，把水贮存起来更好了！"接着又问："这些小条条（指紫穗槐）也有收入吧？"强华答："有收入，年产300多万斤。"朱委员长高兴地说："可以编筐，国家收，你们产的东西要卖出去，支援国家建设。我到秦皇岛码头参观过一次，出口的东西很多，净是几千万吨的东西。我们就靠这些东西支持人家。"接着又问："对虾可以人工养吗？"强华答："还没养，从海里捕捞。"朱委员长说："把海里的那个地方圈上，给它东西吃，长得快，不能打绝种了，没有了。"接着又说："核桃出口，瓜子也出口，只要地上出，就可以慢慢发展。"当强华同志汇报到全县年产几万斤花椒出口时，朱委员长说："可以种嘛！这些人人都需要的东西，一天比一天贵，香料、花椒、胡椒都有用，主要出口，自己吃的也有了。"当强华同志汇报杏仁、酸枣仁出口，用碾子碾破外壳时，朱委员长问："碾不坏？"强华答："碾不坏。"朱委员长说："我就想不到，群众真是有办法。我们社会主义国家就靠勤俭建国，办一切事业靠艰苦奋斗。"

时间已快中午12点，朱委员长还想讲，秘书劝他回楼休息，他才起身上车返回。

朱委员长来到洋河水库后，听汇报，看水库，谈工作，一直忙了大半天，只在船上喝了杯清茶，在凉亭吃了两片压缩饼干。午餐了，大家盼望着他能多吃点鱼肉，可是朱委员长只吃了蒸熟的玉米棒和毛豆角，喝了一杯汽水。

见到朱委员长这样俭朴，时刻想着群众，和群众心连心，我们都肃然起敬。他老人家用实际行动为大家上了一堂发扬艰苦朴素精神的革命传统课。

午餐后，大家特别是服务人员多么想多看几眼敬爱的朱委员长啊！多么想当面聆听他的教诲啊！大家围拢过来，朱委员长看出了大家的心思，没有动身，慈祥地望着大家。第一次见到朱委员长，大家都有点紧张，当听到他笑呵呵的一句话："谢谢你们喽！"顿时，紧张的心情就云消雾散了，望着他平易近人、慈祥可亲的笑容，真比在亲人面前还要温暖、欢畅。

下午2点40分，朱委员长起身和强华、刘长柏等同志一一握手，上车前又同大家握手告别。强华同志请朱委员长明年再来。朱委员长上车后从车窗口向人们挥手。

（周乃昌）

戚继光留迹秦皇岛

戚继光（1528—1587），字元敬，号南塘，晚年号孟诸，山东登州蓬莱人，明代著名军事家。嘉靖二十三年（1544）承袭父职任登州卫指挥佥事。嘉靖三十二年（1553），升都指挥佥事，备倭山东。嘉靖三十四年（1555），调任浙江都司佥事，招募训练的"戚家军"闻名天下。因平倭有功屡次晋升，历任分守宁（宁波）、绍（绍兴）、台（台州）参将，福建副总兵，福建总兵官。隆庆元年（1567），戚继光北上，镇守蓟门十六年，官至蓟镇总兵官，因功授左都督、少保兼太子太保。万历十年（1582），内阁首辅

晾甲台戚继光石像　2017年11月14日摄

张居正逝世后不久遭到朝廷清算。翌年戚继光受牵连调任广东总兵官。万历十二年（1584）遭诬陷罢官。万历十五年（1587）十二月十二日去世。戚继光一生著述很多，主要有《练兵实纪》《纪效新书》《止止堂集》。

自明初始，退居北方的蒙古族的侵扰一直是明王朝的重大威胁。尽管采取了远征、修长城、调兵遣将等一系列措施，但始终未改变被动挨打的局面，蒙古部族常常穿关过隘，扰攘内地。正统十四年（1449）发生"土木之变"，嘉靖二十九年（1550）发生"庚戌之变"，蒙军两度攻至北京城下，直接威胁明廷统治。北方蒙古族的不时袭扰成为明王朝的心腹大患。隆庆元年（1567）九月二十一日，辽东蒙古左翼图们札萨克图汗（土蛮部），从抚宁县北界岭口入侵，深入抚宁、昌黎、卢龙、乐亭等地大肆抢掠，屠杀12000余人，朝野震惊。十月五日，古北口游击将军张臣与蓟镇游兵参将董一元大败土蛮于石门寨傍水崖。为加强蓟镇防御，拱卫京师，朝廷采纳陕西道御史李叔和、给事中吴时来的荐举，调戚继光进京协理戎政、练兵防边。

隆庆元年十二月，戚继光抵达京师。隆庆二年（1568）二月，以署都督

同知任神机营副将。五月，总理蓟州、昌平、辽东、保定练兵事务，节制四镇，与总督同。冬十月，上练兵议，俱依拟施行。将蓟镇分为十二路，分设东、西两路协守署。抚宁县北七十里的界岭口关是蓟镇三十二关中最为重要的关隘，距离朵颜卫巢穴大宁城四五百里，关外沟壑纵横，林木茂密，行动隐蔽，不易被发现，蒙古入犯几乎每次都从界岭口入境，原属燕河路参将管辖，由于相距较远，调度不便。界岭口南四十里台头营（今抚宁县台营镇）旧有士兵三百余人，防御力量明显不足。十一月，戚继光以永平游兵三千改屯台头营，增设台头路参将一员戍守于此，将原来燕河路管辖的界岭口、青山口提调划属台头路参将管辖，扩修台头营城，创建驻兵营房。十二月，蓟镇副总兵胡守仁从浙江金华府义乌县新招募来的三千鸟铳手抵达蓟镇，驻守长城沿线。

隆庆三年（1569）二月，因"蓟镇既有总兵，又设总理，事权分，诸将多观望"，朝廷将总兵郭琥调走，任命戚继光为蓟镇总兵官，镇守蓟州、永平、山海等处。戚继光发现"自庚戌（嘉靖二十九年，公元1550年，俺答围困抢掠京师）以来，先后边臣止议筑墙而不及修台，故虏至辄得志"（《明穆宗实录》），于是上《请建空心台疏》，议修空心台一千二百座。"自嘉靖以来，边墙虽修，墩台未建。继光巡行塞上，议建敌台。略言：'蓟镇边垣，延袤二千里，一瑕则百坚皆瑕。比来岁修岁圮，徒费无益。请跨墙为台，睥睨四达。台高五丈，虚中为三层，台宿百人，铠仗糗粮具备。令戍卒画地受工，先建千二百座。然边卒木强，律以军法将不堪，请募浙人为一军，用倡勇敢。'督抚上其议，许之。"（《明史·戚继光传》）又发现蓟镇边兵素质差，纪律松弛，招募三千义乌兵至塞，令义乌兵操演，时值大雨滂沱，军容益肃，北兵大骇。"浙兵三千至，陈郊外。天大雨，自朝至日昃，植立不动。边军大骇，自是始知军令。"（《明史·戚继光传》）戚继光整顿军纪，加强操练，蓟镇官兵战斗力大为提高。三月，以南方抗倭功进右都督，赏银三十两，纻丝二表里。山海关是蓟镇东协的防御重镇，只设守备，属石门路管辖，六月戚继光奏改山海关守备为参将，增设山海路。山海关驻军一千五百名，一片石关（今抚宁县九门口）驻兵五百名以西一带。万历三十八年（1610）《卢龙塞略》记载："隆庆三年六月，山海关改守备为分守参将专路，以一片石之三道关、寺儿峪堡二城属之，与石门并为两路，以一片石南崖为界。"至此，蓟镇东协下辖由原来的燕河、石门二路增为燕河、台头、石门、山海四路，秦皇岛地区的军事防御能力显著增强。巡边至抚宁县石门寨，与副总兵胡守仁、参将李信、辽东入卫游击将军刘云等在城楼引杯为誓，不负朝廷。胡守仁命名其楼为盟忠楼。戚继光赋《盟忠楼》诗曰："绝顶开高阁，雄规壮北门。侧身见辽海，举首接天阊。击楫前贤志，裁襟国士恩。叮咛二三子，毋负此盟言。"冬十月，巡阅台工。

隆庆四年（1570），戚继光修筑山海关老龙头，"甃石为垒，截入海中，高可三丈许，长且数倍"，将南海口敌台改称靖虏一号台。为加强情报搜集和传递，派遣哨探、夜不收等深入辽东敌境，及时了解掌握敌情，并在山海路始设十四处烽堠，每处军士六名，遇警旗炮接传。

隆庆五年（1571）秋八月，台工告成，共修筑空心敌台一千零一十七座。"精坚雄壮，二千里声势联接。"（《明史·戚继光传》）"今十四路楼堠相望，二十里声势相援。"（《明穆宗实录》）荫一子百户，赏银三十两，纻丝二表里。冬十二月，增募南兵六千，编伍戍守。

隆庆六年（1572）八月，呈请大阅兵事宜。十月二十二日传烽，二十三日操台墙守御起，以及合御于原野，追战于关口，操阅于教场。"十六万之师毕至，营伍必整，旌旆火鼓必齐，约束必坚，号令赏罚必信。余课诸将校、诸兵，躬入诸营，验诸械器，履诸关隘，登诸台垣，历诸亭障，周览诸阛阓。"（明汪道昆《太函集·特进光禄大夫少保兼太子太保中军都督

南天门广场前的戚继光铁像　2018年4月17日摄

府左都督孟诸戚公墓志铭》）十一月，上政府大阅事迹。十二月，陪同兵部左侍郎汪道昆、巡抚顺天都御史杨兆、蓟州兵备道徐学古等巡边至山海关，登澄海楼及山海关城楼，赋诗《观海亭》："曾经泽国鲸鲵息，更倚边城氛祲消。春入汉关三月雨，风吹秦岛五更潮。但从使者传封事，莫向将军问赐貂。故里苍茫看不极，松楸何处梦魂遥？"又作《关城楼》诗一首："楼前风物隔辽西，日暮平阑望欲迷。禹贡万年归紫极，秦城千里静雕题。蓬瀛只在沧波外，宫殿遥瞻北斗齐。为问青牛能复度，愿从仙吏换刀圭。"

蓟州兵备道徐学古欣然赋诗《秋日边报有警》云："秋日何萧索，千山落木空。黄霾吹野戍，赤羽急山戎。碣石雕戈拥，榆关铁骑雄。将军频授

钺，一战报重瞳。"戚继光随之作《塞上和韵》："飞羽辽河上，移军滦水东。前驱皆大将，列阵尽元戎。夜出榆关外，朝看朔漠空。但期常献馘，不敢望彤弓。"

万历元年（1573）春正月，上《请增空心台疏》。二月初十日，百余名蒙古兵趁夜间偷袭抚宁县石门寨拿子峪，戚继光督率义院口提调陈忠及南北官军御敌，斩获酋首，获拿子谷大捷。"虏众乘夜攻墙，窃犯拿子谷，督官军拒堵，斩获酋首三级，余虏负伤而遁。""赏银二十两，纻丝二表里。"（明戚国祚等《戚少保年谱耆编》）是月，修筑抚宁县驻操营大毛山（今属董家口村）台墙，"东老岭起，至义院口窟窿台止，计地一十八里"，"筑墙一百五十二丈"，"建台五座"。夏四月，"虏犯桃林口，督官军出口，追斩虏首三级。"五月二十日，朵颜卫左都督长昂（亦名砖难，隆庆元年十月其父影克出义院口时被击毙，袭左都督，驻大宁城）、都督董狐狸（亦名董忽力，长昂五叔，驻牧哈喇兀素）勾结蒙古左翼察哈尔部侵犯喜峰口，屯驻界岭口外。戚继光闻讯，"督游击王轸分道领兵迎敌"，出青山口、界岭口，追剿蒙古兵，"各贼力不能支，夷酋董狐狸几被执。当阵斩获夷首十五级，夺马五十三匹、骡二头，器物三百六十九件"，凯旋。"钦赏银三十两，纻丝二表里，还升实职一级。"（《戚少保年谱耆编》）"万历元年五月，谍报喜峰所杀军士贼夷屯住界岭儿，待砖难等同犯。总理（戚继光）乃图列险要，令南北诸将分道而进。庚子暮，由青山、界岭口出关，期黎明进营围剿。总理同署永平道徐学古由青山口驰界岭口。辛丑，齐至，虏尚不知。遵化马兵违令出，步兵争先扑杀。虏觉，分骁骑数十来迎，余奔入山林。我军且剿且搜，虏遂北，伤死多，获十五颗，马五十三匹、器物三百五十具。砖难前锋过韭菜山，我分击之，全师归。"（《卢龙塞略》）因斩获有功，戚继光、徐学古等大获奖赉。"万历元年六月己酉朔，辛未，兵部覆界岭、桃林二口军功言，斩获之数虽微，然使虏众败酋首仅免，其发纵指示，破敌冲锋，或同事驰驱，或遥为声援，均当沦叙，而尤推总理戚继光、兵备徐学古为首功。奉旨，刘应节、杨兆、戚继光、徐学古各升赏有差。十一月丁丑朔。戊子，录界岭、桃林二口斩获功次，升授官军一十三员名。"（《明神宗实录》）"小王子后土蛮徙居插汉地，控弦十余万，常为蓟门忧。而朵颜董狐狸及其兄子长昂交通土蛮，时叛时服。万历元年春，二寇谋入犯。驰喜峰口，索赏不得，则肆杀掠，猎傍塞，以诱官军。继光掩击，几获狐狸。其夏，复犯桃林，不得志去。长昂亦犯界岭。官军斩获多，边吏讽之降，狐狸乃款关请贡。廷议给以岁赏。明年春，长昂复窥诸口不得入，则与狐狸共逼长秃令入寇。继光逐得之以归。"长昂、董狐狸"率部长亲族三百人，叩关请死罪，狐狸服素衣叩头乞赦长秃。继光及总督刘应节等议，遣副将史宸、罗端诣喜峰口受其降。皆罗拜，献还所掠边人，攒刀设誓。乃释长秃，许通贡如故。终继光在镇，二寇不敢犯蓟门"。（《明史·戚继光传》）"万历元年九月戊寅朔，癸卯，兵部奏赏义院口等功。先是六、七月间客兵方撤未集，虏乘间侵犯义院口窟窿台、大毛山、小河口诸处，在边官兵奋勇拒堵，竟使一骑不得近边，请赏督抚、总、参等功，诏赏刘应节、杨兆、戚继光各银三十两，纻丝二表里，张拱立加副总兵衔，余升赏有差。"（《明神宗实录》）《戚少保年谱耆编》记载：冬十月二十二日，"虏犯窟窿台，官军拒堵追斩，斩首六级，卤获马十二匹，器械倍而有赢"，"钦赏银三十两，纻丝二表里"。

万历二年（1574）春正月，因功升实职一级，"辛卯，升蓟镇总兵官戚继光实职一级为左都督"（《明神宗实录》），"递进左都督，其加秩则少保兼太子太保，其阶则特进光禄大夫"（明汪道昆《戚继光墓志铭》），赏银三十两，大红纻丝蟒衣一袭。

万历三年（1575）正月二十三日，朵颜卫左都督长昂逼迫都指挥佥事长秃（董狐狸八弟、长昂叔父）偷犯迁安县董家口，戚继光督南北官军出塞追击一百五十里，"标军李云生擒长秃以归，斩首二级，余虏负命却遁"。二月，敌台、战车完工，"共完台一千三百三十七座，战车、辎重车共十六营"，"钦赏银三十两，纻丝二表里"。三月初一日，长昂同董狐狸等率其酋长及部夷二百四十余人款塞，请死罪。董狐狸"独谢甲仗，素衣叩头，愿赦长秃"。三月初三日，戚继光同副总兵史宸临喜峰口面抚，义释长秃。"诸夷各相率罗拜"，送还掳去人马、财物，乞求恕罪。初四日，点入关内，分别抚赏。朵颜诸部感激涕零，"对天盟誓"，发誓不再侵犯大明边境。秋七月，以长昂款塞功，赏银二十两，纻丝二表里。

万历四年（1576）正月，因功署都督同知。是年，山海卫属永平守备，守备承山海路将节制，以一片石提调移驻黄土岭，称黄土岭提调，割大毛山之小河堡属之，仍居于一片石。（《卢龙塞略》）

万历五年（1577）二月，戚继光因常年鞍马劳顿，积劳成疾，"有时或气体皆晕，或性火暴施，或嫚失威仪，或误核案牍，泪凝毫睫，莫办旌旄"，上《养病疏》。相传在天马山玄真观养病，撰写《练兵实纪》一书。三月复职。

万历七年（1579）三月，议修燕河营城。燕河营城，位于卢龙县城东北五十里，是明朝蓟镇燕河路所在地，明洪武年间建营寨，永乐二年（1404）改建为城。弘治十一年（1498），洪钟出任巡抚顺天右副都御史后重修，石城"周围二里，高二丈"。万历七年春，扩建为砖石城。城外西南隅将台厅壁上有总兵官戚继光题写的"仁、智、信、勇"四个大字，刚劲有力，熠熠生辉。万历八年（1580）九月至九年（1581）八月燕河路参将高如桂镌石。据光绪五年《永平府志》记载："燕河营城：府东北五十里，距边城十里。砖石城，高三丈四尺，门四，周三里余。明万历间建。城外西南隅旧有教场，将台厅壁刻有'仁、智、信、勇'四大字，高丈余，少保戚继光题，本路参将高如桂刻石，幕下陈忠言书。"只可惜，早已被破坏。秋七月，上《大兵援辽议疏》。九月，诏加太子太保，赏银三十两，纻丝二表里。十月援辽大捷，赏大红蟒衣一袭，银三十两。是年，总兵戚继光、参将吴惟忠增筑山海关南海口入海石城七丈。

万历八年四月，议修石门寨城，设炮墙重门大炮，制自犯钢轮火。"沿边台墙之下，择其平广庲可集处，掘地，埋石炮于内。中置一木匣，各炮之信总贯于匣中。而匣底丛以火药，中藏钢轮，兼置火石于傍，而伏于地上。庲马蹑其机，则钢轮动转，火从匣中出，诸炮并举，庲不知所自。"（《戚少保奏议》）十月初一日，时值五十三岁生日，戚继光率台头路参将张爵、永平游击李逢时、福清岁贡郭造卿入梁家湾东峪巡阅边关，在香山脚下休息，在河岸一巨石东侧刻"隐几"二大字，南侧石面刻"香山纪寿"四大字，落款："台头守张爵镌"。其文曰："万历庚辰十月朔日，少保戚公初度之辰焉，东征至台头，闽中郭造卿称觞，因游击李逢时当此而品，山川可与少保争奇，少保当与山川敌寿也。戏下俞发书。"

万历九年二月，以修边墙、敌台功，荫一子锦衣卫百户，赏银二十两，纻丝二表里。

万历十年（1582）冬十月，因"修举边务，劳绩可嘉"，"先荫伊男百户，准与世袭"，赏银二十两，纻丝二表里。《明史》称戚继光"在镇十六年，边备修饬，蓟门宴然"。

万历十年六月十九日张居正去世后，明神宗朱翊钧听信谗言，"诏夺上柱国、太师，再夺谥。居正诸所引用者，斥削殆尽"，"诏尽削居正官秩，夺前所赐玺书、四代诰命"。因戚继光是张居正信任和重用的官员，受到朝臣的排挤，万历十一年（1583）二月初四日，"兵科都给事中张鼎思言：继光先在闽浙，战多克捷，今蓟、永未劾功能，乞改南以便其才"，于是诏令戚继光调往广东。听说戚继光调离，山海关参将谷承功约同台头路副总兵黄孝敢、石门路游击杨四德、燕河路参将姜显宗远赴三屯营，看望戚继光，与之话别，三月遭到巡按直隶御史李植的弹劾，称其"当圣驾谒陵之日，擅离信地"，"上令革任提问，仍诘责总兵官（戚继光）不行禁止"。（《明神宗实录》）

抚宁县北有座天马山，原名马头崖，因从北面观看，山形犹如一匹昂首的战马。天马山玄真观山门石壁有戚继光题写的"天马山"三个大字，署名"定远戚继光题，范阳张爵刻"，无时间落款。张爵，万历元年正月任燕河路参将，万历四年改台头营参将，万历九年七月任蓟镇中路副总兵。万历十一年六月署都督佥事，镇守保定等处总兵官。万历十二年（1584）九月任山西总兵官。万历八年十月，张爵又在东峪刻香山纪寿石。所以"天马山"三个大字约在万历八年刻。抚宁人民为感念戚继光的功德，将"马头崖"改称"天马山"，戚继光的名字永远写入抚宁人民的心中，"少保"真可"与山川故寿也"。

万历十二年十一月，因被言官弹劾而罢职，戚继光返回故乡蓬莱。万历十五（1587）年九月，"河南道御史傅光宅荐原任总兵戚继光、左府佥书张臣，上以继光会经论劾下科看覆，夺光宅俸二月"。（《明神宗实录》）万历十五年十二月，抑郁而终，享年六十岁。万历十七年（1589）二月，诏准祭二坛，加祭一坛，照例造葬。崇祯三年（1630）"夏四月壬戌，赐故都督戚继光表忠祠"。

（李利峰 抚宁区档案局局长）

马骥在冀东

马骥（1913—2002），满族，1913年11月出生于北京西城。1939年7月参加革命。1940年4月加入中国共产党。在长期的革命生涯中历任京西三十七团通讯排长、冀东十二团一连连长、冀东第七地区队区队长、冀东第四十八团团长、东北二十四旅旅长、东北辽吉第二军分区司令员、东北骑兵纵队第三师师长、沈阳空军第三工厂第二厂长、华北装甲兵司令部参谋长、华东装甲兵司令部技术部长、第二坦克学校校长、装甲兵技术学校校长、装甲兵技术学院院长、装甲兵司令部顾问等职。1981年1月离休。1944年初荣获冀热辽特委及十三军分区坚持中坚奖章，1955年荣获中华人民共和国二级独立奖章、二级解放勋章，1988年荣获二级独立功勋荣誉章。2002年6月5日因病医治无效逝世，享年89岁。2002年7月23日，根据其生前遗嘱安葬于天马山。

2015年4月5日马骥铜像揭幕仪式　李利锋摄

1932年秋，马骥参加东北民众抗日救国会。1933年春，投奔吉鸿昌领导的抗日同盟军，任战韬部侦察参谋。是年9月，方振武、吉鸿昌组建反蒋（蒋介石）讨贼联军攻打北京失败。马骥回到北京当装订工人。1939年7月，在平西参加萧克领导的八路军冀热察挺进军。10月，在挺进军随营学校（后改为抗大分校）第二期毕业，任京西第37大队（12团前身）通讯排排长。同年12月，12团团长陈群率领团部通讯排和一个连开赴冀东开展抗日斗争。

1940年1月，马骥率通讯排（共16人）到迁西县新集以南、以东一带，迁安县杨店子以北、以西一带开辟新区。3月下旬，配合西部反扫荡，马骥率通讯排攻克杨店子北的马兰庄伪警察中队据点，毙伤伪军官兵各1人，俘虏伪军官兵70多人，缴获长短枪70多支，己无伤亡。拂晓，杨店子据点日军七八十人追击，在孙家峪东山激战终日，黄昏时敌人退走。4月，以团通讯排为基础，组建特务连，马骥任特务连连长，梁自修（梁振宁）任副指导员。是月，马骥在遵化县芦各寨加入中国共产党。7月，12团团长陈群率特务连（60多人）、节振国工人大队（30多人）夜袭赵各庄煤矿矿警队，击毙数人，俘敌大部，缴获长短枪约200支，己无伤亡。8月初，团长陈群率1连和特务连在丰润县银子山村西伏击日伪军七八十人，仅10多分钟结束战斗，缴获长短枪七八十支，梁自修负轻伤，马骥负重伤。

1941年8月1日，冀东党分委和军分区在遵化大张屯开会决定，开辟热南新区，团特务连改编为1营1连，马骥任连长，吕和任政治指导员。在1941年11月至1942年2月日伪第三次治安强化运动中，马骥带领1连先后参加了四十里铺、牵马岭、甄庄、杨店子等战斗。

1942年4月，冀东12团1营转移到热南，马骥带领1连到青龙西部、宽城南部开辟新区，攻克亮甲台、娑罗树、熊虎斗等据点，毙伤伪警官兵200多人，缴长短枪200多支，己军无伤亡。6月，在滦县甘河草战斗中，1营1、2连和2营配合，消灭制造潘家峪惨案的刽子手佐佐木二郎手下的100多名日军。8月8日，1营营长欧阳波平率部东渡滦河，在迁安县彭家洼消灭日本关东军原田东两中队74人，营长欧阳波平意外身亡。马骥率1、3连和龚发田游击队（2连马贤部留在卢龙）继续东进渡过滦河，经卢龙县徐流营进入抚宁县北部山区，在大新寨镇董各庄一带，击溃前来阻击的抚宁伪军警备大队张相臣部300多人。8月中旬，在大深巷西南击溃海阳据点前来阻击的日伪军六七十人。8月23日，马骥带100多名战士，在安子岭、隔河头间歼灭武修讨伐队大部（约150人）和敌指挥所全部（20多人）。8月下旬，在界岭口以西鲇鱼洞击退伪青龙县张金祥讨伐队300多人。10月，冀东12团团长曾克林率团部和2、3营东渡滦河，抵达青龙河西与马骥部会合，任命杨树元为1营营长，马骥为1营副营长，李成华为1连连长。杨树元带两个连在迁卢抚昌一带活动，马骥带两个连在口里临榆、抚宁和口外凌源、青龙、绥中活动，并向东北发展。10月中旬，马骥率部深入凌源县境内，开辟地区。11月10日，马骥率部200多人袭击西双山伪警防所，缴获枪支弹药一批。11月21日夜，马骥带领一个排，从凌源河坎子出发，攻克老达杖子警察分驻所，俘敌8名，缴枪11支，烧毁全部房屋、岗楼。

1943年1月14日，马骥率部200余人到凌源沟门子乡宣杖子村，在猫山与日军100余人发生战斗，击毙敌人10余名，打伤并俘虏20余人，缴获大枪20余支。2月19日，青龙县干沟镇伪自卫团团长在马骥、海瑞祥的动员下，率70多人暴动。2月，马骥率1营4连两个排摸进驻操营敌据点，生俘日伪皇协军独立旅（新建）旅长以下70多人，缴械长短枪70余支。2月下旬，马骥率1营1、3连在榆关镇北大新立庄驻扎，伏击榆关据点伪警备大队队长张相臣300多人，敌舍弃榆关据点，逃奔抚宁城。次日，马骥率1营在平市庄宿营，被1500多日伪军五路包围（东面秦皇岛日军200多人，南面北戴河日军100多人，西南面抚宁日军和伪警备大队400多人，西面台营伪警100多人，北面伪青龙张金祥讨伐队），秦皇岛、北戴河敌人先到，即发动猛攻，双方激战半天，敌人伤亡100多人。3连抢占平市庄北山制高点，向敌人冲击，消灭敌人一个排。之后马骥率部成功突围，安全转移，己军负伤2人，牺牲3人。3月，马骥部队在凌源四官营子西部埋伏，俘伪满洲国兵一个机枪排，缴炮2门、重机枪2挺、轻机枪4挺。3月，1营（缺二连）返回口里，马骥带领1连在平市庄民兵配合下，在榆关镇南大米河头村截歼从秦皇岛到台头营开会的日军独立混成第8旅团第32大队军车1辆，全歼日伪军36名，缴获轻机枪1挺、长短枪20多支、子弹2500多发。春末，马骥率部埋伏在榆关镇上徐各庄外，歼灭过路日军30多人。5月29日，马骥率1营1、3连在青龙县核桃沟二道坳子（今大巫岚）伏击日军军车2辆，消灭日军20多人，缴获枪支20多支，烧毁军车2辆。5月，1营3连和青龙周子峰游击队在安子岭东起河南沿公路全歼贾太增讨伐队70多人，缴获长短枪70多支。7月7日，以12团1营1连为核心扩建为第7区队，下设三个连，罗文为区队长（当时尚未到职），马骥任副区队长，负责指挥部队作战，第7区队成为临抚青一带主力部队。7月23日，马骥率领7区队300余人夜袭柳江煤矿，从凌晨1点到拂晓，激战4个小时，歼灭日军40多人、矿警100多人，缴获轻机枪2挺、步枪200多支、黄色炸药2000余箱，毁坏发电厂，炸毁火药库。8月下旬，马骥率7区队在抚宁境内的花场峪沟口设伏，击溃伪满洲国兵一个营和日军一个小队30多名日军，打死日军10多人，缴获步枪10多支。敌人撤走花场峪至石门寨据点必经之路上的吴庄伪警察所和伪海关关卡的20多人。9月18日拂晓，5000多名日伪军合围凌青绥联合县办事处驻地花厂峪靴脚沟，80多名群众被害，教育科长马斐文牺牲。当时第7区队1、2连驻山神庙北沟，马骥用电台通知在花厂峪的政委兼联合县工委书记刘光路带领3连赶紧转移，马骥命令部队利用地形潜伏起来，等敌人接近到投手榴弹（四五十步）的近距离内，用6挺机枪、2个排的步枪、手榴弹突然向敌人猛烈开火，打得敌人晕头转向，马骥率部转移到另外一个沟里，突出重围。9月19日拂晓，马骥率7区队1、2连打开青龙县周杖子水银矿，歼灭日军、伪矿警各20多人，击毙日军经理屿岛少将，缴轻机枪1挺、长短枪50多支、黄色炸药2000箱。10月15日，撤到口里休整的马骥部队得知敌人向各据点运送弹药给养物资，马骥率部在龙头（今三星口）的公路两侧伏击从辽西给伪满洲国兵第4旅运送军用物资的车队，俘敌50多名，缴获119辆满载军需物资的胶轮大车。10月，马骥率领120多名八路军指战员北上平泉县，在凌源县松岭子茶棚附近的赵家沟屯宿营，茶棚警察分驻所十几名武警和70余名伪军奔袭赵家沟。当敌人来到赵家沟口时，马骥指挥部队从北、西、南三个山头突然发动攻击，打伤茶棚伪警察分驻所警长陈玉堂等4人，缴获大枪5支、子弹多发，敌人匆忙向刀尔登方向逃窜。10月，驻界岭口、山海关的日伪军千余人，围攻八路军驻地大新寨镇峪门口村，曾克林、罗文、马骥指挥部队出击，打死日伪军30

多人，其中日军军官1名。11月，第7区队在龙王庙锥子山南山沟袭击约100人的日伪军，击毙伪军20多人，缴获迫击炮3门、步枪20多支。12月，驻秦皇岛港口司令部伪军何世礼部一个营，深夜袭击徐家沟一带的八路军，马骥部得到情报后，在姚周寨芽子山北进行阻击，打得敌人狼狈逃回驻地。

1944年1月，马骥任第7区队队长，罗文改任政委兼凌青绥联合县工委书记。2月18日，第7区队第二次攻克柳江煤矿。是月，马骥率7区队1、3连在榆关镇龙腰村附近与30多名日军及伪军张相臣部300多人激战，击毙日军10多人、伪军20余名，活捉日军2名，己方伤6人，缴获步枪30余支。3月，12团团长曾克林指定马骥带领第7区队1连到宁城县一带，接应第3区队队长高桥部突围。马骥率部通过敌人的"无人区"封锁线，深入敌后近150公里，当得知第3区队已分散转移后，马骥指挥部队在凌源铁路西北近20公里的地方突袭尾追的伪满洲国兵第5团和一个日军大队，击毙重机枪连日军副连长，俘一个重机枪班10人，缴重机枪2挺。5月，7区队1、2连在临抚昌联合县大队和平市庄民兵的配合下，攻克深河据点，炸毁炮楼，击毙伪大队长张相臣以下40余人，俘虏日伪军200多人，缴获枪支200多支。5月，第7区队在青龙马粪沟袭击300多名伪军，俘虏30多人，缴获步枪70多支。8月23日，马骥率7区队在海阳镇侯范庄伏击敌人，全歼日军一个宪兵中队70多人、伪警察20多人，其中临榆县日本顾问高石茂利和宪兵中队长宾田被击毙，共缴获轻机枪4挺、掷弹筒3个、长短枪80余支和自行车6辆。9月，第7区队在往子店一带设伏，全歼日军30多人，缴获长短枪30多支。9月，马骥部1、2连在龙腰村宿营时遭遇县城日军30多人、伪军300多人的袭击，击毙日伪军20多人，生俘日军2名，缴获步枪30多支。在大新寨镇峪门口村与驻界岭口日军一个中队发生激战，击毙日军20多人。10月，7区队1、2连在北戴河东南大寺车站附近伏击日本军用列车1列，造成敌人重大伤亡。

1945年1月初，第7区队扩建为第12团，马骥任副团长（当时无团长），负责指挥部队。4月，马骥带12团3、4连住在龙腰、周庄一带，捎弓寨一带发现敌人，3、4连进到安庄北山，敌人向安庄转移，马骥率部袭击，追击到捎弓寨村南金山岭，打死日军要员1名（民间传说为日本天皇"驸马"，身份待考证）、随从3名，马骥随后率部开赴口外，当地民兵将4具尸体藏于深山中。日军纠集山海关、秦皇岛、榆关、抚宁等部队2000余人讨伐一个多月，一无所获。经双方谈判，日军用枪支弹药将敌尸换走。7月，马骥带12团4连在青龙老沟李杖子全歼由界岭口往牛心山去的日军70多人，缴轻机枪2挺、长短枪约70支。

1945年8月15日，日本宣布无条件投降。8月18日，马骥率12团3、4连攻克抚宁县城南樊各庄据点，全歼日本宪兵30余人，缴获机枪1挺、长短枪30多支。8月25日，冀热辽军区第16军分区司令员曾克林、副政委唐凯率领第12团（马骥部）、18团（周家美部）和卢抚昌联合县支队、朝鲜义勇队约4000人，在台头营镇举行挺进东北誓师大会。8月26日晨，从抚宁县台头营出发，昼夜兼程，拿下榆关、深河、海阳镇。8月28日，攻占柳江和石门寨煤矿，绕道九门口，出长城外。8月29日晚，到达绥中县前所，伪满洲国兵17团要求向马骥投降。曾克林派马骥接收伪满洲国兵17团，收缴1000多人的武器弹药。8月底，以12团5连为基础，扩编为第48团，马骥任团长。8月30日上午9时许，同苏联红军会师，回师山海关，曾克林要求马骥暂时任18团副团长，配合团长周家美攻打山海关，打下山海关再回48团。马骥率1、2、3连组成团突击队攻占天下第一关，整个战斗约4个小时结束，解放临榆县城山海关。随后，马骥回到48团，开赴东北战场。

（李利峰 抚宁区档案局局长）

秦皇岛天马酒业有限公司

秦皇岛天马酒业有限公司，位于河北省秦皇岛市抚宁区经济技术开发区。占地58万平方米，有员工580人，其中酿酒高级工程师及各类工程技术人员60多人。公司总资产10亿元，年生产食用优级酒精6万吨，DOGS蛋白饲料5.4万吨，优质白酒2.8万吨。公司采用现代化酿酒设备，继承传统"老五甑"酿酒工艺，利用天马湖优质水源，泥池老窖，精选当地上等红高粱，高温制曲，长期发酵，双轮底增香，分级储存，天马山洞藏自然老熟，精心调兑，生产出"秦皇求仙贡""渤海明珠""秦皇·封坛"等8大系列38个品种的浓香型白酒产品。公司先后多次被评为河北省消费者信得过单位、创新发展先进单位、诗酒文化常务理事单位、信用优质企业。白酒产品不仅在省内被评为优质产品，在全国性大型活动中也被选定为指定用酒，评为著名商标，在多次国际评酒会中被评为金奖和银奖。目前，秦皇岛天马酒业有限公司不仅已成为秦皇岛地区规模最大、技术最先进、产品最畅销的民营白酒生产企业，而且还将生产经营范围拓展到干红葡萄酒、矿泉水、纸制品、饲料、二氧化碳等产品生产以及文化旅游资源开发、房地产开发等领域，正向着多元化、现代化、集团化企业迈进。

追溯天马酒业的历史，其前身是抚宁县台营许氏烧锅。清光绪年间编修的《抚宁县志》记载，清乾隆年间，台营许氏烧锅就已达到最为红火的时期，不仅酿造出的白酒远近闻名，而且也

台营烧锅酒酿造技艺列入省级非物质文化遗产名录

创出了响当当的字号"永聚隆"。到了1947年10月，冀东十二地区行署税务局与抚宁县政府合资在原许氏烧锅的基础上，创办了公营"公益泉烧锅"，后改为抚宁县台营烧锅酒厂。当时的生产能力为日产烧酒120斤，全部销往解放区。后因战争等原因，台营烧锅酒厂于1948年11月停办。新中国成立后，国家经济得到快速发展，1958年6月，在全国轰轰烈烈的社会主义建设"大跃进"的高潮中，抚宁县成立了联合加工厂，其中以原台营烧锅酒厂为基础建立了制酒车间，将原厂址由台营迁至抚宁城关东街。1961年，县政府决定将之改为抚宁县制酒厂。2013年9月，台营烧锅酒酿造技艺列入河北省第五批省级非物质文化遗产名录。

此后，广大制酒工人凭着一股极大的工作热情，苦干实干，大胆探索，使台营烧锅古老的工艺焕发出新的活力，先后注册生产出"洋河"牌抚洋春、红粱大曲、清蒸白酒、二锅头酒以及"天马湖"牌系列酒、"金天马"系列酒，为抚宁的利税增长作出了积极贡献。但是由于受当时计划经济体制的限制，再加上技术滞后、市场疲软等诸多因素的影响，企业的发展一直处于徘徊状态。

党的十一届三中全会确定的以经济建设为中心、实行改革开放的发展战略极大地鼓舞了酒厂的广大职工。在县委、县政府的领导和大力支持下，酒厂于1987年在抚宁城东择址新建。新建的酒厂扩大了生产规模，建起优质酒车间1620平方米，采取了"以销定产，继续保优，争创名优"的产品结构调整方案。同时利用自身注册"洋河"商标优势，在技术上与江苏洋河酒厂合

卷九

·附记·

作，生产的"飞天"牌洋河白酒和"南戴河"牌系列白酒深受市场欢迎，促进了企业的快速发展，产品产量、产值及利税较过去有了大幅度提高，成为当时县域支柱型产业之一。

1998年企业实行了"公司制"管理，成立了抚宁县天马酿酒有限公司。2002年12月，根据中央关于深化国有经济体制改革决定的要求，经县委、县政府决定，对原有国有中二型企业——抚宁县天马酿酒有限公司进行体制改革，成立了民营企业——秦皇岛天马酒业有限公司，曾任过销售处长、时年38岁的罗兴平出任董事长、总经理。公司成立伊始，罗兴平带领领导班子多方采取措施，全面振兴企业。一是加大投资力度，按照国内一流要求改善和提高工艺设备；二是按照"有理想、有技术、爱企业、爱岗位"的理念，全新打造职工队伍，稳定和增强技术力量；三是重组精干有力的产品营销队伍；四是将台营烧锅酒的传统酿造工艺与秦皇岛地域文化融为一体，倾力打造独具特色的"千古御帝求仙贡""秦皇求仙贡""渤海明珠""秦皇·封坛"等系列产品。新的体制、机制和有力的措施，给企业带来了勃勃生机。"秦皇求仙贡"系列产品一经上市，其优良的品质和独特的文化内涵不仅受到广大消费者的欢迎，而且也受到国际国内权威机构的肯定。先后被评为秦皇岛市旅游特色产品、河北省第十一届全民运动会指定用酒、河北省优质产品、河北省著名商标、河北省第八届消费者信得过产品、二〇〇五年人民

酿酒

大会堂爱国华商新春团拜会国宴唯一用酒、中华文化名酒、中国白酒著名品牌、中国国际葡萄酒·烈酒挑战赛金奖，并在伦敦国际评酒会、布鲁塞尔国际评酒会、波尔多国际评酒会被分别评为银奖和金奖。良好的企业形象也赢得了各级政府和相关部门的高度重视及大力支持。公司先后被命名为秦皇岛市农业产业化重点龙头企业、河北省采用国际标准工作先进单位、河北省消费者信得过单位、河北省创新发展先进单位、河北省级优良企业等。在已经取得的成绩面前，公司上下不自满、不停步，向着生产经营的深度和广度进军。为解决制酒上游产品紧缺问题，实现利用副产品深加工扩大新的生产领域，进行系列化生产的设想，公司通过考察论证，于2007年开始建设年产54万吨蛋白饲料和6万吨食用乙醇技改项目，总投资46272万元，其中固定资产投资38575万元，流动资金7696万元。该工程于2015年竣工投产。

在注重酒业发展的同时，公司又将眼光转向更加广阔的领域。2008年4月，董事长罗兴平代表公司与抚宁镇田各庄管理区委会及相关村委会签订50年承包协议，从此拉开了深入开发天马山旅游资源、全新打造天马山旅游景区的序幕。在开发之初，公司没有仅就景点建设来考虑，而是将天马山景区开发与自身酿酒企业发展相结合，与相关产业综合构想，在省、市、县三级旅游事业发展规划和葡萄酒聚集区发展规划指导下，规划建设一个别具特色的集天马山原生态、历史文化旅游产业、葡萄酒产业诸要素在内的综合园区。按照这个设想，公司投入巨资，聘请北京天一和恒景观规划设计院，做了控制性详细规划。规划面积包括天马湖水域面积在内共37.8平方千米。规划的总体定位是：以生态为基础，以文化为支撑，以养生为主题，以休闲为形态，集观光旅游、休闲度假、生态农业示范、运动养生为一体的葡萄酒文化生态旅游产业聚集区。整个规划区的功能定位有四点：①产业功能：打造国内一流的集科研、示范、种植、加工、酿酒于一体的葡萄酒产业园区。②旅游功能：以休闲养生为核心，以温泉、观光、禅修、度假、山地运动为重要功能的生态特色旅游园区。③居住功能：集农业、民俗、产业、艺术、生态五位一体的旅游小镇。④品牌功能：山地特色的葡萄酒生态旅游区。并按地理位置将整个规划区域划分为天马湖滨水休闲、天马山宗教养生、天马山山地运动、葡萄酒文化体验、生态农业文化观光五大功能区。这个规划受到省、市、区各级政府及相关部门的高度重视和认可。目前，公司正在相关部门的指导下，按照天马山历史文化和道教文化的要求，倾力打造星级旅游景区建设。现在已经形成景色优美、设施完备、服务优良的旅游景点，是市内著名景区之一。其他功能区也正在积极采取招商引资的方式实现开发建设。

此外，公司还开展了房地产开发经营业务。近年来，在抚宁城关陆续开发了"骊城龙园""骊城福园"等优质品牌居民住宅，工程共计7万平方米。所有工程因地势良好、质量可信、功能齐备、造型新颖、环境优雅而深受广大消费者欢迎。

2018年5月22日，"天马生态农业小镇"项目通过省特色小镇规划建设工作联席会议办公室考评与审定，被确定为河北省首批培育类特色小镇，该项目重点开发生态农业、酒文化交流（引进国内排名前20的大型酿酒企业入驻，打造以酒文化为特色的生态农业）、假日休闲、体育康健、生态颐养等小镇特色产业，项目规划总用地3464.47万平方米，规划总建筑面积163.96万平方米，项目总投资77.19亿元，其中核心起步区总投资21.81亿元。本项目的实施符合秦皇岛"旅游强市"的战略目标和城市功能定位要求，对秦皇岛整体打造"国际旅游名城"有积极的促进作用。

（王立群 曾任抚宁县教育局局长、县总工会主席）

秦皇井与求仙贡酒的传说

明嘉靖年间，抗倭名将、民族英雄戚继光在东南沿海抗击倭寇十余年，扫平了多年为虐沿海的倭患，确保了沿海人民的生命财产安全。明隆庆元年，为了抗击北方蒙古部族内犯，保卫北部疆域的安全，朝廷委派戚继光镇守蓟州、永平、山海关等地。但戚帅因多年征战积劳成疾，临行前一位老者前来拜访，含泪泣说："大帅，请务必调养好身体，朝廷不能没有你，老百姓也离不开你啊！"随即解开悬挂腰间的一个葫芦瓶，说："老丈送您几颗丸药，解大帅疾痛，保大明安宁！"并叮嘱说，此药丸只有机缘巧合，诸事齐备服用，才能大显功效！于是，老者哼唱起来："天马来，秦皇井，隰朋水。"又唱道："有饭不尽，委以空桑，郁积成味，久蓄气芳。本出于此，不由奇方。"唱罢转身离去，闹得戚帅一头雾水。

戚继光带领"戚家军"来到蓟镇，整军纪，造火器，创造性地在长城上修建了进可攻退可守的空心敌台，使长城一线渐渐安宁。但是戚帅也因旧疾复发和过度劳累病倒了。部下商议良久，决定将戚帅送到了抚宁城北二十里，主峰海拔295米的马头崖养病。一天清晨，戚帅信步绕到马头崖北侧，忽闻一声长嘶，嘶声酷似曾乘骑多年的"千里驹"，左右观之，并无马的踪影。正自纳闷，猛抬头，看到山腰峭壁处有一枣红马，若隐若现……返回的路上，戚继光回想"千里驹"的赫赫功绩，心潮澎湃，呼唤左右，拿来笔砚，在玄真观石门右侧石壁上写下"天马山"三个大字，但见笔法豪劲端重，不减晋、宋诸贤气格。从此，马头崖就改名为天马山了。

突然有一天，戚帅病情加重，部下急招各关隘守将前来。众将来到天马山，望着手足无措的军医，急得直跺脚。这时，戚帅让亲兵打开行囊，拿出葫芦瓶，说："此药可治我病，无奈未逢机缘啊！"众将忙问是何机缘，戚帅就把老者的话一五一十地告诉了大家。一个将领说道："大帅的病可治啊，大帅题写的'天马山'，不就是天马来吗？""那'秦皇井，隰朋水'，又去哪里找啊？"另一位将军问道。"那'有饭不尽，委以空桑，郁积成味，久蓄气芳。本出于此，不由奇方'，又是啥意思？"还有人小声地嘀咕。这时，曾跟随万历朝内阁首辅张居正的师爷嘿嘿笑了起来："大帅无忧啊！""快说快说！"众将催促起来。师爷说："大家听说过老马识途的故事，可听过隰朋找水的故事？"众将面面相觑，摇头不止。"其实这是老马识途故事的后半段。《韩非子》上说，管仲、隰朋从于桓公而伐孤竹，春往冬返，迷惑失道。管仲曰：'老马之智可用也。'乃放老马而随之，遂得道。行山中无水，隰朋曰：'蚁冬居山之阳，夏居山之阴，蚁壤一寸而仞有水。'乃掘之，遂得水。"师爷得意地说。"我们这座山正是当年隰朋找水的地方啊！""那秦皇井是咋回事？""别急别急，听我慢慢道来。"师爷喝了一口水，继续说道："当年始皇帝一统华夏，被后世称为千古一帝。《史记》上记载，三十二年，始皇来到此处，使燕人卢生等求仙人不死之药。卢生出海前，提出欲见仙人，当送上隰朋之水。始皇帝当下便派人限期找到，否则人头落地。皇天不负苦心人啊！隰朋之水真的被找到啦。为了保护好这神泉，军士们就砌石护泉成井，后人便称之为秦皇井啦！"师爷坐下喘了口气，便不再言语。众将急得抓耳挠腮，"接着说接着说啊！"这时，戚帅身边的一个老汉慢慢站起来说："我来说吧。我是本地人氏，是戚帅刚结交的忘年交。也是国朝隆运，大帅多福啊！送药之人说的'有饭不尽，委以空桑，郁积成味，久蓄气芳。本出于此，不由奇方'说的是酒啊，这是晋代史学家江统所言。如果我没猜错的话，大帅的药当用天马山独有的隰朋之水，也就是秦皇井水酿造出来的佳酿伴服，才有奇效！""哈哈哈，我们马上去找好酒吧！"众将眉开眼笑，跃跃欲试，就要去找酒。这

天马山志

时，戚帅用微弱的声音对老汉说："还烦请老哥辛苦一趟！"老汉抱拳施礼："理当尽力，请大帅安心！"

众人随老汉出了戚帅大帐。一位将军急忙问道："老汉，我们去哪里找好酒啊？"老汉微微一笑说："水为酒之血，名酒必有佳泉。据老汉所知，马头崖半山腰就有一眼神泉。这神泉我们当地人称呼它为……""秦皇井！"一位将军大声说道。"对，就是秦皇井，这口井大旱不涸，严寒不冻，泉水清澈，甘甜爽口，正是酿酒的水中极品！"老汉接着说，"我们这里酿酒的历史很长。现在的酒作坊也不少，但是要酿出佳酿，非用秦皇井的水不可，我们就来个守株待兔，看谁来此井取水，就可找到佳酿。""好！"众人一听拍掌叫好！于是大家就随着老汉来到秦皇井周边藏了起来。不知过了几个时辰，眼看着太阳西沉，大家感到无望的时候，山间的小路上，响起了"嘚嘚"的声音。就见一位青衣老者和两个年轻人，赶着三驾驴车，向秦皇井走来。三个人走到井边，卸下水柜，一前两后跪在了井前，神情庄重，口中念念有词。过了一会儿方提水入柜，水满则转身离去，没有一句交流。众人不敢轻动，生怕惊动这三人三车，只得让老汉、师爷和一位参将尾随，向山上爬去。不知过了几道山梁，忽然一股酒香扑面而来，抬眼望去，只见前面有一山洞，洞的正上方书写着三个大字"求仙洞"。待到近前，看到洞的两侧还书写着对联："诗是酒之魂，酒是诗之神"。三人正在观望，就听洞内有人发话："既是有缘人，就请来相见！"三人急忙掸衣正冠，躬身施礼。老汉说："本土野叟拜见杜康祖师爷！"青衣老者步出洞外，还礼道："乡里乡亲不要客气，如此折煞我啦！快请进洞相叙！"三人随青衣老者进得洞来，只见洞内宽敞，足有二十丈进深。正中位置高挂酿酒祖师爷杜康画像，左侧是酿酒作坊，右侧一角则放满了酒坛。酒坛上贴着红纸，上书"求仙酒"。老汉说明来意，青衣老者微微一笑说道："久闻戚将军大名，为戚将军献酒治病，理所应当。不过，祖上的规矩，我们的酒不赠不售，只供家人祭祀和庆典所用，平日里我们也不能私自饮用啊。"同来的参将急得跺脚搓手："那可如何是好啊！"青衣老者沉吟片刻，说道："戚将军为国为民，我们不献酒治病，又不近情理。先祖酿酒虽说不赠不售，但有文人雅士来访，必用好酒招待，学李谪仙斗酒诗百篇故事，也曾有过曲水流觞的场景。如此，就请三位吟咏三句古人与酒有涉的名句，若过了关，定当相送！""好，我先来。西晋大文豪左思有诗曰：'荆轲饮燕市，酒酣气益振'。"师爷刚一说完，青衣老者就拍手叫好。老汉说：

"农家子弟，才疏学浅，请兄台见谅啊，我也献个丑。诗仙李太白把酒吟诗，有酒字的诗篇无数，但小老儿还是喜欢这句：'且对一壶酒，淡然万事闲'。""好一个万事闲！"随来的参将刚要张嘴，青衣老者说："将军且慢，你说的诗句必须要有酒字和病字！"参将双手抱拳："请老人家高抬贵手！在下就关公面前耍大刀啦！诗曰：'酒中有圣地，名流所同归。人若不解饮，俗病从何医？一饮三百杯，谈笑成歌诗。'""好好好，真是强将手下无弱兵啊，将军居然知道元好问的诗句，佩服，佩服！这酒我亲自送到戚帅的大帐！"说完朗声大笑，吩咐道："抬酒下山！为戚帅献酒！"

戚帅用"求仙酒"做引，服食了丸药，再加精心调理，不到月余就已痊愈。戚继光亲自登上"求仙洞"，对青衣老者表达了感谢之情，写下了"封侯非我意，但愿海波平"的诗句。康健的戚帅不仅在天马山操练兵马，还夜以继日撰写了著名兵书《练兵实纪》。为了抵御严寒，增强士兵战斗力，戚继光恳请青衣老者献出了酿酒秘方，在台头营建烧锅，募请山东禹城人许大营用秦皇井的水酿酒，供将士们饮用。十几年后，许大营的两个儿子许久成、许香成接续酿酒，创办了台营"永聚隆"烧锅。台营烧锅从明隆庆年间至清朝雍正年间，经历了从兴旺到萧条，至乾隆年间达到辉煌，一直延续到清末民国时期。"永聚隆"烧锅在许氏八代到十二代传人的管理经营下经久不衰，远近驰名。

民国三十六年（1947）十月，冀东十二地区行署税务局与抚宁县政府在"永聚隆"烧锅基础上合资创办了秦皇岛地区第一个公营酒厂——"公益泉烧锅"。1958年酒厂迁至抚宁县城东街，改名抚宁县制酒厂，沿用"永聚隆"烧锅传统酿酒技艺酿制白酒。上世纪七十年代生产的"洋河"牌洋河春、红粮大曲，八十年代生产的"天马湖"牌系列白酒和九十年代生产的"南戴河"牌系列白酒，远销华北、东北，创造了抚宁酒厂的辉煌。

秦皇岛天马酒业有限公司成立后，秉承台营烧锅传统的老五甑工艺、秦皇井优质水源、泥池老窖，精选当地上等红高粱、高温制曲、双轮底增香、量质摘酒、分级储存、天马山洞藏。酿造的秦皇求仙贡系列酒具有清澈透明、窖香浓郁、醇厚绵甜、香味协调、尾净味长等特点，深受广大消费者喜爱。天马酒业凭借过硬的产品质量，科学的营销手段，秦皇求仙贡系列酒已名扬京津冀，走向大中华。

（郭晓丹 秦皇岛市政府地方志办公室）